해커스 감정평가사

양기백
감정평가관계법규

1차 핵심요약집

서문

본서는 감정평가사 1차 객관식시험 과목인 감정평가관계법규의 핵심요약서입니다.

감정평가사 감정평가관계법규 과목의 특성을 감안하여 본서는 수험 요약서로서 다음과 같은 점에 중점을 두었습니다.

첫째, 방대한 관계법규의 양을 선택과 집중으로 과감히 정리하여 핵심 내용만 수록하였습니다.

감정평가관계법규의 양은 실로 방대하지만 시험은 기출되었던 내용에서 70% 이상 출제되고 있습니다. 따라서 효과적이고 효율적인 시험공부를 위해서 지엽적인 내용들은 과감히 배제하였습니다.

둘째, 본문 내용은 대부분 기출되었던 지문으로 구성하였습니다.

본서의 내용이 숙지되면 실제 시험에서도 자연스럽게 적응할 수 있도록 하였습니다.

셋째, 법령의 체계와 법령의 표현 그대로 문구를 서술하도록 노력하였습니다.

법령 과목의 시험은 객관성 유지와 오류방지를 위하여 되도록이면 법령규정의 문구 그 자체를 시험지문으로 출제합니다. 따라서 본 수험서도 실제 시험에서의 시험 적합성을 위하여 편저자의 주관적 의사나 표현방식을 자제하고 법령의 체계와 법령의 표현 그대로 문구를 서술하도록 노력하였습니다.

한 번에 합격!
해커스 감정평가사
합격 시스템

강사력
업계 최고수준
교수진

교재
해커스=교재
절대공식

관리시스템
해커스만의
1:1 관리

취약 부분 즉시 해결!
교수님 질문게시판

언제 어디서나 공부!
PC&모바일 수강 서비스

해커스만의
단기합격 커리큘럼

**초밀착 학습관리
& 1:1 성적관리**

합격생들이 소개하는 생생한 합격 후기!

해커스 선생님들 다 너무 좋으시네요.
꼼꼼하고 친절하게 잘 설명해 주셔서
수업이 즐거워요.
암기코드 감사히 보고 있습니다.

- 권*빈 합격생 -

문제풀이 하면서 고득점 팁까지
알려주셔서 듣길 잘했다는 생각이 들어요.
수업 분위기도 밝고 재미있어서 시간이
금방 가네요!

- 오*은 합격생 -

한 번에 합격! **해커스 감정평가사** ca.Hackers.com

감정평가사 1차 시험은 상대평가가 아닙니다. 평균 60점 이상이면 누구나 합격할 수 있는 절대평가입니다. 따라서 너무 지엽적인 문제에 집착하지 마시고 기본서를 참고하여 본 교재로써 핵심내용을 정리하면 반드시 좋은 결과가 있을 것입니다.

'흔들리지 않고 피는 꽃은 없다'고 하였습니다.
수험생활 중에 지치기도 하고 때로는 방황할 수도 있습니다. 그러나 처음 공부하기로 마음먹었던 이유와 뜻을 되새겨 보시기를 바랍니다. 중요한 것은 꺾이지 않는 마음입니다.
여러분의 노력과 인내가 아름다운 꽃으로 피어날 것이라 믿으면서 수험생 여러분의 행복과 합격을 기원합니다.

2025년 여름에 청량산 연구실에서
양기백 올림

목차

PART 01
국토의 계획 및 이용에 관한 법률

01	총설 – 용어의 정의	8
02	광역도시계획	13
03	도시·군기본계획	17
04	도시·군관리계획	20
05	공간재구조화계획	24
06	용도지역·용도지구·용도구역	27
07	도시·군계획시설	39
08	지구단위계획	50
09	개발행위허가	54
10	보칙	65

PART 02
도시 및 주거환경정비법

01	용어의 정의	72
02	기본계획의 수립 및 정비구역의 지정	75
03	정비사업의 시행	86
04	분양과 관리처분계획 등	101

PART 03
건축법

01	총칙	114
02	건축물의 건축	127
03	대지 및 도로	135
04	건축물의 구조 및 내력	140
05	지역 및 지구의 건축물	142
06	보칙	151

PART 04
부동산 가격공시에 관한 법률

01	총칙	156
02	지가의 공시	159
03	주택가격의 공시	167
04	비주거용 부동산가격의 공시	175
05	부동산가격공시위원회	177

PART 05
감정평가 및 감정평가사에 관한 법률

01	총칙	182
02	감정평가	183
03	감정평가사	186
04	징계	191
05	과징금 및 보칙	193
06	벌칙	195

PART 06
국유재산법

01	총칙	200
02	총괄청 등	208
03	행정재산	210
04	일반재산	214
05	보칙	221

PART 07
공간정보의 구축 및 관리 등에 관한 법률

01	용어의 정의	224
02	토지의 등록	228
03	지적공부	235
04	토지의 이동 및 지적정리	246

PART 08
부동산등기법

01	총설	260
02	등기기관과 설비	264
03	등기절차 총론	270
04	표시에 관한 등기	279
05	권리에 관한 등기	281
06	각종 등기	287
07	이의 신청	291

PART 09
동산·채권 등의 담보에 관한 법률

01	용어의 정의	296
02	동산담보권	298
03	채권담보권	300
04	담보등기	301

해커스 감정평가사
ca.Hackers.com

PART 01
국토의 계획 및 이용에 관한 법률

01 총설 – 용어의 정의
02 광역도시계획
03 도시·군기본계획
04 도시·군관리계획
05 공간재구조화계획
06 용도지역·용도지구·용도구역
07 도시·군계획시설
08 지구단위계획
09 개발행위허가
10 보칙

01 총설 - 용어의 정의

1. 광역도시계획
광역계획권의 장기발전방향을 제시하는 계획을 말한다.

2. 도시·군계획
특별시·광역시·특별자치시·특별자치도·시 또는 군(광역시의 관할 구역에 있는 군은 제외한다. 이하 같다)의 관할 구역에 대하여 수립하는 공간구조와 발전방향에 대한 계획으로서 도시·군기본계획과 도시·군관리계획으로 구분한다.

3. 도시·군기본계획
특별시·광역시·특별자치시·특별자치도·시 또는 군의 관할 구역 및 생활권에 대하여 기본적인 공간구조와 장기발전방향을 제시하는 종합계획으로서 도시·군관리계획 수립의 지침이 되는 계획을 말한다.

4. 도시·군관리계획
특별시·광역시·특별자치시·특별자치도·시 또는 군의 개발·정비 및 보전을 위하여 수립하는 토지이용, 교통, 환경, 경관, 안전, 산업, 정보통신, 보건, 복지, 안보, 문화 등에 관한 다음의 계획을 말한다.
① 용도지역·용도지구의 지정 또는 변경에 관한 계획
② 개발제한구역, 도시자연공원구역, 시가화조정구역(市街化調整區域), 수산자원보호구역의 지정 또는 변경에 관한 계획
③ 기반시설의 설치·정비 또는 개량에 관한 계획
④ 도시개발사업이나 정비사업에 관한 계획
⑤ 지구단위계획구역의 지정 또는 변경에 관한 계획과 지구단위계획
⑥ 도시혁신구역의 지정 또는 변경에 관한 계획과 도시혁신계획
⑦ 복합용도구역의 지정 또는 변경에 관한 계획과 복합용도계획
⑧ 도시·군계획시설입체복합구역의 지정 또는 변경에 관한 계획

5. 지구단위계획

도시·군계획 수립 대상지역의 일부에 대하여 토지 이용을 합리화하고 그 기능을 증진시키며 미관을 개선하고 양호한 환경을 확보하며, 그 지역을 체계적·계획적으로 관리하기 위하여 수립하는 도시·군관리계획을 말한다.

6. 성장관리계획

성장관리계획구역에서의 난개발을 방지하고 계획적인 개발을 유도하기 위하여 수립하는 계획을 말한다.

7. 공간재구조화계획

토지의 이용 및 건축물이나 그 밖의 시설의 용도·건폐율·용적률·높이 등을 완화하는 용도구역의 효율적이고 계획적인 관리를 위하여 수립하는 계획을 말한다.

8. 도시혁신계획

창의적이고 혁신적인 도시공간의 개발을 목적으로 도시혁신구역에서의 토지의 이용 및 건축물의 용도·건폐율·용적률·높이 등의 제한에 관한 사항을 따로 정하기 위하여 공간재구조화계획으로 결정하는 도시·군관리계획을 말한다.

9. 복합용도계획

주거·상업·산업·교육·문화·의료 등 다양한 도시기능이 융복합된 공간의 조성을 목적으로 복합용도구역에서의 건축물의 용도별 구성비율 및 건폐율·용적률·높이 등의 제한에 관한 사항을 따로 정하기 위하여 공간재구조화계획으로 결정하는 도시·군관리계획을 말한다.

10. 기반시설

교통시설	도로·철도·항만·공항·주차장·자동차정류장·궤도·차량 검사 및 면허시설
공간시설	광장·공원·녹지·유원지·공공공지
유통·공급시설	유통업무설비, 수도·전기·가스·열공급설비, 방송·통신시설, 공동구·시장, 유류저장 및 송유설비
공공·문화체육시설	학교·공공청사·문화시설·공공필요성이 인정되는 체육시설·연구시설·사회복지시설·공공직업훈련시설·청소년수련시설
방재시설	하천·유수지·저수지·방화설비·방풍설비·방수설비·사방설비·방조설비
보건위생시설	장사시설·도축장·종합의료시설
환경기초시설	하수도·폐기물처리 및 재활용시설·빗물저장 및 이용시설·수질오염방지시설·폐차장

11. 도시·군계획시설

기반시설 중 도시·군관리계획으로 결정된 시설을 말한다.

12. 광역시설

기반시설 중 광역적인 정비체계가 필요한 다음의 시설로서 대통령령으로 정하는 시설
① 둘 이상의 특별시·광역시·특별자치시·특별자치도·시 또는 군의 관할 구역에 걸쳐 있는 시설
② 둘 이상의 특별시·광역시·특별자치시·특별자치도·시 또는 군이 공동으로 이용하는 시설

13. 공동구

전기·가스·수도 등의 공급설비, 통신시설, 하수도시설 등 지하매설물을 공동 수용함으로써 미관의 개선, 도로구조의 보전 및 교통의 원활한 소통을 위하여 지하에 설치하는 시설물을 말한다.

14. 도시·군계획시설사업

도시·군계획시설을 설치·정비 또는 개량하는 사업을 말한다.

15. 도시·군계획사업

① 도시·군계획시설사업
②「도시개발법」에 따른 도시개발사업
③「도시 및 주거환경정비법」에 따른 정비사업

16. 도시·군계획사업시행자

이 법 또는 다른 법률에 따라 도시·군계획사업을 하는 자를 말한다.

17. 공공시설

① 도로·공원·철도·수도, 그 밖에 대통령령으로 정하는 공공용 시설을 말한다.
② 항만·공항·광장·녹지·공공공지·공동구·하천·유수지·방화설비·방풍설비·방수설비·사방설비·방조설비·하수도·구거(溝渠: 도랑)
③ 행정청이 설치하는 시설로서 주차장, 저수지, 공공필요성이 인정되는 체육시설 중 운동장, 장사시설 중 화장장·공동묘지·봉안시설 등

18. 국가계획

중앙행정기관이 법률에 따라 수립하거나 국가의 정책적인 목적을 이루기 위하여 수립하는 계획 중 도시·군기본계획이나 도시·군관리계획으로 결정하여야 할 사항이 포함된 계획을 말한다.

19. 용도지역

토지의 이용 및 건축물의 용도, 건폐율(「건축법」 제55조의 건폐율을 말한다. 이하 같다), 용적률(「건축법」 제56조의 용적률을 말한다. 이하 같다), 높이 등을 제한함으로써 토지를 경제적·효율적으로 이용하고 공공복리의 증진을 도모하기 위하여 서로 중복되지 아니하게 도시·군관리계획으로 결정하는 지역을 말한다.

20. 용도지구

토지의 이용 및 건축물의 용도·건폐율·용적률·높이 등에 대한 용도지역의 제한을 강화하거나 완화하여 적용함으로써 용도지역의 기능을 증진시키고 경관·안전 등을 도모하기 위하여 도시·군관리계획으로 결정하는 지역을 말한다.

21. 용도구역

토지의 이용 및 건축물의 용도·건폐율·용적률·높이 등에 대한 용도지역 및 용도지구의 제한을 강화하거나 완화하여 따로 정함으로써 시가지의 무질서한 확산방지, 계획적이고 단계적인 토지이용의 도모, 혁신적이고 복합적인 토지활용의 촉진, 토지이용의 종합적 조정·관리 등을 위하여 도시·군관리계획으로 결정하는 지역을 말한다.

22. 개발밀도관리구역

개발로 인하여 기반시설이 부족할 것으로 예상되나 기반시설을 설치하기 곤란한 지역을 대상으로 건폐율이나 용적률을 강화하여 적용하기 위하여 지정하는 구역을 말한다.

23. 기반시설부담구역

개발밀도관리구역 외의 지역으로서 개발로 인하여 도로, 공원, 녹지 등 대통령령으로 정하는 기반시설의 설치가 필요한 지역을 대상으로 기반시설을 설치하거나 그에 필요한 용지를 확보하게 하기 위하여 지정·고시하는 구역을 말한다.

24. 기반시설 설치비용

단독주택 및 숙박시설 등 대통령령으로 정하는 시설의 신·증축 행위로 인하여 유발되는 기반시설을 설치하거나 그에 필요한 용지를 확보하기 위하여 부과·징수하는 금액을 말한다.

계획상호 간의 관계

① 광역도시계획 및 도시·군계획은 국가계획에 부합되어야 하며, 광역도시계획 또는 도시·군계획의 내용이 국가계획의 내용과 다를 때에는 국가계획의 내용이 우선한다. 이 경우 국가계획을 수립하려는 중앙행정기관의 장은 미리 지방자치단체의 장의 의견을 듣고 충분히 협의하여야 한다.

② 광역도시계획이 수립되어 있는 지역에 대하여 수립하는 도시·군기본계획은 그 광역도시계획에 부합되어야 하며, 도시·군기본계획의 내용이 광역도시계획의 내용과 다를 때에는 광역도시계획의 내용이 우선한다.

③ 관할 구역에 대하여 다른 법률에 따른 환경·교통·수도·하수도·주택 등에 관한 부문별 계획을 수립할 때에는 도시·군기본계획의 내용에 부합되게 하여야 한다.

02 광역도시계획

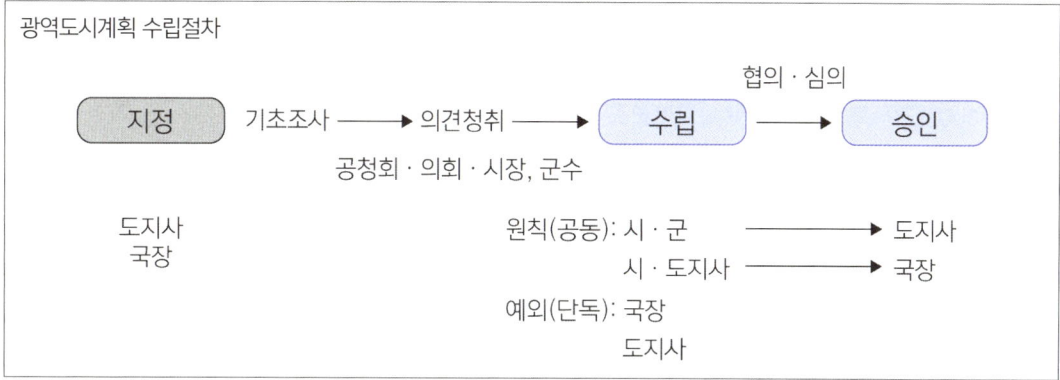

1. 광역도시계획의 내용

1. 광역계획권의 공간 구조와 기능 분담에 관한 사항
2. 광역계획권의 녹지관리체계와 환경 보전에 관한 사항
3. 광역시설의 배치·규모·설치에 관한 사항
4. 경관계획에 관한 사항
5. 그 밖에 광역계획권에 속하는 특별시·광역시·특별자치시·특별자치도·시 또는 군 상호 간의 기능 연계에 관한 사항으로서 대통령령으로 정하는 사항

2. 광역계획권 지정권자(국토교통부장관 또는 도지사)

국토교통부장관 또는 도지사는 둘 이상의 특별시·광역시·특별자치시·특별자치도·시 또는 군의 공간구조 및 기능을 상호 연계시키고 환경을 보전하며 광역시설을 체계적으로 정비하기 위하여 필요한 경우에는 인접한 둘 이상의 특별시·광역시·특별자치시·특별자치도·시 또는 군의 관할 구역 전부 또는 일부를 광역계획권으로 지정할 수 있다(「국토의 계획 및 이용에 관한 법률」, 이하 PART 01에서 법이라 함. 제10조 제1항).

국토교통부장관	광역계획권이 둘 이상의 시·도의 관할 구역에 걸쳐 있는 경우
도지사	광역계획권이 동일한 도의 관할 구역에 속하여 있는 경우

3. 광역계획권 지정절차

(1) 요청
중앙행정기관의 장, 시·도지사, 시장 또는 군수는 지정권자에게 광역계획권의 지정 또는 변경을 요청할 수 있다.

(2) 광역계획권 지정절차(의견청취 → 심의 → 지정)
① 국토교통부장관은 광역계획권을 지정하거나 변경하려면 관계 시·도지사, 시장 또는 군수의 의견을 들은 후 중앙도시계획위원회의 심의를 거쳐야 한다.
② 도지사가 광역계획권을 지정하거나 변경하려면 관계 중앙행정기관의 장, 관계 시·도지사, 시장 또는 군수의 의견을 들은 후 지방도시계획위원회의 심의를 거쳐야 한다.

(3) 통보
지정권자는 광역계획권을 지정하거나 변경하면 지체 없이 관계 시·도지사, 시장 또는 군수에게 그 사실을 통보하여야 한다(중앙행정기관장에게 통보 ×).

4. 광역도시계획의 수립

(1) 수립권자(국토교통부장관, 시·도지사, 시장 또는 군수)

1) 광역계획권이 같은 도의 관할에 속한 경우

관할 시장 또는 군수가 공동 수립	광역계획권이 같은 도의 관할 구역에 속하여 있는 경우
관할 도지사가 수립	① 광역계획권을 지정한 날부터 3년이 지날 때까지 관할 시장 또는 군수로부터 광역도시계획의 승인 신청이 없는 경우 ② 시장 또는 군수가 협의를 거쳐 요청하는 경우에는 도지사가 단독으로 광역도시계획을 수립할 수 있다(법 제11조 제3항).

2) 광역계획권이 둘 이상의 시·도의 관할 구역에 걸쳐 있는 경우

시·도지사가 공동으로 수립	광역계획권이 둘 이상의 시·도의 관할 구역에 걸쳐 있는 경우
국토교통부장관이 수립	① 광역계획권을 지정한 날부터 3년이 지날 때까지 관할 시·도지사로부터 광역도시계획의 승인 신청이 없는 경우 ② 국가계획과 관련된 광역도시계획의 수립이 필요한 경우

3) 수립권자와 승인권자 공동수립

도지사 + 시장 또는 군수 공동으로	도지사는 시장 또는 군수가 요청하는 경우와 그 밖에 필요하다고 인정하는 경우에는 관할 시장 또는 군수와 공동으로 광역도시계획을 수립할 수 있다.
국토교통부장관 + 시·도지사 공동으로	국토교통부장관은 시·도지사가 요청하는 경우와 그 밖에 필요하다고 인정되는 경우에는 관할 시·도지사와 공동으로 광역도시계획을 수립할 수 있다.

(2) 승인권자(국토교통부장관, 도지사)

① 광역도시계획을 수립 또는 변경하는 때에는 시·도지사는 국토교통부장관의 승인, 시장 또는 군수는 도지사의 승인을 받아야 한다.

② 다만, 다음의 도지사가 수립하는 광역도시계획은 국토교통부장관의 승인을 받지 않는다(도지사가 수립권자인 동시에 승인권자인 경우이다).

> ③ 같은 도에서 도지사가 시장 또는 군수가 요청하는 경우와 그 밖에 필요하다고 인정하여 관할 시장 또는 군수와 공동으로 광역도시계획을 수립하는 경우
> ⓒ 시장 또는 군수가 협의를 거쳐 요청하여 도지사가 단독으로 광역도시계획을 수립하는 경우

(3) 광역도시계획을 공동으로 수립하는 경우 조정과 협의회의 구성

① 광역도시계획의 조정: 공동수립권자는 그 내용에 관하여 서로 협의가 되지 아니하면 단독이나 공동으로 승인권자에게 조정을 신청할 수 있다. 수립권자는 조정 결과를 광역도시계획에 반영하여야 한다.

② 광역도시계획협의회의 구성 및 운영: 국토교통부장관, 시·도지사, 시장 또는 군수는 광역도시계획을 공동으로 수립할 때에는 광역도시계획협의회를 구성하여 운영할 수 있고, 광역도시계획의 수립에 관하여 협의·조정을 한 경우에는 그 조정 내용을 광역도시계획에 반영하여야 하며, 해당 시·도지사, 시장 또는 군수는 이에 따라야 한다.

(4) 광역도시계획의 수립기준

광역도시계획의 수립기준 등은 국토교통부장관이 이를 정한다.

(5) 광역도시계획의 수립절차(기초조사 → 공청회 → 지방의회 및 시장·군수 의견청취)

① 광역도시계획 수립권자가 기초조사를 실시한 경우에는 기초조사정보체계를 구축·운영하고 등록된 정보의 현황을 5년마다 확인하고 변동사항을 반영하여야 한다.

② 주민의 의견청취(공청회): 광역도시계획을 수립하거나 변경하려면 미리 공청회를 열어 주민과 관계 전문가 등으로부터 의견을 들어야 하며, 공청회에서 제시된 의견이 타당하다고 인정하면 광역도시계획에 반영하여야 한다(법 제14조 제1항).

> 공청회 개최절차
>
> ① 국토교통부장관, 시·도지사, 시장 또는 군수는 공청회를 개최하려면 공청회의 개최목적, 일시, 장소 등의 사항을 일간신문, 관보, 공보, 인터넷 홈페이지 또는 방송 등의 방법으로 공청회 개최예정일 14일 전까지 1회 이상 공고해야 한다.
> ② 공청회는 광역계획권 단위로 개최하되, 필요한 경우에는 광역계획권을 여러 개의 지역으로 구분하여 개최할 수 있다.
> ③ 공청회는 국토교통부장관, 시·도지사, 시장 또는 군수가 지명하는 사람이 주재한다.

③ **의회와 지방자치단체의 의견 청취**: 시·도, 시 또는 군의 의회와 관계 시장 또는 군수는 특별한 사유가 없으면 30일 이내에 시·도지사, 시장 또는 군수에게 의견을 제시하여야 한다.

(6) 광역도시계획의 승인절차(협의 → 심의)

① 국토교통부장관(도지사)은 광역도시계획을 승인하거나 직접 광역도시계획을 수립 또는 변경하려면 관계 중앙행정기관(관계행정기관)과 협의한 후 중앙도시계획위원회(지방도시계획위원회)의 심의를 거쳐야 한다. 요청을 받은 관계 중앙행정기관의 장은 특별한 사유가 없으면 그 요청을 받은 날부터 30일 이내에 국토교통부장관(도지사)에게 의견을 제시하여야 한다(법 제16조 제2항, 제3항).

② **승인 후 송부·공고·열람**: 국토교통부장관은 직접 광역도시계획을 수립 또는 변경하거나 승인하였을 때에는 관계 중앙행정기관(관계행정기관)의 장과 시·도지사(시장, 군수)에게 관계 서류를 송부하여야 하며, 관계 서류를 받은 시·도지사(시장, 군수)는 당해 시·도(시, 군)의 공보에 공고하고 일반이 30일 이상 일반이 열람할 수 있도록 하여야 한다.

03 도시·군기본계획

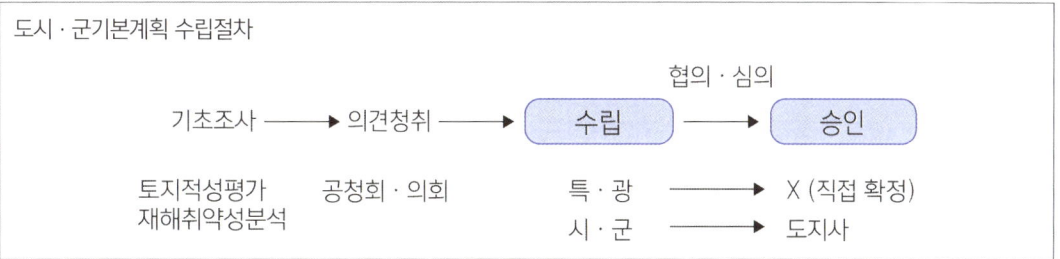

1. 도시·군기본계획의 내용 등

(1) 도시·군기본계획의 내용

1. 지역적 특성 및 계획의 방향·목표에 관한 사항
2. 공간구조 및 인구의 배분에 관한 사항
2의2. 생활권의 설정과 생활권역별 개발·정비 및 보전 등에 관한 사항
3. 토지의 이용 및 개발에 관한 사항
4. 토지의 용도별 수요 및 공급에 관한 사항
5. 환경의 보전 및 관리에 관한 사항
6. 기반시설에 관한 사항
7. 공원·녹지에 관한 사항
8. 경관에 관한 사항
8의2. 기후변화 대응 및 에너지절약에 관한 사항
8의3. 방재·방범 등 안전에 관한 사항
9. 2.부터 8.까지, 8의2. 및 8의3.에 규정된 사항의 단계별 추진에 관한 사항

(2) 생활권계획 수립의 특례 (신설 2024.2.6.)

① 특별시장·광역시장·특별자치시장·특별자치도지사·시장 또는 군수는 법 제19조 제1항 제2호의2에 따른 생활권역별 개발·정비 및 보전 등에 필요한 경우 대통령령으로 정하는 바에 따라 생활권계획을 따로 수립할 수 있다.

② 생활권계획을 수립할 때에는 도시·군기본계획의 절차를 준용한다.

③ 생활권계획이 수립 또는 승인된 때에는 해당 계획이 수립된 생활권에 대해서는 도시·군기본계획이 수립 또는 변경된 것으로 본다.

(3) 기본계획을 수립하지 아니할 수 있는 시 또는 군

① 「수도권정비계획법」에 의한 수도권에 속하지 아니하고 광역시와 경계를 같이 하지 아니한 시 또는 군으로서 인구 10만명 이하인 시 또는 군
② 관할 구역 전부에 대하여 광역도시계획이 수립되어 있는 시 또는 군으로서 당해 광역도시계획에 도시·군기본계획의 내용이 모두 포함되어 있는 시 또는 군

2. 수립권자 및 확정·승인권자

(1) 수립권자

특별시장·광역시장·특별자치시장·특별자치도지사·시장 또는 군수

(2) 확정 및 승인권자

① 특·광 직접 확정: 특별시장·광역시장·특별자치시장 또는 특별자치도지사는 스스로 확정한다.
② 도지사 승인: 시장 또는 군수는 도지사의 승인을 얻어야 한다.

3. 수립절차(기초조사 → 공청회 → 지방의회 의견)

① 기초조사의 내용에 토지적성평가와 재해취약성분석을 포함하여야 한다.
② 토지적성평가와 재해취약성분석 생략 사유

> ㉠ 5년 이내에 토지적성평가와 재해취약성분석을 실시한 경우
> ㉡ 다른 법률에 따른 지역·지구 등의 지정이나 개발계획 수립 등으로 인하여 도시·군기본계획의 변경이 필요한 경우

4. 도시·군기본계획의 확정·승인절차(협의 → 심의 → 송부·공고·열람)

① 확정·승인권자는 도시·군기본계획을 수립하거나 변경하려면 관계 행정기관의 장(국토교통부장관을 포함한다)과 협의한 후 지방도시계획위원회의 심의를 거쳐야 한다.
② 요청을 받은 관계 행정기관의 장은 특별한 사유가 없으면 그 요청을 받은 날부터 30일 이내에 의견을 제시하여야 한다.
③ 특별시장·광역시장·특별자치시장 또는 특별자치도지사는 도시·군기본계획을 수립하거나 변경한 경우에는 관계 행정기관의 장에게 관계 서류를 송부하여야 하며, 그 계획을 공고하고 일반인이 30일 이상 열람할 수 있도록 하여야 한다.
④ 도지사가 승인한 경우에는 관계 행정기관의 장과 시장 또는 군수에게 관계 서류를 송부하여야 하며, 관계 서류를 받은 시장 또는 군수는 그 계획을 공고하고 일반인이 30일 이상 열람할 수 있도록 하여야 한다.

5. 재검토

특별시장·광역시장·특별자치시장·특별자치도지사·시장 또는 군수는 5년마다 관할 구역의 도시·군기본계획에 대하여 타당성을 전반적으로 재검토하여 정비하여야 한다.

04 도시·군관리계획

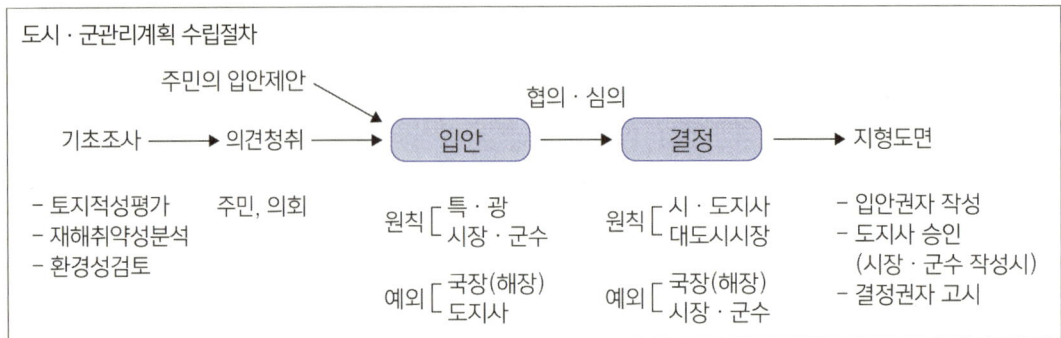

1. 도시·군관리계획의 내용

① 용도지역·용도지구의 지정 또는 변경에 관한 계획
② 개발제한구역, 도시자연공원구역, 시가화조정구역(市街化調整區域), 수산자원보호구역의 지정 또는 변경에 관한 계획
③ 기반시설의 설치·정비 또는 개량에 관한 계획
④ 도시개발사업이나 정비사업에 관한 계획
⑤ 지구단위계획구역의 지정 또는 변경에 관한 계획과 지구단위계획
⑥ 도시혁신구역의 지정 또는 변경에 관한 계획과 도시혁신계획
⑦ 복합용도구역의 지정 또는 변경에 관한 계획과 복합용도계획
⑧ 도시·군계획시설입체복합구역의 지정 또는 변경에 관한 계획

2. 입안권자 및 결정권자

(1) 입안권자

1) 원칙 - 특별시장·광역시장·특별자치시장·특별자치도지사·시장 또는 군수

2) 예외적 입안권자

① 국토교통부장관

> ㉠ 국가계획과 관련된 경우
> ㉡ 둘 이상의 시·도에 걸쳐 지정되는 용도지역·용도지구 또는 용도구역과 둘 이상의 시·도에 걸쳐 이루어지는 사업의 계획 중 도시·군관리계획으로 결정하여야 할 사항이 있는 경우
> ㉢ 특별시장·광역시장·특별자치시장·특별자치도지사·시장 또는 군수가 국토교통부장관의 도시·군관리계획 조정 요구에 따라 도시·군관리계획을 정비하지 아니하는 경우
> ※ 공간재구조화 계획도 국토교통부장관 입안 가능

② 도지사
  ㉠ 둘 이상의 시·군에 걸쳐 지정되는 용도지역·용도지구 또는 용도구역과 둘 이상의 시·군에 걸쳐 이루어지는 사업의 계획 중 도시·군관리계획으로 결정하여야 할 사항이 포함되어 있는 경우
  ㉡ 도지사가 직접 수립하는 사업의 계획으로서 도시·군관리계획으로 결정하여야 할 사항이 포함되어 있는 경우

(2) 결정권자
  1) 원칙 – 시·도지사 또는 대도시 시장
  2) 예외 – 국토교통부장관, 해양수산부장관, 시장·군수

국토교통부장관	① 국토교통부장관이 입안한 도시·군관리계획 ② 개발제한구역의 지정 및 변경에 관한 도시·군관리계획 ③ 국가계획과 연계하여 시가화조정구역의 지정 또는 변경이 필요한 경우의 시가화조정구역의 지정 및 변경에 관한 도시·군관리계획
해양수산부장관	수산자원보호구역의 지정 및 변경에 관한 도시·군관리계획은 해양수산부장관이 결정한다.
시장·군수	① 시장 또는 군수가 입안한 지구단위계획구역의 지정·변경과 지구단위계획의 수립·변경에 관한 도시·군관리계획 ② 지구단위계획으로 대체하는 용도지구 폐지에 관한 도시·군관리계획(해당 시장 또는 군수가 도지사와 미리 협의한 경우에 한정한다)

3. 입안절차 [기초조사 → 주민의견청취(열람) → 지방의회 의견청취]

(1) 기초조사
  ① 기초조사의 내용에 환경성검토, 토지적성평가와 재해취약성분석을 포함하여야 한다.
  ② 도시·군관리계획으로 입안하려는 지역이 도심지에 위치하거나 개발이 끝나 나대지가 없는 등 대통령령으로 정하는 요건에 해당하면 기초조사, 환경성검토, 토지적성평가 또는 재해취약성분석을 하지 아니할 수 있다.

> **참고** 기초조사등의 생략
>
> 1. 공통생략 사유
>   ① 해당 지구단위계획구역이 도심지(상업지역과 상업지역에 연접한 지역을 말한다)에 위치하는 경우
>   ② 해당 지구단위계획구역 안의 나대지면적이 구역면적의 2%에 미달하는 경우
>   ③ 해당 지구단위계획구역 또는 도시·군계획시설부지가 다른 법률에 따라 지역·지구 등으로 지정되거나 개발계획이 수립된 경우
>   ④ 해당 도시·군계획시설의 결정을 해제하려는 경우
>
> 2. 환경성 검토를 생략하는 사유
>   ① 「환경영향평가법」에 따른 전략환경영향평가 대상인 도시·군관리계획을 입안하는 경우 등

3. 토지적성평가 생략 사유
   ① 도시·군관리계획 입안일부터 5년 이내에 토지적성평가를 실시한 경우
   ② 주거지역·상업지역 또는 공업지역에 도시·군관리계획을 입안하는 경우
   ③ 법 또는 다른 법령에 따라 조성된 지역에 도시·군관리계획을 입안하는 경우
   ④ 개발제한구역에서 조정 또는 해제된 지역에 대하여 도시·군관리계획을 입안하는 경우
4. 재해취약성분석 생략 사유
   ① 도시·군관리계획 입안일부터 5년 이내에 재해취약성분석을 실시한 경우 등

(2) 주민의견 직접청취(공청회 ×)

도시·군관리계획을 입안할 때에는 주민의 의견을 들어야 하며, 그 의견이 타당하다고 인정되면 도시·군관리계획안에 반영하여야 한다.

다만, 국방상 또는 국가안전보장상 기밀을 지켜야 할 필요가 있는 사항(관계 중앙행정기관의 장이 요청하는 것만 해당)이거나 대통령령으로 정하는 경미한 사항인 경우에는 의견청취를 생략할 수 있다.

4. 주민의 입안제안

(1) 입안제안

1) 입안제안 사항(입체 산업 기 지)

① **기**반시설의 설치·정비 또는 개량에 관한 사항
② **지**구단위계획구역의 지정 및 변경과 지구단위계획의 수립 및 변경에 관한 사항
③ 다음 각 목의 어느 하나에 해당하는 용도지구의 지정 및 변경에 관한 사항
   ㉠ 개발진흥지구 중 공업기능 또는 유통물류기능 등을 집중적으로 개발·정비하기 위한 개발진흥지구로서 대통령령으로 정하는 개발진흥지구(**산업**유통개발진흥지구)
   ㉡ 제37조에 따라 지정된 용도지구 중 해당 용도지구에 따른 건축물이나 그 밖의 시설의 용도·종류 및 규모 등의 제한을 지구단위계획으로 대체하기 위한 용도지구
④ 도시·군계획시설**입체**복합구역의 지정 및 변경과 도시·군계획시설입체복합구역의 건축제한·건폐율·용적률·높이 등에 관한 사항

2) 입안제안 시 동의요건

① 기반시설 및 도시·군계획시설입체복합구역에 관한 사항 동의: 대상토지 면적의 5분의 4 이상
② 나머지 입안 제안의 동의: 대상토지 면적의 3분의 2 이상

3) 제안절차 및 결과통보

도시·군관리계획 입안제안을 받은 국토교통부장관, 시·도지사, 시장 또는 군수는 제안일부터 45일 이내에 도시·군관리계획입안의 반영여부를 제안자에게 알려야 한다. 다만, 부득이한 사정이 있는 경우에는 1회에 한하여 30일을 연장할 수 있다.

4) 비용부담

도시·군관리계획의 입안을 제안받은 자는 제안자와 협의하여 제안된 도시·군관리계획의 입안 및 결정에 필요한 비용의 전부 또는 일부를 제안자에게 부담시킬 수 있다(법 제26조 제3항).

5. 도시·군관리계획의 결정절차(협의 → 심의)

시·도지사가 ① 지구단위계획이나 ② 지구단위계획으로 대체하는 용도지구 폐지에 관한 사항을 결정하려면 대통령령으로 정하는 바에 따라 건축위원회와 도시계획위원회가 공동으로 하는 심의를 거쳐야 한다.

6. 도시·군관리계획 결정·고시의 효력

(1) 효력발생시기

도시·군관리계획 결정의 효력은 지형도면을 고시한 날부터 발생한다.

(2) 기득권 보호(시행 중인 공사에 대한 특례)

① 원칙 – 이미 사업을 착수한 자는 계속 사업, 공사

② 예외 – 신고

시가화조정구역 또는 수산자원보호구역의 지정에 관한 도시·군관리계획 결정이 있는 경우에는 고시가 있은 날로부터 3개월 이내에 그 사업 또는 공사에 관한 내용을 신고하고 그 사업이나 공사를 계속할 수 있다.

(3) 지형도면의 고시 등

① 지형도면의 작성권자: 입안권자

② 지형도면의 승인: 도지사(결정권자)

③ 지형도면의 고시: 결정권자

7. 타당성 검토

특별시장·광역시장·특별자치시장·특별자치도지사·시장 또는 군수는 5년마다 관할 구역의 도시·군관리계획에 대하여 그 타당성을 전반적으로 재검토하여 정비하여야 한다.

05 공간재구조화계획

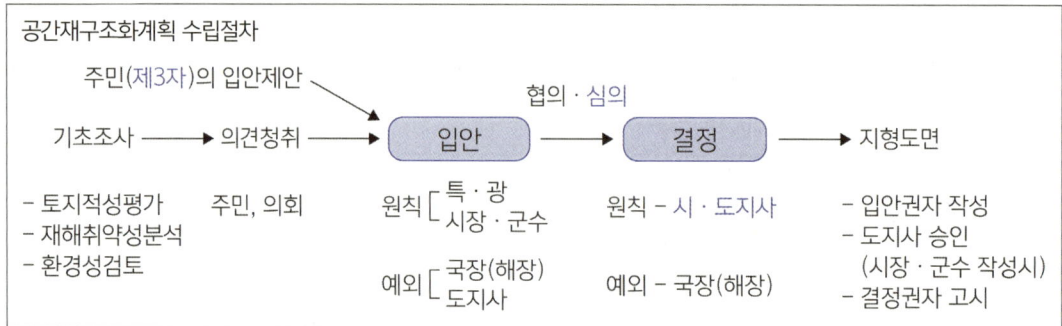

1. 공간재구조화 계획의 입안내용

① 도시혁신구역 및 도시혁신계획
② 복합용도구역 및 복합용도계획
③ 도시·군계획시설입체복합구역(① 또는 ②와 함께 구역을 지정하거나 계획을 입안하는 경우로 한정)

2. 입안권자 및 결정권자

(1) 입안권자

① 원칙 - 도시·군관리계획 준용

② 예외

국토교통부장관은 도시의 경쟁력 향상, 특화발전 및 지역 균형발전 등을 위하여 필요한 때에는 관할 특별시장·광역시장·특별자치시장·특별자치도지사·시장 또는 군수의 요청에 따라 공간재구조화계획을 입안할 수 있다.

(2) 결정권자

① 원칙 - 시·도지사(대도시시장 ×)

② 예외 - 국토교통부장관(해양수산부장관), 시장·군수 ×

국토교통부장관이 입안한 공간재구조화계획은 국토교통부장관이 결정한다.

3. 입안절차 [기초조사 → 주민의견청취(열람) → 지방의회 의견청취]

도시·군관리계획 절차 준용

4. 입안의 제안

(1) 주민(이해관계자를 포함한다)은 공간재구조화계획의 입안을 제안할 수 있다. 이 경우 제안서에는 공간재구조화계획도서와 계획설명서를 첨부하여야 한다.

(2) 입안제안 시 동의요건(국, 공유지 제외)

> ① 도시혁신구역 또는 복합용도구역의 지정을 제안하는 경우: 대상 토지면적의 3분의 2 이상
> ② 입체복합구역의 지정을 제안하는 경우(도시혁신구역 또는 복합용도구역과 함께 입체복합구역 지정에 관한 공간재구조화계획을 입안하는 경우): 대상 토지면적의 5분의 4 이상

(3) 제안절차 및 결과통보

① 입안을 제안받은 공간재구조화계획 입안권자는 국유재산·공유재산이 공간재구조화계획으로 지정된 용도구역 내에 포함된 경우 등의 경우에는 제안자 외의 제3자에 의한 제안이 가능하도록 제안 내용의 개요를 공고하여야 한다. 다만, 제안받은 공간재구조화계획을 입안하지 아니하기로 결정한 때에는 그러하지 아니하다.
② 공간재구조화계획 입안권자가 제안서 내용의 채택 여부 등을 결정한 경우에는 그 결과를 제안자와 제3자에게 알려야 한다.
③ 공간재구조화계획 입안권자는 제안일부터 45일 이내에 공간재구조화계획 입안에의 반영 여부를 제안자에게 통보해야 한다. 다만, 부득이한 사정이 있는 경우에는 1회에 한정하여 30일을 연장할 수 있다.

(4) 비용부담

공간재구조화계획 입안권자는 제안자 또는 제3자와 협의하여 제안된 공간재구조화계획의 입안 및 결정에 필요한 비용의 전부 또는 일부를 제안자 또는 제3자에게 부담시킬 수 있다.

5. 공간재구조화계획의 결정절차(협의 → 심의)

① 공간재구조화계획을 결정하려면 미리 관계 행정기관의 장(국토교통부장관을 포함한다)과 협의하고 다음 각 호에 따라 중앙도시계획위원회 또는 지방도시계획위원회의 심의를 거쳐야 한다. 이 경우 협의 요청을 받은 기관의 장은 특별한 사유가 없으면 그 요청을 받은 날부터 30일(도시혁신구역 지정을 위한 공간재구조화계획 결정의 경우에는 근무일 기준으로 10일) 이내에 의견을 제시하여야 한다.

> 다음 사항은 중앙도시계획위원회의 심의를 거친다.
> ㉠ 국토교통부장관이 결정하는 공간재구조화계획
> ㉡ 시·도지사가 결정하는 공간재구조화계획 중 도시혁신구역, 복합용도구역, 도시·군입체복합구역의 지정 및 입지 타당성 등에 관한 사항

② 국토교통부장관 또는 시·도지사는 공간재구조화계획을 결정하면 대통령령으로 정하는 바에 따라 그 결정을 고시하고, 국토교통부장관이나 도지사는 관계 서류를 관계 특별시장·광역시장·특별자치시장·특별자치도지사·시장 또는 군수에게 송부하여 일반이 열람할 수 있도록 하여야 하며, 특별시장·광역시장·특별자치시장·특별자치도지사는 관계 서류를 일반이 열람할 수 있도록 하여야 한다.

6. 공간재구조화계획 결정의 효력 등

① 공간재구조화계획 결정의 효력은 지형도면을 고시한 날부터 발생한다. 다만, 지형도면이 필요 없는 경우에는 계획결정을 고시한 날부터 효력이 발생한다.
② 고시를 한 경우에 해당 구역 지정 및 계획 수립에 필요한 내용에 대해서는 고시한 내용에 따라 도시·군기본계획의 수립·변경과 도시·군관리계획의 결정고시를 한 것으로 본다.
③ 공간재구조화계획에 따른 지형도면 고시 등에 관하여는 법 제32조(도시·군관리계획에 관한 지형도면의 고시 등)를 준용한다.
④ 고시된 공간재구조화계획의 내용은 도시·군계획으로 관리하여야 한다.

[도시·군계획 비교정리]

구분	광역도시계획	도시·군기본계획	도시·군관리계획	공간재구조화계획
대상지역	광역계획권 지정 (국장, 도지사)	특, 광, 시, 군	특, 광, 시, 군	특, 광, 시, 군
수립권자	• 원칙: 공동 • 예외: 단독 (국장, 도지사)	특, 광, 시, 군수	• 원칙: 특, 광, 시, 군수 • 예외: 국장 / 도지사	• 원칙: 특, 광, 시, 군수 • 예외: 국장 / 도지사
승인(결정)권자	국장, 도지사	도지사	원칙: 시, 도지사 / 대도시시장 예외: 국장 / 시, 군수	원칙: 시, 도지사 예외: 국장
입안제안	×	×	주민	주민, 제3자
기초조사	기초조사	기초조사 (토지적성평가, 재해취약성분석) 생략 가능	기초조사 (토지적성평가, 재해취약성분석, 환경성검토) 생략 가능	기초조사 (토지적성평가, 재해취약성분석, 환경성검토) 생략 가능
주민의견청취	공청회	공청회	공고, 열람 의견청취	공고, 열람 의견청취
효력발생시기	×	×	지형도면 고시일	지형도면 고시일 (계획결정고시일)
타당성 검토	×	5년	5년	5년

06 용도지역 · 용도지구 · 용도구역

1 용도지역

1. 용도지역의 분류

(1) 도시지역

인구와 산업이 밀집되어 있거나 밀집이 예상되어 그 지역에 대하여 체계적인 개발·정비·관리·보전 등이 필요한 지역

1) 주거지역

전용 주거지역	제1종	단독주택 중심의 양호한 주거환경을 보호하기 위하여 필요한 지역
	제2종	공동주택 중심의 양호한 주거환경을 보호하기 위하여 필요한 지역
일반 주거지역	제1종	저층주택을 중심으로 편리한 주거환경을 조성하기 위하여 필요한 지역
	제2종	중층주택을 중심으로 편리한 주거환경을 조성하기 위하여 필요한 지역
	제3종	중고층주택을 중심으로 편리한 주거환경을 조성하기 위하여 필요한 지역
준주거지역		주거기능을 위주로 이를 지원하는 일부 상업기능 및 업무기능을 보완하기 위하여 필요한 지역

2) 상업지역

중심상업지역	도심·부도심의 상업기능 및 업무기능의 확충을 위하여 필요한 지역
일반상업지역	일반적인 상업기능 및 업무기능을 담당하게 하기 위하여 필요한 지역
유통상업지역	도시 내 및 지역 간 유통기능의 증진을 위하여 필요한 지역
근린상업지역	근린지역에서의 일용품 및 서비스의 공급을 위하여 필요한 지역

3) 공업지역

전용공업지역	주로 중화학공업, 공해성 공업 등을 수용하기 위하여 필요한 지역
일반공업지역	환경을 저해하지 아니하는 공업의 배치를 위하여 필요한 지역
준공업지역	경공업 그 밖의 공업을 수용하되, 주거기능·상업기능 및 업무기능의 보완이 필요한 지역

4) 녹지지역

보전녹지지역	도시의 자연환경·경관·산림 및 녹지공간을 보전할 필요가 있는 지역
생산녹지지역	주로 농업적 생산을 위하여 개발을 유보할 필요가 있는 지역
자연녹지지역	도시의 녹지공간의 확보, 도시확산의 방지, 장래 도시용지의 공급 등을 위하여 보전할 필요가 있는 지역으로서 불가피한 경우에 한하여 제한적인 개발이 허용되는 지역

(2) 관리지역

도시지역의 인구와 산업을 수용하기 위하여 도시지역에 준하여 체계적으로 관리하거나 농림업의 진흥, 자연환경 또는 산림의 보전을 위하여 농림지역 또는 자연환경보전지역에 준하여 관리할 필요가 있는 지역

계획관리지역	도시지역으로의 편입이 예상되는 지역이나 자연환경을 고려하여 제한적인 이용·개발을 하려는 지역으로서 계획적·체계적인 관리가 필요한 지역
생산관리지역	농업·임업·어업 생산 등을 위하여 관리가 필요하나, 주변 용도지역과의 관계 등을 고려할 때 농림지역으로 지정하여 관리하기가 곤란한 지역
보전관리지역	자연환경 보호, 산림 보호, 수질오염 방지, 녹지공간 확보 및 생태계 보전 등을 위하여 보전이 필요하나, 주변 용도지역과의 관계 등을 고려할 때 자연환경보전지역으로 지정하여 관리하기가 곤란한 지역

(3) 농림지역

도시지역에 속하지 아니하는 「농지법」에 따른 농업진흥지역 또는 「산지관리법」에 따른 보전산지 등으로서 농림업을 진흥시키고 산림을 보전하기 위하여 필요한 지역

(4) 자연환경보전지역

자연환경·수자원·해안·생태계·상수원 및 「국가유산기본법」에 따른 국가유산의 보전과 수산자원의 보호·육성 등을 위하여 필요한 지역

2. 용도지역의 지정

(1) 원칙

① 국토교통부장관, 시·도지사 또는 대도시 시장은 용도지역의 지정 또는 변경을 도시·군관리계획으로 결정한다.

② 도시·군계획조례로 정하는 바에 따라 도시·군관리계획결정으로 세분된 주거지역·상업지역·공업지역·녹지지역을 추가적으로 세분하여 지정할 수 있다.

(2) 특례

① 공유수면(바다)매립지: 매립목적이 이웃한 용도지역의 내용과 같으면 이웃한 용도지역으로 지정된 것으로 본다.

② 도시지역으로 결정·고시된 것으로 보는 경우(어 항 산 택 전)
  ㉠ 어항구역으로서 도시지역에 연접된 공유수면
  ㉡ 항만구역으로서 도시지역에 연접된 공유수면
  ㉢ 국가산업단지, 일반산업단지, 도시첨단산업단지(농공단지 ×)
  ㉣ 택지개발지구
  ㉤ 전원개발사업구역 및 예정구역(수력발전소, 송·변전설비만 설치하는 경우 제외)

③ 관리지역 특례(결정·고시된 것으로 봄)
  ㉠ 관리지역 안에서 농업진흥지역으로 지정·고시된 지역은 농림지역으로 결정·고시된 것으로 본다.
  ㉡ 관리지역 안의 산림 중 「산지관리법」에 의하여 보전산지로 지정·고시된 지역은 당해 고시에서 구분하는 바에 의하여 농림지역 또는 자연환경보전지역으로 결정·고시된 것으로 본다.

④ 용도지역의 환원
도시지역, 관리지역의 특례에 해당하는 구역·단지·지구 등이 해제되는 경우(개발사업의 완료로 해제되는 경우를 제외한다), 이 법 또는 다른 법률에서 당해 구역 등이 어떤 용도지역에 해당되는지를 따로 정하고 있지 아니한 때에는 이를 지정하기 이전의 용도지역으로 환원된 것으로 본다.

3. 용도지역의 행위제한

(1) 건축제한

① 용도지역에서의 건축물이나 그 밖의 시설의 용도·종류 및 규모 등의 제한에 관한 사항은 대통령령으로 정한다(관리계획 ×).

건축물 용도	건축 가능한 용도지역
단독주택	유통상업, 전용공업지역을 제외한 모든 지역
아파트	제1종전용주거지역, 제1종일반주거지역을 제외한 주거지역
종교집회장	모든 지역
위락시설	상업지역
숙박시설	상업지역, 준공업지역, 자연녹지지역, 계획관리지역

② 4층 이하 층수제한: 제1종일반주거지역, 녹지지역, 관리지역, 자연취락지구

(2) 용도지역별 건폐율, 용적률

지정된 용도지역 안에서 건폐율 및 용적률의 최대한도는 「국토의 계획 및 이용에 관한 법률」이 정하는 범위 안에서 대통령령이 정하는 기준에 따라 특별시·광역시·특별자치시·특별자치도·시 또는 군의 조례로 정한다.

용도지역				건폐율		용적률	
				법	대통령령	법	대통령령
도시지역	주거지역	전용주거지역	1종	70% 이하	50% 이하	500% 이하	50% 이상 100% 이하
			2종		50% 이하		50% 이상 150% 이하
		일반주거지역	1종		60% 이하		100% 이상 200% 이하
			2종		60% 이하		100% 이상 250% 이하
			3종		50% 이하		100% 이상 300% 이하
		준주거지역			70% 이하		200% 이상 500% 이하
	상업지역	중심상업지역		90% 이하	90% 이하	1500% 이하	200% 이상 1,500% 이하
		일반상업지역			80% 이하		200% 이상 1,300% 이하
		유통상업지역			80% 이하		200% 이상 1,100% 이하
		근린상업지역			70% 이하		200% 이상 900% 이하
	공업지역	전용공업지역		70% 이하	70% 이하	400% 이하	150% 이상 300% 이하
		일반공업지역					150% 이상 350% 이하
		준공업지역					150% 이상 400% 이하
	녹지지역	보전녹지지역		20% 이하	20% 이하	100% 이하	50% 이상 80% 이하
		생산녹지지역					50% 이상 100% 이하
		자연녹지지역					50% 이상 100% 이하
관리지역		계획관리지역		40% 이하	40% 이하	100% 이하	50% 이상 100% 이하
		생산관리지역		20% 이하	20% 이하	80% 이하	50% 이상 80% 이하
		보전관리지역		20% 이하	20% 이하	80% 이하	50% 이상 80% 이하
농림지역				20% 이하	20% 이하	80% 이하	50% 이상 80% 이하
자연환경보전지역				20% 이하	20% 이하	80% 이하	50% 이상 80% 이하

(3) 도시지역에서의 다른 법률의 적용배제

도시지역에 대하여는 다음 법률의 규정을 적용하지 아니한다(법 제83조).

① 「도로법」 제40조에 따른 접도구역 안에서 건축제한
② 「농지법」 제8조에 따른 농지취득자격증명, 다만 녹지지역 안의 농지로서 도시·군계획시설사업에 필요하지 아니한 농지에 대하여는 농지취득자격증명규정이 적용된다.

(4) 용도지역 미지정 또는 미세분 지역에서의 행위제한

① 미지정 지역에서의 행위제한

도시지역·관리지역·농림지역 또는 자연환경보전지역으로 용도가 지정되지 아니한 지역에 대하여는 용도지역별 건축제한, 건폐율, 용적률의 규정을 적용함에 있어서 자연환경보전지역에 관한 규정을 적용한다.

② 미세분 지역에서의 행위제한

도시지역 또는 관리지역이 세부용도지역으로 지정되지 아니한 경우에는 용도지역별 건축제한, 건폐율, 용적률의 규정을 적용함에 있어서 당해 용도지역이 도시지역인 경우에는 녹지지역 중 보전녹지지역에 관한 규정을 적용하고, 관리지역인 경우에는 보전관리지역에 관한 규정을 적용한다.

2 용도지구

1. 의의

용도지구란 토지의 이용 및 건축물의 용도·건폐율·용적률·높이 등에 대한 용도지역의 제한을 강화 또는 완화하여 적용함으로써 용도지역의 기능을 증진시키고 미관·경관·안전 등을 도모하기 위하여 도시·군관리계획으로 결정하는 지역을 말한다(중복지정 가능).

2. 용도지구의 종류

		경관의 보전·관리 및 형성을 위하여 필요한 지구
경관지구	자연경관지구	산지·구릉지 등 자연경관을 보호하거나 유지하기 위하여 필요한 지구
	시가지경관지구	지역 내 주거지, 중심지 등 시가지의 경관을 보호 또는 유지하거나 형성하기 위하여 필요한 지구
	특화경관지구	지역 내 주요 수계의 수변 또는 문화적 보존가치가 큰 건축물 주변의 경관 등 특별한 경관을 보호 또는 유지하거나 형성하기 위하여 필요한 지구
고도지구		쾌적한 환경 조성 및 토지의 효율적 이용을 위하여 건축물 높이의 최고한도를 규제할 필요가 있는 지구
보호지구		「국가유산기본법」제3조에 따른 국가유산, 중요 시설물(항만, 공항 등 대통령령으로 정하는 시설물을 말한다) 및 문화적·생태적으로 보존가치가 큰 지역의 보호와 보존을 위하여 필요한 지구
	역사문화환경 보호지구	국가유산·전통사찰 등 역사·문화적으로 보존가치가 큰 시설 및 지역의 보호와 보존을 위하여 필요한 지구
	중요시설물 보호지구	• 중요시설물의 보호와 기능의 유지 및 증진 등을 위하여 필요한 지구 • "중요시설"이란 항만, 공항, 공용시설(공공업무시설, 공공필요성이 인정되는 문화시설·집회시설·운동시설 및 그 밖에 이와 유사한 시설로서 도시·군계획조례로 정하는 시설을 말한다), 교정시설·군사시설을 말한다.
	생태계보호지구	야생동식물서식처 등 생태적으로 보존가치가 큰 지역의 보호와 보존을 위하여 필요한 지구

취락지구		녹지지역·관리지역·농림지역·자연환경보전지역·개발제한구역 또는 도시자연공원구역의 취락을 정비하기 위한 지구
	자연취락지구	녹지지역·관리지역·농림지역 또는 자연환경보전지역 안의 취락을 정비하기 위하여 필요한 지구
	집단취락지구	개발제한구역 안의 취락을 정비하기 위하여 필요한 지구
개발진흥지구		주거기능·상업기능·공업기능·유통물류기능·관광기능·휴양기능 등을 집중적으로 개발·정비할 필요가 있는 지구
	주거개발진흥지구	주거기능을 중심으로 개발·정비할 필요가 있는 지구
	산업·유통 개발진흥지구	공업기능 및 유통·물류기능을 중심으로 개발·정비할 필요가 있는 지구
	관광·휴양 개발진흥지구	관광·휴양기능을 중심으로 개발·정비할 필요가 있는 지구
	복합개발진흥지구	주거기능, 공업기능, 유통·물류기능 및 관광·휴양기능 중 2 이상의 기능을 중심으로 개발·정비할 필요가 있는 지구
	특정개발진흥지구	주거기능, 공업기능, 유통·물류기능 및 관광·휴양기능 외의 기능을 중심으로 특정한 목적을 위하여 개발·정비할 필요가 있는 지구
방재지구		풍수해, 산사태, 지반의 붕괴 그 밖의 재해를 예방하기 위하여 필요한 지구
	시가지방재지구	건축물·인구가 밀집되어 있는 지역으로서 시설 개선 등을 통하여 재해 예방이 필요한 지구
	자연방재지구	토지의 이용도가 낮은 해안변, 하천변, 급경사지 주변 등의 지역으로서 건축 제한 등을 통하여 재해 예방이 필요한 지구
방화지구		화재의 위험을 예방하기 위하여 필요한 지구
특정용도 제한지구		주거 및 교육 환경 보호나 청소년 보호 등의 목적으로 오염물질 배출시설, 청소년 유해시설 등 특정 시설의 입지를 제한할 필요가 있는 지구
복합용도지구		• 지역의 토지이용 상황, 개발 수요 및 주변 여건 등을 고려하여 효율적이고 복합적인 토지이용을 위하여 특정시설의 입지를 완화할 필요가 있는 지구 • 일반주거지역·일반공업지역·계획관리지역에 복합용도지구를 지정할 수 있다.

> **참고** 자연취락지구 건축제한 및 지원(영 제78조 제1항, 제2항, 별표 23).

1. 건축할 수 있는 건축물(4층 이하의 건축물에 한한다. 다만, 4층 이하의 범위 안에서 도시·군계획 조례로 따로 층수를 정하는 경우에는 그 층수 이하의 건축물에 한한다)

   ① 단독주택
   ② 제1종 근린생활시설
   ③ 제2종 근린생활시설(휴게음식점, 일반음식점, 단란주점 및 안마시술소, 제조업소, 수리점은 제외한다)
   ④ 운동시설   ⑤ 창고(농업·임업·축산업·수산업용만 해당한다)
   ⑥ 동물 및 식물관련시설   ⑦ 교정 및 국방·군사시설
   ⑧ 방송통신시설   ⑨ 발전시설

2. 국가 또는 지방자치단체가 자연취락지구 안의 주민의 생활편익과 복지증진 등을 위하여 시행하거나 지원할 수 있는 사업은 다음 각 호와 같다.

> ① 자연취락지구 안에 있거나 자연취락지구에 연결되는 도로·수도공급설비·하수도 등의 정비
> ② 어린이놀이터·공원·녹지·주차장·학교·마을회관 등의 설치·정비
> ③ 쓰레기처리장·하수처리시설 등의 설치·개량
> ④ 하천정비 등 재해방지를 위한 시설의 설치·개량
> ⑤ 주택의 신축·개량

3. 용도지구의 세분

시·도지사 또는 대도시 시장은 지역여건상 필요한 때에는 해당 시·도 또는 대도시의 도시·군계획조례로 정하는 바에 따라 경관지구를 추가적으로 세분(특화경관지구의 세분을 포함한다)하거나 중요시설물보호지구 및 특정용도제한지구를 세분하여 지정할 수 있다.

4. 용도지구의 신설

① 시·도지사 또는 대도시 시장은 지역여건상 필요하면 그 시·도 또는 대도시의 조례로 용도지구의 명칭 및 지정목적, 건축이나 그 밖의 행위의 금지 및 제한에 관한 사항 등을 정하여 법령상 용도지구 외의 용도지구의 지정 또는 변경을 도시·군관리계획으로 결정할 수 있다.
② 용도지구의 신설은 부득이한 사유가 있는 경우에 한하고 행위제한은 그 용도지구의 지정목적 달성에 필요한 최소한도에 그치도록 하며 행위제한을 완화하는 용도지구를 신설하지 못한다.

3 용도구역

1. 개발제한구역

① 국토교통부장관은 **도시의 무질서한 확산을 방지**하고 도시주변의 자연환경을 보전하여 도시민의 건전한 생활환경을 확보하기 위하여 도시의 개발을 제한할 필요가 있거나 국방부장관의 요청이 있어 보안상 **도시의 개발을 제한**할 필요가 있다고 인정되면 개발제한구역의 지정 또는 변경을 도시·군관리계획으로 결정할 수 있다.
② 개발제한구역의 지정 또는 개발제한구역에서의 행위 제한이나 그 밖에 개발제한구역의 관리에 필요한 사항은 따로 법률(「개발제한구역의 지정 및 관리에 관한 특별조치법」)로 정한다.

2. 시가화조정구역

(1) 시가화조정구역의 지정권자 및 목적

① 원칙 - 시·도지사

시·도지사는 직접 또는 관계 행정기관의 장의 요청을 받아 도시지역과 그 주변지역의 무질서한 시가화를 방지하고 계획적·단계적인 개발을 도모하기 위하여 5년 이상 20년 이내의 기간 동안 시가화를 유보할 필요가 있다고 인정되면 시가화조정구역의 지정 또는 변경을 도시·군관리계획으로 결정할 수 있다.

② 예외 - 국토교통부장관

국가계획과 연계하여 시가화조정구역의 지정 또는 변경이 필요한 경우에는 국토교통부장관이 직접 시가화조정구역의 지정 또는 변경을 도시·군관리계획으로 결정할 수 있다.

(2) 유보기간 및 실효

시가화조정구역의 지정에 관한 도시·군관리계획의 결정은 시가화 유보기간(5년 이상 20년 이내에서 정한 기간)이 끝난 날의 다음 날부터 그 효력을 잃는다.

(3) 시가화조정구역 안에서의 행위제한 등

① 도시·군계획사업: 시가화조정구역에서의 도시·군계획사업은 다음의 경우에 한하여 예외적으로 시행할 수 있다.

㉠ 국방상 또는 공익상 시가화조정구역 안에서의 사업시행이 불가피한 것으로서

㉡ 관계 중앙행정기관의 장의 요청에 의하여

㉢ 국토교통부장관이 시가화조정구역의 지정목적달성에 지장이 없다고 인정하는 사업

② 비도시·군계획사업: 다음의 어느 하나에 해당하는 행위(경미한 행위)에 한정하여 특별시장·광역시장·특별자치시장·특별자치도지사·시장 또는 군수의 허가를 받아 그 행위를 할 수 있다(신고 ×).

㉠ 농업·임업 또는 어업용의 건축물 중 대통령령으로 정하는 종류와 규모의 건축물이나 그 밖의 시설을 건축하는 행위

㉡ 주택의 증축(기존주택의 면적을 포함하여 100㎡ 이하에 해당하는 면적의 증축)(신축 ×)

㉢ 마을공동시설, 공익시설·공공시설, 광공업 등 주민의 생활을 영위하는 데에 필요한 행위로서 대통령령으로 정하는 행위

㉣ 입목의 벌채, 조림, 육림, 토석의 채취, 그 밖에 대통령령으로 정하는 경미한 행위

3. 도시자연공원구역

① 시·도지사 또는 대도시 시장은 도시의 자연환경 및 경관을 보호하고 도시민에게 건전한 여가·휴식공간을 제공하기 위하여 도시지역 안에서 식생(植生)이 양호한 산지(山地)의 개발을 제한할 필요가 있다고 인정하면 도시자연공원구역의 지정 또는 변경을 도시·군관리계획으로 결정할 수 있다.

② 도시자연공원구역의 지정 또는 변경에 관하여 필요한 사항은 따로 「도시공원 및 녹지 등에 관한 법률」로 정한다.

4. 수산자원보호구역

① 해양수산부장관은 직접 또는 관계 행정기관의 장의 요청을 받아 수산자원을 보호·육성하기 위하여 필요한 공유수면이나 그에 인접한 토지에 대한 수산자원보호구역의 지정 또는 변경을 도시·군관리계획으로 결정할 수 있다.
② 수산자원보호구역 안에서 건축제한에 관하여는 「수산자원 관리법」이 정하는 바에 따른다.

5. 도시혁신구역

(1) 도시혁신구역의 지정

공간재구조화계획 결정권자는 다음 각 호의 어느 하나에 해당하는 지역을 도시혁신구역으로 지정할 수 있다.
① 도시·군기본계획에 따른 도심·부도심 또는 생활권의 중심지역
② 주요 기반시설과 연계하여 지역의 거점 역할을 수행할 수 있는 지역
③ 그 밖에 도시공간의 창의적이고 혁신적인 개발이 필요하다고 인정되는 경우로서 대통령령으로 정하는 지역

(2) 도시혁신계획의 내용

도시혁신계획에는 도시혁신구역의 지정 목적을 이루기 위하여 다음에 관한 사항이 포함되어야 한다.
① 용도지역·용도지구, 도시·군계획시설 및 지구단위계획의 결정에 관한 사항
② 주요 기반시설의 확보에 관한 사항
③ 건축물의 건폐율·용적률·높이에 관한 사항
④ 건축물의 용도·종류 및 규모 등에 관한 사항
⑤ 법 제83조의3에 따른 다른 법률 규정 적용의 완화 또는 배제에 관한 사항
⑥ 도시혁신구역 내 개발사업 및 개발사업의 시행자 등에 관한 사항
⑦ 그 밖에 도시혁신구역의 체계적 개발과 관리에 필요한 사항

(3) 공간재구조화계획으로 결정

① 도시혁신구역의 지정 및 변경과 도시혁신계획은 공간재구조화계획으로 결정한다.
② 다른 법률에서 공간재구조화계획의 결정을 의제하고 있는 경우에도 이 법에 따르지 아니하고 도시혁신구역의 지정과 도시혁신계획을 결정할 수 없다.
③ 도시혁신구역의 지정과 도시혁신계획에 대한 공간재구조화계획을 결정하기 위하여 관계 행정기관의 장과 협의하는 경우 협의 요청을 받은 기관의 장은 그 요청을 받은 날부터 10일(근무일 기준) 이내에 의견을 회신하여야 한다.

(4) 지구단위계획 관련규정 준용

도시혁신구역 및 도시혁신계획에 관한 도시·군관리계획 결정의 실효, 도시혁신구역에서의 건축 등에 관하여 다른 특별한 규정이 없으면 법 제53조 및 제54조(지구단위계획 관련규정)를 준용한다.

(5) 행위제한

용도지역 및 용도지구에 따른 제한에도 불구하고 도시혁신구역에서의 토지의 이용, 건축물이나 그 밖의 시설의 용도·건폐율·용적률·높이·건축물이나 그 밖의 시설의 종류 및 규모의 제한에 관한 사항에 관하여는 도시혁신계획으로 따로 정한다.

(6) 도시혁신구역에서의 다른 법률의 적용 특례

1) 적용배제

도시혁신구역에 대하여는 다음 각 호의 법률 규정에도 불구하고 도시혁신계획으로 따로 정할 수 있다.
① 「주택법」 제35조에 따른 주택의 배치, 부대시설·복리시설의 설치기준 및 대지조성기준
② 「주차장법」 제19조에 따른 부설주차장의 설치
③ 「문화예술진흥법」 제9조에 따른 건축물에 대한 미술작품의 설치
④ 「건축법」 제43조에 따른 공개 공지 등의 확보
⑤ 「도시공원 및 녹지 등에 관한 법률」 제14조에 따른 도시공원 또는 녹지 확보기준
⑥ 「학교용지 확보 등에 관한 특례법」 제3조에 따른 학교용지의 조성·개발 기준

2) 특별건축구역 의제

도시혁신구역으로 지정된 지역은 「건축법」에 따른 특별건축구역으로 지정된 것으로 본다.

3) 특례건축물

시·도지사 또는 시장·군수·구청장은 도시혁신구역에서 건축하는 건축물을 「건축법」 제73조에 따라 건축기준 등의 특례사항을 적용하여 건축할 수 있는 건축물에 포함시킬 수 있다.

4) 도시개발사업 의제

도시혁신구역의 지정·변경 및 도시혁신계획 결정의 고시는 「도시개발법」에 따른 개발계획의 내용에 부합하는 경우 도시개발구역의 지정 및 개발계획 수립의 고시로 본다. 이 경우 도시혁신계획에서 정한 시행자는 같은 법 제11조에 따른 사업시행자 지정요건 및 도시개발구역 지정 제안 요건 등을 갖춘 경우에 한정하여 같은 법에 따른 도시개발사업의 시행자로 지정된 것으로 본다.

5) 공동심의 및 행위제한 완화

도시혁신계획에 대한 도시계획위원회 심의 시 「교육환경 보호에 관한 법률」에 따른 지역교육환경보호위원회, 「문화유산의 보존 및 활용에 관한 법률」에 따른 문화유산위원회 또는 「자연유산의 보존 및 활용에 관한 법률」에 따른 자연유산위원회와 공동으로 심의를 개최하고, 그 결과에 따라 각 법률에 따른 행위제한 규정을 완화하여 적용할 수 있다.

6. 복합용도구역

(1) 복합용도구역의 지정

공간재구조화계획 결정권자는 다음의 어느 하나에 해당하는 지역을 복합용도구역으로 지정할 수 있다.

① 산업구조 또는 경제활동의 변화로 복합적 토지이용이 필요한 지역
② 노후 건축물 등이 밀집하여 단계적 정비가 필요한 지역
③ 그 밖에 복합된 공간이용을 촉진하고 다양한 도시공간을 조성하기 위하여 계획적 관리가 필요하다고 인정되는 경우로서 대통령령으로 정하는 지역

(2) 복합용도계획의 내용

복합용도계획에는 복합용도구역의 지정 목적을 이루기 위하여 다음에 관한 사항이 포함되어야 한다.

① 용도지역·용도지구, 도시·군계획시설 및 지구단위계획의 결정에 관한 사항
② 주요 기반시설의 확보에 관한 사항
③ 건축물의 용도별 복합적인 배치비율 및 규모 등에 관한 사항
④ 건축물의 건폐율·용적률·높이에 관한 사항
⑤ 특별건축구역계획에 관한 사항
⑥ 그 밖에 복합용도구역의 체계적 개발과 관리에 필요한 사항

(3) 공간재구조화계획으로 결정

복합용도구역의 지정과 복합용도계획은 공간재구조화계획으로 결정한다.

(4) 지구단위계획 관련규정 준용

복합용도구역 및 복합용도계획에 관한 도시·군관리계획 결정의 실효, 복합용도구역에서의 건축 등에 관해 다른 특별한 규정이 없으면 법 제53조 및 제54조(지구단위계획 관련규정)를 준용한다.

(5) 복합용도구역에서의 행위 제한

① 용도지역 및 용도지구에 따른 제한에도 불구하고 복합용도구역에서의 건축물이나 그 밖의 시설의 용도·종류 및 규모 등의 제한에 관한 사항은 복합용도계획으로 따로 정한다.
② 복합용도구역에서의 건폐율과 용적률은 용도지역별 건폐율과 용적률의 최대한도의 범위에서 복합용도계획으로 정한다.

(6) 복합용도구역에서의 「건축법」 적용 특례

① 특별건축구역의제

복합용도구역으로 지정된 지역은 「건축법」에 따른 특별건축구역으로 지정된 것으로 본다.

② 특례건축물

시·도지사 또는 시장·군수·구청장은 복합용도구역에서 건축하는 건축물을 「건축법」제73조에 따라 건축기준 등의 특례사항을 적용하여 건축할 수 있는 건축물에 포함시킬 수 있다.

7. 도시·군계획시설입체복합구역

(1) 도시·군계획시설입체복합구역의 지정

도시·군관리계획의 결정권자는 도시·군계획시설의 입체복합적 활용을 위하여 다음의 어느 하나에 해당하는 경우에 도시·군계획시설이 결정된 토지의 전부 또는 일부를 도시·군계획시설입체복합구역으로 지정할 수 있다.

① 도시·군계획시설 준공 후 10년이 경과한 경우로서 해당 시설의 개량 또는 정비가 필요한 경우
② 주변지역 정비 또는 지역경제 활성화를 위하여 기반시설의 복합적 이용이 필요한 경우
③ 첨단기술을 적용한 새로운 형태의 기반시설 구축 등이 필요한 경우
④ 그 밖에 효율적이고 복합적인 도시·군계획시설의 조성을 위하여 필요한 경우로서 대통령령으로 정하는 경우

(2) 도시·군계획시설입체복합구역의 행위 제한의 완화

시설의 용도·종류 및 규모 등의 제한	도시지역	도시지역에서 허용되는 범위
	관리지역, 농림지역 및 자연환경보전지역	계획관리지역에서 허용되는 범위
건폐율		해당 용도지역별 건폐율의 최대한도의 150% 이하의 범위
용적률		해당 용도지역별 용적률의 최대한도의 200% 이하의 범위
건축물의 높이		「건축법」제60조에 따라 제한된 높이의 150% 이하의 범위
		「건축법」제61조 제2항에 따른 채광 등의 확보를 위한 건축물의 높이 제한의 200% 이하의 범위

07 도시·군계획시설

1 도시·군계획시설의 설치·관리

1. 기반시설의 종류

교통시설	도로·철도·항만·공항·주차장·자동차정류장·궤도·차량검사 및 면허시설
공간시설	광장·공원·녹지·유원지·공공공지
유통·공급시설	유통업무설비, 수도·전기·가스·열공급설비, 방송·통신시설, 공동구, 시장, 유류저장 및 송유설비
공공·문화체육시설	학교·공공청사·문화시설·공공성이 인정되는 체육시설·연구시설·사회복지시설·공공직업훈련시설·청소년수련시설
방재시설	하천·유수지·저수지·방화설비·방풍설비·방수설비·사방설비·방조설비
보건위생시설	장사시설·도축장·종합의료시설
환경기초시설	하수도·폐기물처리시설 및 재활용시설·빗물저장 및 이용시설·수질오염방지시설·폐차장

2. 도시·군계획시설의 의의

도시·군계획시설이란 기반시설 중 도시·군 관리계획으로 결정된 시설을 말한다.

3. 설치

① 원칙: 기반시설을 설치할 경우 미리 도시·군 관리계획 결정으로 설치하여야 한다.
② 예외: 대통령령으로 정하는 다음 기반시설은 도시·군 관리계획의 결정 없이 설치할 수 있다.

> 1. 도시지역 또는 지구단위계획구역에서 다음의 기반시설 설치하는 경우 생략
>   ① 주차장, 차량 검사 및 면허시설, 공공공지, 열공급설비, 방송·통신시설, 시장·공공청사·문화시설·공공필요성이 인정되는 체육시설·연구시설·사회복지시설·공공직업 훈련시설·청소년수련시설·저수지·방화설비·방풍설비·방수설비·사방설비·방조설비·장사시설·종합의료시설·빗물저장 및 이용시설·폐차장
>   ② 점용허가대상이 되는 공원안의 기반시설
> 2. 도시지역과 지구단위계획구역 외에서 다음의 기반시설을 설치하는 경우 생략
>   ① 1.의 ①, ②의 기반시설
>   ② 궤도 및 전기공급설비, 자동차정류장, 광장, 유류저장 및 송유설비 등

③ 효율적인 토지이용을 위하여 둘 이상의 도시·군계획시설을 같은 토지에 함께 결정하거나 도시·군계획시설이 위치하는 공간의 일부를 구획하여 도시·군계획시설을 결정할 수 있다.

④ 도시·군계획시설의 설치기준은 국토교통부령으로 정한다.
⑤ 보상: 따로 법률로 정한다.
⑥ 실효: 도시·군계획시설결정·고시 후 20년이 지날 때까지 그 시설의 설치에 관한 도시·군계획시설사업이 시행되지 아니하는 경우 그 도시·군계획시설결정은 그 고시일부터 20년이 되는 날의 다음 날에 그 효력을 잃는다. 이 경우 그 사실을 고시하여야 한다.

4. 도시·군계획시설의 관리방법

국가가 관리 하는 경우	「국유재산법」에 의한 중앙관서의 장이 관리한다.
지방자치단체가 관리	조례로 정한다.

5. 타당성검토

도시·군계획시설 결정·고시일로부터 3년 이내에 도시·군계획시설사업이 시행되지 않는 경우 도시·군계획시설의 타당성을 검토하여야 한다.

6. 광역시설의 설치·관리 등

(1) 의의

광역시설이란 기반시설 중 2 이상의 시·군에 걸치는 시설이거나 2 이상의 시·군이 공동으로 이용하는 시설을 말한다.

(2) 원칙적 설치·관리방법

도시·군계획시설의 일반적 설치·관리규정을 준용한다.

(3) 예외적 설치·관리방법

① 광역시설은 예외적으로 협약을 체결하거나 협의회를 구성하여 광역시설을 설치·관리 할 수 있다. 다만 협약의 체결이나 협의회구성이 이루어지지 아니하는 경우 당해 시 또는 군이 동일한 도에 속하는 때에는 관할 도지사가 (직접)광역시설을 설치·관리할 수 있다.
② 국가계획으로 설치하는 광역시설은 다른 법률에 의하여 설립된 법인이 설치·관리할 수 있다.

2 공동구

(1) 공동구 설치

① **공동구 설치의무** 다음 각 호에 해당하는 지역·지구·구역 등이 200만㎡를 초과하는 경우에는 해당 지역에서 개발사업을 시행하는 자는 공동구를 설치하여야 한다(공정택이도자유).

1. 도시개발구역	2. 택지개발지구	3. 경제자유구역
4. 정비구역	5. 공공주택지구	6. 도청이전 신도시

② **공동구 설치계획에 포함의무** 공동구 설치의무가 있는 개발사업의 개발계획을 수립할 경우에는 공동구 설치에 관한 계획을 포함하여야 한다.

③ **공동구에의 수용의무** 공동구가 설치된 경우 당해 공동구에 수용되어야 할 시설을 빠짐없이 수용되도록 하여야 한다. 또한 공동구가 설치된 경우에는 아래 1.부터 6.까지의 시설을 공동구에 수용하여야 하며, 7. 및 8.의 시설은 공동구협의회의 심의를 거쳐 수용할 수 있다(심의하까).

1. 전선로	2. 통신선로	3. 수도관	4. 열수송관
5. 중수도관	6. 쓰레기수송관	7. 가스관	8. 하수도관

④ **공동구설치 비용부담**

㉠ 공동구의 설치(개량하는 경우를 포함한다)에 필요한 비용은 이 법 또는 다른 법률에 특별한 규정이 있는 경우를 제외하고는 공동구 점용예정자와 사업시행자가 부담하며, 국가·지방자치단체는 공동구의 원활한 설치를 위하여 그 비용의 일부를 보조 또는 융자할 수 있다.

㉡ 공동구 점용예정자가 부담하여야 하는 공동구 설치비용은 해당 시설을 개별적으로 매설할 때 필요한 비용으로 하되, 공동구관리자가 공동구협의회의 심의를 거쳐 해당 공동구의 위치, 규모 및 주변 여건 등을 고려하여 정한다.

㉢ 사업시행자는 공동구의 설치가 포함되는 개발사업의 실시계획인가등이 있은 후 지체 없이 공동구 점용예정자에게 산정된 부담금의 납부를 통지하여야 한다.

㉣ 부담금의 납부통지를 받은 공동구 점용예정자는 공동구설치공사가 착수되기 전에 부담액의 3분의 1 이상을 납부하여야 하며, 그 나머지 금액은 점용공사기간 만료일 전까지 납부하여야 한다.

(2) 공동구 수용절차

① 사업시행자는 공동구의 설치공사를 완료한 때에는 공동구에 수용될 시설의 점용공사 기간, 공동구 설치위치 및 설계도면등을 지체 없이 공동구 점용예정자에게 개별적으로 통지하여야 한다.

② 공동구 점용예정자는 공동구에 수용될 시설을 공동구에 수용함으로써 용도가 폐지된 종래의 시설은 사업시행자가 지정하는 기간 내에 철거하여야 하고, 도로는 원상으로 회복하여야 한다.

(3) 공동구 관리 및 관리비용

① 원칙적 관리 의무자 특별시장·광역시장·시장 또는 군수가 관리한다. 다만, 효율적인 관리·운영을 위하여 위탁할 수 있다.
② 공동구의 관리비용 공동구를 점용하는 자가 함께 부담하되, 부담비율은 점용면적을 고려하여 공동구관리자가 정한다.
③ 공동구의 안전 및 유지관리계획 5년마다 수립·시행하여야 한다.
④ 안전점검 공동구관리자는 1년에 1회 이상 공동구의 안전점검을 실시하여야 한다.
⑤ 공동구 설치비용을 부담하지 아니한 자(부담액을 완납하지 아니한 자를 포함한다)가 공동구를 점용하거나 사용하려면 그 공동구를 관리하는 공동구관리자의 허가를 받아야 한다.
⑥ 공동구를 점용하거나 사용하는 자는 점용료 또는 사용료를 납부하여야 한다.

3 도시·군계획시설사업

1. 단계별 집행계획

(1) 단계별 집행계획의 의의

단계별 집행계획이란 도시·군 관리계획결정·고시일로부터 3월 이내 수립하는 사업의 연차별계획으로 재원조달계획과 보상계획을 포함하여 도시·군 관리계획의 입안권자가 수립한다. 다만, 대통령령으로 정하는 다음의 법률에 따라 도시·군관리계획의 결정이 의제되는 경우에는 해당 도시·군계획시설결정의 고시일부터 2년 이내에 단계별 집행계획을 수립할 수 있다.

> 1. 「도시 및 주거환경정비법」
> 2. 「도시재정비 촉진을 위한 특별법」
> 3. 「도시재생 활성화 및 지원에 관한 특별법」

(2) 단계별 집행계획의 수립권자

① 원칙: 특별시장·광역시장·특별자치시장·특별자치도지사·시장 또는 군수
② 예외: 국토교통부장관 또는 도지사

(3) 종류 및 조정

① • 제1단계 집행계획: 3년 이내에 시행하는 사업
   • 제2단계 집행계획: 3년 이후에 시행하는 사업
② 단계별 집행계획의 조정: 매년 제2단계 집행계획을 검토하여 3년 이내에 시행할 도시·군 계획시설을 선정하여 이를 1단계 집행계획에 포함시킬 수 있다.

(4) 단계별 집행계획의 수립절차(협의 → 의견청취 → 수립 후 공고)

특별시장·광역시장·시장 또는 군수는 단계별 집행계획을 수립하고자 하는 경우 미리 관계행정기관의 장과 협의하며, 해당 지방의회 의견을 들어 수립한 후 경우에는 직접 공고하고, 국토교통부장관·도지사가 수립한 단계별 집행계획은 특별시장·광역시장·시장 또는 군수가 이를 송부받아 직접 공고한다.

2. 도시·군계획시설사업의 시행자

(1) 행정청인 사업시행자

① 원칙: 특별시장·광역시장·특별자치시장·특별자치도지사 또는 시장·군수
② 예외: 국토교통부장관·도지사
③ 2 이상의 시·군에 걸쳐서 도시·군계획시설사업을 시행하는 경우: 사업시행자
  협의해서 사업시행자를 지정하며 (협의공동 ×) → 협의가 불성립 시 → 관할이 동일하면 관할 도지사가, 관할이 다르면 국토교통부장관이 시행자를 지정한다.

(2) 비행정청인 사업시행자

① 행정청이 아닌 자는 국토교통부장관, 시·도지사, 시장·군수로부터 시행자로 지정을 받아 도시·군계획시설사업을 시행할 수 있다.
② 민간에 해당하는 자가 시행자로 지정을 받으려면 도시·군계획시설사업의 대상인 토지면적의 3분의 2 이상에 해당하는 토지를 소유하고, 토지소유자 총수의 2분의 1 이상에 해당하는 자의 동의를 얻어야 한다.

3. 행정심판

이 법에 의한 도시·군계획시설사업의 시행자의 처분에 대하여는 「행정심판법」에 의하여 행정심판을 제기할 수 있다. 이 경우 행정청이 아닌 시행자의 처분에 대하여는 당해 시행자를 지정한 자에게 행정심판을 제기하여야 한다.

4. 실시계획

(1) 실시계획 작성의 주체(모든 시행자)

(모든)사업시행자는 도시·군계획시설사업에 관한 실시계획을 작성하여야 한다.

(2) 비행정청인 시행자의 실시계획 작성

비행정청으로서 시설사업의 시행자로 지정을 받은 자는 실시계획을 작성하고자 하는 때에는 미리 당해 특별시장·광역시장·시장 또는 군수의 의견을 들어야 한다.

(3) 시설사업을 분할 시행하는 경우의 실시계획의 작성

도시·군계획시설사업 시행자는 분할하여 도시·군계획시설사업을 시행할 수 있다. 도시·군계획시설사업을 분할하여 시행하는 때에는 분할된 지역별로 실시계획을 작성할 수 있다.

(4) 실시계획의 인가권자

사업시행자는 실시계획을 작성하면 국토교통부장관이 지정한 시행자는 국토교통부장관의 인가를 받아야 하며, 그 밖의 시행자는 시·도지사와 대도시 시장의 인가를 받아야 한다. 다만 다음의 경미한 사항을 변경하는 경우에는 생략할 수 있다.

> **경미한 사항의 변경으로 실시계획의 변경인가 생략사유**
> ① 사업명칭을 변경하는 경우
> ② 구역경계의 변경이 없는 범위 안에서 행하는 건축물 또는 공작물의 연면적 10% 미만의 변경과 「학교시설사업 촉진법」에 의한 학교시설의 변경인 경우
> ③ 기존 시설의 용도변경을 수반하지 아니하는 대수선·재축 및 개축인 경우
> ④ 도로의 포장 등 기존 도로의 면적·위치 및 규모의 변경을 수반하지 아니하는 도로의 개량인 경우

(5) 실시계획의 조건부인가

국토교통부장관, 시·도지사 또는 대도시 시장은 기반시설의 설치나 그에 필요한 용지의 확보, 위해 방지, 환경오염 방지, 경관 조성, 조경 등의 조치를 할 것을 조건으로 실시계획을 인가할 수 있다.

(6) 이행보증금

특별시장·광역시장·특별자치시장·특별자치도지사·시장 또는 군수는 기반시설의 설치나 그에 필요한 용지의 확보, 위해 방지, 환경오염 방지, 경관 조성, 조경 등을 위하여 필요하다고 인정되는 경우로서 그 이행을 담보하기 위하여 사업시행자에게 이행보증금을 예치하게 할 수 있다. 다만, 공공사업시행자(국가, 지자체, 공공기관)에 대하여는 그러하지 아니하다.

(7) 실시계획의 실효

① 실효사유: 도시·군계획시설결정의 고시일부터 10년 이후에 실시계획을 작성하거나 인가받은 장기미집행 도시·군계획시설사업의 시행자가 아래의 사유에 해당하는 경우 효력을 잃는다.

사유	효력상실시점
실시계획 고시일부터 5년 이내에 토지보상법에 따른 재결신청을 하지 아니한 경우	실시계획 고시일부터 5년이 지난 다음 날에 그 실시계획은 효력을 잃는다.
사업시행자가 재결신청을 하지 아니하고 실시계획 고시일부터 5년이 지나기 전에 시설사업에 필요한 토지 면적의 3분의 2 이상을 소유하거나 사용할 수 있는 권원을 확보하고 실시계획 고시일부터 7년 이내에 재결신청을 하지 아니한 경우	실시계획 고시일부터 7년이 지난 다음 날에 그 실시계획은 효력을 잃는다.
사업시행자가 재결신청 없이 시설사업에 필요한 모든 토지·건축물 등을 소유하거나 사용권을 확보한 경우	실시계획은 효력을 유지한다.

② 도시·군관리계획의 실효시기

실시계획이 효력을 상실한 경우 해당 도시·군계획시설은 도시·군관리계획결정·고시일부터 20년이 경과하면 효력을 상실한다는 규정이 있음에도 불구하고 다음에서 정한 날 효력을 잃는다.

20년이 되기 전에 실시계획이 폐지·실효	20년이 되는 날의 다음 날
20년 이후 실시계획이 폐지·실효	실시계획이 폐지되거나 효력을 잃은 날

5. 공사완료절차

(1) 공사완료보고

사업시행자(국토교통부장관, 시·도지사와 대도시 시장은 제외한다)는 시설사업의 공사를 마친 때에는 7일 이내에 공사완료보고서를 작성하여 시·도지사나 대도시 시장의 준공검사를 받아야 한다.

(2) 준공검사와 공사완료공고

① 시·도지사나 대도시 시장은 공사완료보고서를 받으면 지체 없이 준공검사를 하여야 하며, 준공검사결과 실시계획대로 완료되었다고 인정되는 경우에는 사업시행자에게 준공검사증명서를 발급하고 공사완료 공고를 하여야 한다.

② 국토교통부장관, 시·도지사 또는 대도시 시장인 사업시행자는 시설사업의 공사를 마친 때에는 (준공검사 없이) 공사완료 공고를 하여야 한다.

6. 도시·군계획시설 사업시행자의 보호조치

(1) 사업의 분할시행 가능

(2) 관계서류의 무상열람청구

(3) 공시송달제도 비행정청인 시설사업시행자는 국토교통부장관 또는 시·도지사 대도시시장의 승인을 받아야 한다.

(4) 국·공유지 처분 제한

국·공유지로서 도시·군계획시설사업에 필요한 토지는 당해 도시·군 관리계획으로 정하여진 목적 외의 목적으로 이를 매각하거나 양도할 수 없다. → 위반 시 당연 무효

(5) 토지 등의 수용·사용

① 수용의 주체 모든 사업시행자(비행정청도 수용할 수 있다)

② 수용의 대상 토지·건축물·물건·권리

③ 수용의 방법

㉠ 당해 토지(도시·군계획시설부지) 수용·사용의 대상

㉡ 인접 토지 수용불가, 사용의 대상

㉢ 법 적용: 토지보상법(「공익사업을 위한 토지 등의 취득 및 보상에 관한 법률」) 준용

④ 토지보상법 특례

사업인정고시의 특례	실시계획의 인가·고시가 있는 때 사업인정을 받은 것으로 본다.
재결기간(사업인정으로부터 1년)의 특례	실시계획에서 정한 사업시행 기간 내 재결신청을 하면 된다.

(6) 타인의 토지출입 등

행위	절차	사전통지	기타	손실보상
타인토지 출입	허가 (행정청 ×)	7일 전	야간은 점유자 승낙	행위자가 속한 행정청 또는 사업시행자가 보상
일시 사용, 장애물 변경·제거	동의	3일 전	동의받을 수 없는 경우 행정청은 통지, 비행정청은 허가	

4 장기미집행시설의 조치(소유자 권리보호)

시설결정 고시	⇨	2년 미집행	⇨	10년 미집행	⇨	20년 미집행
개발행위금지		예외적 허가		매수 청구		시설결정 실효
건축물 건축공작물 설치금지		가설건축물 건축 공작물 설치 건축물 개축, 재축		매수하지 않는 경우 소규모 건축물 및 공작물 설치 허가		고시일부터 20년이 되는 날의 다음날 실효

1. 단계별 집행계획의 수립이 없는 경우 권리구제

① 예외적 개발행위 허가의 요건

도시·군계획시설의 결정·고시일 부터 2년이 경과할 때까지 당해 시설의 설치에 관한 사업이 시행되지 아니한 도시·군계획시설 중

> ㉠ 단계별 집행계획이 수립되지 아니하였거나
> ㉡ 단계별 집행계획에서 제1단계 집행계획에 포함되지 아니한 도시·군계획시설의 부지에 대하여 다음의 개발행위를 허가 할 수 있다.

② 허가받으면 가능한 행위

가능행위	원상회복 시 보상여부
㉠ 가설건축물의 건축 ㉡ 도시·군계획시설 설치에 지장 없는 공작물 설치와 토지형질변경	보상 × (3개월 전까지 소유자 부담으로 철거)
㉢ 기존 건축물의 개축·재축과 형질변경	보상 ○

2. 매수청구권

(1) 청구대상 토지

도시·군계획시설 결정·고시일로부터 10년간 도시·군계획시설사업이 시행되지 아니하는 (실시계획의 인가 또는 그에 상당하는 절차가 행하여진 경우는 제외) 지목이 대(垈)인 토지(당해 토지에 있는 건축물 및 정착물 포함)의 소유자가 청구한다.

(2) 청구권자 및 상대방

① 원칙적으로 특별시장·광역시장·시장 또는 군수에게 매수를 청구할 수 있다.

② 예외적으로 도시·군계획시설 사업시행자가 정해져 있으면 사업시행자, 설치·관리의무자가 있으면 그 설치·관리의무자, 양자가 서로 다른 경우는 설치·관리의무자가 매수하여야 한다.

(3) 매수절차

10년 경과된 지목이 대(垈)인 토지 → 매수청구 → 6월 내 매수여부 결정 → 2년 내 매수해야 한다.

(4) 매수방법

① 준용법규: 매수청구된 토지의 매수가격·매수절차 등은 토지보상법을 준용한다.

② 대금지급방법

　㉠ 현금매수가 원칙이나 예외적으로 채권을 발행할 수 있다.

　㉡ 채권(도시·군계획시설 채권) 발행요건

　　ⓐ 채권은 매수의무자가 지방자치단체인 경우로서

　　ⓑ 토지소유자가 원해야

　　ⓒ 부재부동산 소유자 토지 또는 비업무용 토지로서 매수대금이 3천만원 초과 시 그 초과금액에 대하여 지급하는 경우에 발행할 수 있다(이 경우는 소유자가 원하지 않아도 가능).

　　ⓓ 채권의 상환기간: 10년 이내에서 조례로 정한다.

(5) 매수하지 않는 경우 허용행위(개발행위허가 필요)

① 3층 이하의 단독주택

② 3층 이하의 제1종 근린생활시설

③ 3층 이하의 제2종 근린생활시설(단란주점·노래연습장·안마시술소·다중생활시설은 제외)

④ 공작물을 설치

3. 도시·군계획시설결정의 실효

도시·군계획시설결정이 고시된 도시·군계획시설에 대하여 그 고시일부터 20년이 지날 때까지 그 시설의 설치에 관한 도시·군계획시설사업이 시행되지 아니하는 경우 그 도시·군계획시설결정은 그 고시일부터 20년이 되는 날의 다음날에 그 효력을 잃는다. 시·도지사 또는 대도시 시장은 도시·군계획시설결정이 효력을 잃으면 대통령령으로 정하는 바에 따라 지체 없이 그 사실을 고시하여야 한다.

5 도시·군계획시설사업의 비용부담

1. 원칙 - 사업시행자가 부담하는 게 원칙

① 국가가 하는 경우에는 국가예산에서
② 지방자치단체가 하는 경우에는 해당 지방자치단체가,
③ 행정청이 아닌 자가 하는 경우에는 그 자가 부담함을 원칙으로 한다.

2. 예외 - 행정청이 비용을 부담한 경우 다른 지방자치단체에 비용부담

사업시행자	비용부담(협의하여 부담)	협의가 성립되지 않는 경우
국토교통부장관	국토교통부장관은 그가 시행한 도시·군계획시설사업으로 현저히 이익을 받는 시·도 또는 시·군이 있으면 그 사업에 든 비용의 일부를 그 이익을 받는 시·도 또는 시·군에 부담시킬 수 있다.	이 경우 국토교통부장관은 시·도 또는 시·군에 비용을 부담시키기 전에 행정안전부장관과 협의하여야 한다.
시·도지사	시·도지사는 그 시·도에 속하지 아니하는 지방자치단체에 비용을 부담시키려면 해당 지방자치단체의 장과 협의하여야 한다.	협의가 성립되지 아니하는 경우에는 행정안전부장관이 결정하는 바에 따른다.
시장·군수	시장이나 군수는 현저히 이익을 받는 다른 지방자치단체가 있으면 비용의 일부를 그 이익을 받는 다른 지방자치단체와 협의하여 그 지방자치단체에 부담시킬 수 있다.	협의가 성립되지 아니하는 경우 같은 도에 속할 때에는 관할 도지사가, 다른 시·도에 속할 때에는 행정안전부장관이 결정하는 바에 따른다.

위의 비용의 총액은 당해 시설사업에 소요된 비용의 50%를 넘지 못한다. 이 경우 시설사업에 소요된 비용에는 당해 도시·군계획시설사업의 설계비·관리비·조사비·측량비를 포함하지 아니한다.

※ 비행정청이 비용부담을 한 경우 이익을 본 지방자치단체에 비용을 부담시키는 것은 규정하고 있지 않음을 유의

3. 국가 또는 지방자치단체의 비용의 보조 또는 융자

행정청	기초조사나 지형도면 작성비용	80% 이하 범위에서 국가예산으로 보조 또는 융자
	도시·군계획시설사업 비용(조사·측량비, 설계비 및 관리비를 제외한 공사비와 감정비를 포함한 보상비를 말한다)	50% 이하 범위에서 국가예산으로 보조 또는 융자
비행정청	-	전체 사업비 1/3 이하 범위에서 국가 또는 지자체 예산으로 보조 또는 융자

08 지구단위계획

1. 의의

도시·군 계획수립대상 지역 안의 일부에 대하여 토지이용을 합리화하고 그 기능을 증진시키며 미관을 개선하고 양호한 환경을 확보하며 당해지역을 체계적·계획적으로 관리하기 위하여 수립하는 도시·군 관리계획을 말한다.

2. 지정권자 및 지정절차

국토교통부장관·시·도지사·시장 또는 군수가 도시·군 관리계획으로 결정한다.

3. 지구단위계획구역의 지정

(1) 재량적 지정대상지역

1. 용도지구
2. 도시개발구역
3. 정비구역
4. 택지개발지구
5. 대지조성사업지구
6. 산업단지와 준 산업단지
7. 관광단지와 관광특구
8. 개발제한구역·도시자연공원구역·시가화조정구역·공원에서 해제되는 구역
   녹지지역에서 주거·상업·공업지역으로 변경되는 지역
   새로이 도시로 편입되는 구역 중 계획적인 개발 또는 관리가 필요한 지역
9. 역세권 복합용도형 지구단위계획구역
   도시지역 내 주거·상업·업무 등의 기능을 결합하는 등 복합적인 토지 이용을 증진시킬 필요가 있는 일반주거지역, 준주거지역, 준공업지역 및 상업지역에서 낙후된 도심 기능을 회복하거나 도시균형발전을 위한 중심지 육성이 필요하여 도시·군기본계획에 반영된 다음의 지역
   ① 주요 역세권, 고속버스·시외버스 터미널, 간선도로의 교차지 등 양호한 기반시설을 갖추고 있어 대중교통 이용이 용이한 지역
   ② 역세권의 체계적·계획적 개발이 필요한 지역
   ③ 세 개 이상의 노선이 교차하는 대중교통 결절지로부터 1km 이내에 위치한 지역
   ④ 역세권개발구역 고밀복합형 재정비촉진지구로 지정된 지역
10. 도시지역 내 유휴토지를 효율적으로 개발하거나 교정시설, 군사시설, 그 밖에 대통령령으로 정하는 시설을 이전 또는 재배치하여 토지이용을 합리화하고, 그 기능을 증진시키기 위하여 집중적으로 정비가 필요한 지역으로서 대통령령으로 정하는 요건에 해당하는 지역
11. 도시지역의 체계적·계획적인 관리 또는 개발이 필요한 지역

12. 그 밖에 양호한 환경의 확보나 기능 및 미관의 증진 등을 위하여 필요한 다음의 지역
　　① 시범도시
　　② 개발행위허가 제한지역

(2) 의무적 지정 대상지역(10년 친구 정택이는 30만 시공을 녹인다)

1. 정비구역	에서 시행되는 사업이 완료된 후 10년이 경과된 지역
2. 택지개발지구	
3. 시가화조정구역	에서 해제되는 지역
4. 공원	으로서 그 면적이 30만㎡ 이상인 지역
5. 녹지지역에서 주거·상업 또는 공업지역으로 변경되는 지역	

(3) 도시지역 외 지구단위계획구역 지정

① 50% 이상이 계획관리지역: 나머지는 생산관리지역 또는 보전관리지역

※ 다음의 면적요건에 해당할 것

아파트·연립주택 건설계획 포함	30만㎡ 이상
아파트·연립주택 건설계획 포함 자연보전권역, 초등학교 용지확보	10만㎡ 이상
기타의 경우	3만㎡ 이상

② 개발진흥지구: 다음의 지역에 위치할 것

주거개발진흥지구, 복합개발진흥지구(주거기능 포함) 특정개발진흥지구	계획관리지역
산업·유통개발진흥지구 복합개발진흥지구(주거기능이 포함되지 않은 경우)	계획관리지역 생산관리지역 농림지역
관광·휴양개발진흥지구	도시지역 외의 지역

③ 용도지구를 폐지하고 그 용도지구에서의 행위 제한 등을 지구단위계획으로 대체하려는 지역

4. 지구단위계획의 내용

① 건축물의 용도제한·건폐율 및 용적률과 높이의 최고한도 및 최저한도(의무적 포함)
② 기반시설의 배치와 규모(의무적 포함)
③ 용도지역·용도지구의 대통령령이 정하는 범위에서 세분·변경
④ 도로로 둘러싸인 일단의 지역(가로구역) 및 계획적인 개발·정비를 위하여 구획된 토지의 규모와 조성계획
⑤ 건축물의 배치·형태·색채와 건축선에 관한 계획

⑥ 환경관리계획, 경관계획
⑦ 보행안전등을 고려한 교통처리계획
⑧ 기존의 용도지구를 폐지하고 그 용도지구에서의 건축물이나 그 밖의 시설의 용도·종류 및 규모 등의 제한을 대체하는 사항

5. 법률적용의 완화: 지구단위계획구역 안에서는 다음의 규정을 완화적용할 수 있다.

국토계획법	① 용도지역 및 용도지구 안에서의 건축물의 건축제한 ② 용도지역 안에서의 건폐율 ③ 용도지역 안에서의 용적률
「건축법」	④ 대지 안의 조경 ⑤ 대지와 도로의 관계 ⑥ 건축물의 일반적 높이제한(가로구역에 따른 높이제한) ⑦ 일조권 등의 확보를 위한 건축물의 높이제한 ⑧ 공개공지의 확보
「주차장법」	⑨ 부설주차장 설치기준

6. 지구단위계획구역에서 완화적용 범위

구분	건축제한	건폐율	용적률	높이	주차장설치
도시지역	완화적용	150%	200%	120%	100%
비도시지역	완화적용	150%	200%	없다	없다.

(1) 도시지역 내 지구단위계획구역에서의 완화적용
① 도시지역 내 지구단위계획구역에서 완화하여 적용되는 건폐율 및 용적률은 당해 용도지역 또는 용도지구에 적용되는 건폐율의 150% 및 용적률의 200%를 각각 초과할 수 없다.
② 도시지역에 개발진흥지구를 지정하고 당해 지구를 지구단위계획구역으로 지정한 경우에는 지구단위계획으로 「건축법」의 가로구역에서의 높이제한에 따른 건축물높이의 120% 이내에서 높이제한을 완화하여 적용할 수 있다.
③ 지구단위계획구역의 지정목적이 한옥마을의 보존이나 차 없는 거리를 조성하고자 하는 경우에는 지구단위계획으로 주차장 설치기준을 100%까지 완화하여 적용할 수 있다.

(2) 도시지역 외 지구단위계획구역에서의 완화적용
① 지구단위계획구역(도시지역 외에 지정)에서는 지구단위계획으로 해당 용도지역 또는 개발진흥지구에 적용되는 건폐율의 150% 및 용적률의 200% 이내에서 건폐율 및 용적률을 완화하여 적용할 수 있다. 다만, 산업·유통개발진흥지구의 전부 또는 일부에 대해 지구단위계획구역이 지정된 경우에는 건폐율의 120% 이내의 범위에서 건폐율을 완화하여 적용할 수 있다.

② 지구단위계획구역에서는 지구단위계획으로 건축물의 용도·종류 및 규모 등을 완화하여 적용할 수 있다. 다만, 개발진흥지구(계획관리지역에 지정된 개발진흥지구를 제외한다)에 지정된 지구단위계획구역에 대하여는 공동주택중 아파트 및 연립주택은 허용되지 아니한다.

7. 지구단위계획구역 지정에 관한 도시·군관리계획결정의 실효

(1) 지구단위계획구역결정·고시일로부터 3년 이내 지구단위계획결정·고시되지 않는 경우

3년이 되는 날의 다음날 지구단위계획구역 지정에 관한 도시관리계획결정은 실효된다.

(2) 주민이 입안 제안한 지구단위계획에 관한 도시·군 관리계획결정의 고시일부터 5년 이내에 사업이나 공사에 착수하지 아니하면 그 5년이 된 날의 다음날에 그 지구단위계획에 관한 도시·군관리계획결정은 효력을 잃는다. 이 경우 지구단위계획과 관련한 도시·군관리계획결정에 관한 사항은 해당 지구단위계획구역 지정 당시의 도시·군관리계획으로 환원된 것으로 본다.

(3) 효력을 상실한 경우 지체없이 그 사실을 고시하여야 한다.

8. 지구단위계획구역 안에서의 건축 등

지구단위계획구역에서 건축물을 건축 또는 용도변경하거나 공작물을 설치하려면 그 지구단위계획에 맞게 하여야 한다.

09 개발행위허가

1 개발행위 허가대상

1. 개발행위 허가대상

	도시·군계획사업으로 하는 개발행위는 개발행위허가를 받지 않는다
개발행위 허가대상	개발행위 허용사항(허가 불요)
1. 건축물의 건축	1. 신고하고 설치할 수 있는 건축물의 증축·개축·재축과 토지의 형질변경(도시·군계획시설사업이 시행되지 아니하고 있는 시설부지에 한한다) 2. 「건축법」에 의한 허가대상도 신고대상도 아닌 건축물 또는 허가 신고대상이 아닌 가설건축물(협의대상 건축물 = 공용건축물)
2. 공작물의 설치	농림어업용 비닐하우스 설치(① 양식장용도의 비닐하우스 ② 자연환경보전지역의 비닐하우스는 개발행위허가를 받아야 한다)
3. 토지의 형질변경	1. 경작을 위한 경우로서 대통령령이 정하는 경우(아래 핵심정리 참고) 2. 공익상 필요에 의한 형질변경 3. 조성이 완료된 기존 대지에서의 건축물·공작물 설치를 위한 토지형질변경(절토 및 성토는 제외한다)
4. 토석의 채취 다만, 토지형질변경을 목적으로 하는 토석채취는 제외한다.	일정면적 이하
5. 토지분할(건축물이 없는 토지) ① 녹지·관리·농림·자연환경보전지역 안에서 인·허가를 받지 않고 토지분할 ② 「건축법」상 분할제한면적 미만의 분할 ③ 관계법령에 의해 인·허가 받지 않고 행하는 너비 5m 이하로 토지분할	1. 토지의 일부를 국유지·공유지로 하거나 공공시설로 사용하기 위한 분할 2. 행정재산 중 용도폐지되는 부분을 분할하거나 일반재산을 매각·교환·양여하기 위한 분할 3. 사도개설 허가받아 토지분할하는 경우 4. 토지의 일부가 도시·군계획시설로 지형도면 고시된 경우 5. 너비 5m 이하로 이미 분할된 토지에 「건축법」상 분할 제한면적 이상으로 분할 <「건축법」상 대지의 분할제한 면적: 「건축법」 제57조 제1항> 1. 주거지역 → 60㎡ 미만 2. 상업·공업지역 → 150㎡ 미만 3. 녹지지역 → 200㎡ 미만 4. 기타 → 60㎡ 미만 • 건물이 있는 대지는 「건축법」의 규제 • 건물이 없는 대지는 개발행위허가에서 규제
6. 녹지·관리·자연환경보전지역(농림지역 제외) 안에서 「건축법」에 따른 사용승인을 받은 건축물을 울타리 밖에서 물건을 1개월 이상 쌓아 두는 행위	

> **핵심정리** 경작을 위한 경우로서 대통령령으로 정하는 토지의 형질변경
>
> "대통령령으로 정하는 토지의 형질변경"이란 조성이 끝난 농지에서 농작물 재배, 농지의 지력 증진 및 생산성 향상을 위한 객토, 환토, 정지작업, 양수·배수시설 설치·정비를 위한 토지의 형질변경으로서 다음 어느 하나에 해당하지 아니하는 경우의 형질변경을 말한다.
> 1. 인접토지의 관개·배수 및 농작업에 영향을 미치는 경우
> 2. 재활용 골재, 사업장 폐토양, 무기성 오니 등 수질오염 또는 토질오염의 우려가 있는 토사 등을 사용하여 성토하는 경우
> 3. 지목의 변경을 수반하는 경우(전·답 사이의 변경은 제외한다)
> 4. 옹벽 설치 또는 2m 이상의 절토·성토가 수반되는 경우

2. 개발행위 신고사항(선 응급 후 신고)

재해복구 또는 재난수습을 위한 응급조치(응급조치 후 1개월 이내에 신고)

3. 허가를 받은 사항의 변경(허가) 및 경미한 사항변경(통지)

개발행위허가를 받은 사항을 변경하는 경우에는 허가권자의 허가를 받아야 한다. 다만 경미한 다음의 사항을 변경하는 경우에는 지체없이 그 사실을 허가권자에게 통지하여야 한다.

1. 사업기간을 단축하는 경우
2. 사업면적을 5% 범위 안에서 축소(공작물의 무게, 부피 또는 수평투영면적을 5% 범위에서 축소하는 경우를 포함한다)하는 경우
3. 관계 법령의 개정 또는 관리계획의 변경에 따라 허가받은 사항을 불가피하게 변경하는 경우
4. 「공간정보의 구축 및 관리 등에 관한 법률」 및 「건축법」에 따라 허용되는 오차를 반영하기 위한 변경

4. 개발행위허가의 배제: 토지형질변경 및 토석채취에서 국토계획법 배제

1. 「산림자원의 조성 및 관리에 관한 법률」 및 「사방사업법」 적용
   토지형질변경 및 토석채취의 개발행위 중 도시지역과 계획관리지역의 산림에서의 임도 설치와 사방사업에 관하여는 「산림자원의 조성 및 관리에 관한 법률」과 「사방사업법」에 따른다.
2. 「산지관리법」 적용
   토지형질변경(농업·임업·어업을 목적으로 하는 토지의 형질 변경만 해당한다) 및 토석채취 개발행위 중 보전관리·생산관리·농림 및 자연환경보전지역의 산림에서는 「산지관리법」에 따른다.

2 개발행위허가 절차

1. 개발행위 절차

(1) 개발행위허가 신청서 제출: 개발행위를 하려는 자는 그 개발행위에 따른 ① 환경오염 방지 ② 경관·조경 ③ 위해방지 ④ 기반시설의 설치나 그에 필요한 용지의 확보 등에 관한 계획서를 첨부한 신청서를 개발행위허가권자에게 제출하여야 한다. 이 경우 개발밀도관리구역 안에서는 기반시설의 설치나 그에 필요한 용지의 확보에 관한 계획서를 제출하지 아니한다.

(2) 허가권자: 특별시장·광역시장·특별자치시장·특별자치도지사·시장 또는 군수

(3) 허가기간: 허가권자는 허가신청에 대하여 15일(협의나 심의를 거치는 경우에는 협의나 심의기간은 제외한다) 이내에 허가 또는 불허가의 처분을 하여야 한다.

(4) 조건부허가 및 의견청취: 허가권자는 개발행위허가를 하는 경우 ① 환경오염 방지 ② 경관·조경 ③ 위해방지 ④ 기반시설의 설치나 그에 필요한 용지의 확보에 관한 조치를 할 것을 조건으로 개발행위허가를 할 수 있고, 조건을 붙이고자 하는 경우 미리 허가 신청한 자의 의견을 들어야 한다.

(5) 개발행위 허가기준

> 1. 토지형질변경 면적에 적합할 것
>   ① 주거·상업·자연녹지·생산녹지: 10,000㎡ 미만
>   ② 자연환경보전·보전녹지: 5,000㎡ 미만
>   ③ 공업지역·관리지역·농림지역: 30,000㎡ 미만(관리지역과 농림지역은 3만㎡ 범위 안에서 조례로 따로 정할 수 있다)
>   ※ 2 이상의 용도지역에 걸치는 경우 토지형질변경 규모의 적용기준
>   개발행위허가의 대상인 토지가 2 이상의 용도지역에 걸치는 경우에는 각각의 용도지역에 위치하는 토지부분에 대하여 각각의 용도지역의 개발행위의 규모에 관한 규정을 적용한다. 다만, 개발행위허가의 대상인 토지의 총면적이 당해 토지가 걸쳐 있는 용도지역 중 개발행위규모가 가장 큰 용도지역의 개발행위의 규모를 초과하여서는 아니 된다.
> 2. 도시·군 관리계획 및 성장관리계획의 내용에 배치되지 않을 것
> 3. 도시·군 계획사업시행에 지장이 없을 것(그러므로 도시·군 계획 사업시행자의 의견을 들어야 한다)
> 4. 주변 환경과의 조화
> 5. 개발에 따른 기반시설의 설치 및 용지확보계획이 적정할 것

2. 개발행위허가의 세부기준

허가할 수 있는 경우 그 허가의 기준은 지역의 특성, 지역의 개발상황, 기반시설의 현황 등을 고려하여 다음의 구분에 따라 대통령령으로 정한다.

시가화 용도	개발행위허가 기준을 적용하는 주거지역·상업지역 및 공업지역
유보 용도	개발행위허가의 기준을 강화 또는 완화하여 적용할 수 있는 계획관리지역·생산관리지역·자연녹지지역
보전 용도	개발행위허가의 기준을 강화하여 적용할 수 있는 보전녹지지역·보전관리지역·농림지역·자연환경보전지역

3. 도시계획위원회 심의생략

관계행정기관의 장이 일정규모이상의 개발행위를 하는 경우 도시계획위원회심의를 거쳐야 한다. 그러나 다음의 경우는 도시계획위원회심의를 생략할 수 있다.

1. 다른 법률에 따라 도시계획위원회의 심의를 받는 구역에서 하는 개발행위
2. 지구단위계획 또는 성장관리계획을 수립한 지역에서 하는 개발행위
3. 주거지역·상업지역·공업지역에서 시행하는 개발행위 중 특별시·광역시·시 또는 군의 조례로 정하는 규모·위치 등에 해당하지 아니하는 개발행위
4. 「환경영향평가법」에 따라 환경영향평가를 받은 개발행위
5. 「도시교통정비 촉진법」에 따라 교통영향분석·개선대책에 대한 검토를 받은 개발행위
6. 「농어촌정비법」에 따른 농어촌정비사업 중 대통령령으로 정하는 사업을 위한 개발행위
7. 「산림자원의 조성 및 관리에 관한 법률」에 따른 산림사업 및 「사방사업법」에 따른 사방사업을 위한 개발행위

4. 성장관리계획구역지정과 성장관리계획

(1) 성장관리계획구역의 지정

허가권자는 녹지지역, 관리지역, 농림지역 및 자연환경보전지역 중 다음 하나에 해당하는 지역의 전부 또는 일부에 대하여 성장관리계획구역을 지정할 수 있다.

1. 개발수요가 많아 무질서한 개발이 진행되고 있거나 진행될 것으로 예상되는 지역
2. 주변의 토지이용이나 교통여건 변화 등으로 향후 시가화가 예상되는 지역
3. 주변지역과 연계하여 체계적인 관리가 필요한 지역
4. 「토지이용규제 기본법」에 따른 지역·지구등의 변경으로 토지이용에 대한 행위제한이 완화되는 지역
5. 인구 감소 또는 경제성장 정체 등으로 압축적이고 효율적인 도시성장관리가 필요한 지역
6. 공장 등과 입지 분리 등을 통해 쾌적한 주거환경 조성이 필요한 지역

(2) 성장관리계획의 수립

개발행위허가권자는 성장관리계획구역의 지정목적을 이루는 데 필요한 다음 사항을 포함하여 성장관리계획을 수립하여야 한다.

> 1. 건축물의 용도제한, 건축물의 건폐율 또는 용적률
> 2. 도로, 공원 등 기반시설의 배치와 규모에 관한 사항
> 3. 건축물의 배치·형태·색채·높이
> 4. 환경관리 및 경관계획

(3) 성장관리계획구역 지정과 성장관리계획의 수립절차(의견청취 → 협의 → 심의)

① 성장관리계획구역을 지정하거나 변경하는 경우 주민(14일 이상 열람 → 열람기간 내 의견제시 → 30일 이내 결과통보)과 지방의회의 의견(60일)을 들어야 하며, 관계 행정기관과의 협의(30일) 및 지방도시계획위원회의 심의를 거쳐야 한다.

② 이 경우 의회는 60일 이내에 허가권자에게 의견을 제시하여야 하며, 그 기한까지 의견을 제시하지 아니하면 의견이 없는 것으로 본다.

③ 협의 요청을 받은 관계 행정기관의 장은 요청을 받은 날부터 30일 이내에 허가권자에게 의견을 제시하여야 한다.

> **참고** 성장관리계획구역지정 하는 경우 의견청취, 협의, 심의절차의 생략
>
> 성장관리계획구역의 면적을 10% 이내에서 변경하는 경우(성장관리계획구역을 변경하는 부분에 둘 이상의 읍·면 또는 동의 일부 또는 전부가 포함된 경우에는 해당 읍·면 또는 동 단위로 구분된 지역의 면적을 각각 10% 이내에서 변경하는 경우로 한정한다)에는 경미한 사항으로 보아 의견청취와 협의 심의절차를 생략할 수 있다.

(4) 행위제한의 완화

성장관리계획구역에서는 다음 범위에서 성장관리계획으로 정하는 바에 따라 건폐율과 용적률을 완화하여 적용할 수 있다.

	계획관리지역	자연녹지지역·생산녹지지역·생산관리지역·농림지역
건폐율	50% 이하	30% 이하
용적률	125% 이하	

(5) 재검토

허가권자는 성장관리계획에 대하여 5년마다 그 타당성 여부를 전반적으로 재검토하여 정비하여야 한다.

5. 이행보증금

(1) 허가권자는 ① 환경오염 방지 ② 경관·조경 ③ 위해방지 ④ 기반시설의 설치나 그에 필요한 용지의 확보를 위하여 필요하다고 인정되는 경우 이행보증금을 예치하게 할 수 있다. 다만, 국가·지방자치단체·공공기관·공공단체가 개발행위를 하는 경우에는 이행보증금을 예치하지 않는다.

(2) 이행보증금 예치사유

> 1. 건축물건축·공작물설치·형질변경·토석채취로 인한 개발행위로 기반시설의 설치가 필요한 경우
> 2. 토지굴착으로 인근 토지가 붕괴될 우려가 있거나, 건물·공작물이 손괴될 우려가 있는 경우
> 3. 토석발파로 낙석·먼지 등으로 인근지역에 피해가 발생할 우려가 있는 경우
> 4. 토석 운반하는 차량통행으로 통행로 주변 환경이 오염될 우려가 있는 경우
> 5. 형질변경·토석채취가 완료된 후 비탈면에 조경할 필요가 있는 경우

(3) 이행보증금예치금액 및 반환

이행보증금의 예치금액은 총공사비의 20% 이내에서 현금으로 납입하며, 개발행위허가를 받은 자가 준공검사를 받은 때에는 즉시 이를 반환하여야 한다.

6. 개발행위허가 위반 시 조치

(1) 원상회복명령 → 명령불이행 시 행정대집행(이행보증금을 사용)

(2) **형사처벌**: 위반자에 대하여는 3년 이하의 징역 또는 3천만원 이하의 벌금

7. 관련 인·허가 의제 및 협의

개발행위허가를 할 때에 허가권자가 그 개발행위에 대한 인가·허가 등에 관하여 미리 관계 행정기관의 장과 협의한 사항에 대하여는 그 인·허가 등을 받은 것으로 본다. 이 경우 협의 요청을 받은 관계 행정기관의 장은 요청을 받은 날부터 20일 이내에 의견을 제출하여야 하며, 그 기간 내에 의견을 제출하지 아니하면 협의가 이루어진 것으로 본다.

8. 준공검사

다음의 개발행위는 허가권자의 준공검사를 받아야 한다. 다만, 건축물의 건축 행위에 대하여「건축법」에 따른 건축물의 사용승인을 받은 경우에는 그러하지 아니하다.

> 1. 건축물의 건축(「건축법」에 의한 사용승인을 얻은 경우에는 준공검사를 받지 아니하다)
> 2. 공작물의 설치
> 3. 토지형질변경
> 4. 토석채취의 행위
> ※ 토지분할이나 물건을 쌓아올리는 행위는 준공검사대상이 아니다.

9. 개발행위 허가제한

(1) 허가 제한권자: 국토교통부장관·시·도지사 또는 시장·군수

(2) 허가 제한사유 및 기간

제한사유	제한기간
1. 녹지지역이나 계획관리지역으로서 수목이 집단적으로 자라고 있거나 조수류 등이 집단적으로 서식하고 있는 지역 또는 우량 농지 등으로 보전할 필요가 있는 지역 2. 개발행위로 인하여 주변의 환경·경관·미관·문화유산 등이 크게 오염되거나 손상될 우려가 있는 지역	한 차례만 3년 이내의 기간 동안 개발행위허가를 제한할 수 있다.

3. 도시·군기본계획이나 도시·군관리계획을 수립하고 있는 지역
4. 지구단위계획구역으로 지정된 지역
  (→ 3년 이내에 계획을 수립할 예정이므로)
5. 기반시설부담구역으로 지정된 지역
  (→ 1년 이내에 계획을 수립할 예정이므로)
	한 차례만 3년 이내의 기간 동안 개발행위허가를 제한할 수 있다.
	다만, 3.~5.의 경우에는 도시계획위원회의 심의를 거치지 아니하고 한 차례만 2년 이내의 기간 동안 개발행위허가의 제한을 연장할 수 있다.

(3) 개발행위허가제한의 해제: 개발행위를 제한할 사유가 없어진 경우에는 그 제한기간이 끝나기 전이라도 지체 없이 개발행위허가의 제한을 해제하여야 한다.

(4) 개발행위허가제한 절차: 중앙 또는 지방도시계획위원회 심의를 거쳐 지정한다. 그런데 허가를 제한하고자 하는 자가 국토교통부장관·시·도지사인 경우 도시계획위원회 심의 전 시장·군수의 의견을 들어야 한다.

3 개발행위에 따른 공공시설의 귀속

개발행위허가를 받은 자가 새로이 공공시설을 설치하거나 기존의 공공시설에 대체되는 새로운 공공시설을 설치한 경우 「국유재산법」 규정에도 불구하고 다음에 따른다.

구분	행정청인 시행자	비행정청인 시행자
새로 설치되는 공공시설	그 시설을 관리할 관리청에 무상귀속	
종전의 공공시설	허가받은 행정청에게 무상으로 귀속	새로 설치한 공공시설의 설치비용 범위 내에 무상으로 양도할 수 있다.
소유권 귀속시기	준공검사 후 공공시설의 종류나 토지세목을 통지한 날	허가권자의 준공검사일에 각각 귀속·양도된 것으로 본다.

4 기반시설연동제

1. 개발밀도관리구역

(1) 의의: 개발행위로 인하여 기반시설의 처리·공급 또는 수용능력이 부족할 것으로 예상되는 지역 중 기반시설의 설치가 곤란한 지역

(2) 지정기준

> 1. 개발밀도관리구역은 기반시설의 용량이 부족할 것으로 예상되는 지역 중 다음 하나에 해당하는 지역에 대하여 지정할 수 있도록 할 것
>   ① 당해지역의 도로서비스 수준이 매우 낮아 차량통행이 현저하게 지체되는 지역
>   ② 당해 지역의 도로율이 국토교통부령이 정하는 용도지역별 도로율에 20% 이상 미달하는 지역
>   ③ 향후 2년 이내에 당해 지역의 수도에 대한 수요량 또는 하수발생량이 시설용량을 초과할 것으로 예상되는 지역
>   ④ 향후 2년 이내에 당해 지역의 학생수가 학교수용능력을 20% 이상 초과할 것으로 예상되는 지역
> 2. 개발밀도관리구역의 경계는 지형지물이나 용도지역의 경계선을 따라 설정하는 등 경계선이 구분되도록 하여야 한다.
> 3. 용적률 강화범위는 기반시설 부족정도를 감안하여 결정할 것
> 4. 용적률의 강화·완화·해제는 개발밀도관리구역안의 기반시설의 변화를 주기적으로 검토할 것

(3) 지정권자: 개발행위 허가권자인 특별시장·광역시장·시장 또는 군수가 지정

(4) 지정대상 지역: 주거·상업·공업지역에 지정(녹지지역은 아님)

(5) 지정절차: 도시계획위원회 심의 → 지정 → 고시

> **참고** 개발밀도관리구역 지정하는 경우 지방도시계획위원회의 심의를 거쳐야 하는 경우
> 1. 개발밀도관리구역의 명칭
> 2. 개발밀도관리구역의 범위
> 3. 건폐율 또는 용적률의 강화 범위

(6) 효과: 당해 용도지역에 적용되는 용적률 최대한도의 50% 범위 안에서 건폐율 또는 용적률을 강화하여 적용한다.

2. 기반시설부담구역

(1) 기반시설부담구역이란 개발밀도관리구역 외의 지역으로 개발로 인하여 기반시설의 설치가 필요한 지역을 대상으로 다음의 기반시설을 설치하거나, 그에 필요한 용지를 확보하기 위하여 지정하는 구역을 말한다.

> 1. 도로(인근의 간선도로로부터 기반시설부담구역까지의 진입도로를 포함한다)
> 2. 공원
> 3. 녹지
> 4. 학교(「고등교육법」 제2조에 따른 대학은 제외한다)
> 5. 수도(인근의 수도로부터 기반시설부담구역까지 연결하는 수도를 포함한다)
> 6. 하수도(인근의 하수도로부터 기반시설부담구역까지 연결하는 하수도를 포함한다)
> 7. 폐기물처리시설 및 재활용시설

(2) 지정권자: 개발행위 허가권자가 지정

(3) 대상지역: 아래의 지역은 기반시설부담구역으로 지정하여야 한다.

> 1. 이 법 또는 다른 법령의 제정·개정으로 인하여 행위 제한이 완화되거나 해제되는 지역
> 2. 이 법 또는 다른 법령에 따라 지정된 용도지역 등이 변경되거나 해제되어 행위 제한이 완화되는 지역
> 3. 해당 지역의 전년도 개발행위건수가 전전년도 건수보다 20% 이상 증가한 지역
> 4. 해당 지역의 전년도 인구증가율이 그 지역이 속하는 특별시·광역시·시 또는 군의 인구증가율보다 20% 이상 높은 지역

(4) 지정기준

> 1. 기반시설부담구역은 기반시설이 적절하게 배치되는 규모로서 최소 10만㎡ 이상의 규모가 되도록 할 것
> 2. 소규모개발행위가 연접하여 시행될 것으로 예상되는 지역의 경우에는 하나의 단위구역으로 묶어서 기반시설부담구역을 지정 할 것
> 3. 기반시설부담구역의 경계는 도로, 하천, 그 밖의 지형지물을 이용하는 등 경계선이 분명하게 구분되도록 할 것

(5) **지정절차**: 주민의 의견청취 → 지방도시계획위원회 심의 → 지정 → 고시

(6) **기반시설설치계획의 수립**
   ① 기반시설부담구역이 지정된 경우 1년 이내 기반시설설치계획을 수립하여야 하며, 1년이 되는 날까지 기반시설설치계획을 수립하지 않는 경우 그 1년이 되는 날의 다음날 기반시설부담구역은 해제된 것으로 본다.
   ② 지구단위계획을 수립한 경우에는 기반시설설치계획을 수립한 것으로 본다.

(7) **기반시설의 설치비용**
   ① 기반시설부담구역에서 건축행위를 하는 다음의 자는 기반시설설치비용을 내야 한다.

   > 1. 건축행위를 위탁 또는 도급한 경우에는 그 위탁이나 도급을 한 자
   > 2. 타인 소유의 토지를 임차하여 건축행위를 하는 경우에는 그 건축행위자
   > 3. 건축행위를 완료하기 전에 건축주의 지위를 승계하는 경우에는 그 지위를 승계한 자

   ② 기반시설부담구역 안에서 기반시설부과대상인 건축행위는 200㎡(기존건축물의 연면적 포함)를 초과하는 건물의 신축·증축행위로 한다. 다만, 기존건축물을 철거하고 신축하는 경우에는 기존건축물의 연면적을 초과하는 건축행위에 대하여만 부과대상으로 한다.
   ③ **부과시기**: 허가권자는 납부의무자가 건축허가를 받은 날로부터 2개월 안에 기반시설 설치비용을 부과하여야 한다.
   ④ **납부시기**: 납부의무자는 사용승인 신청 시까지 비용을 납부하여야 한다.
   ⑤ 기반시설의 설치비용은 현금납부·신용카드 또는 체크카드로 납부하도록하되 부과대상 토지 및 이와 비슷한 토지로 납부(물납)할 수 있다.
   ⑥ 기반시설비용부과 시 유발계수

   > 1. 단독주택, 공동주택, 업무시설, 교육연구시설, 노유자시설, 수련시설, 운동시설, 장례시설: 0.7
   > 2. 의료시설: 0.9
   > 3. 숙박시설: 1.0
   > 4. 제1종 근린생활시설, 판매시설: 1.3
   > 5. 종교시설, 문화집회시설: 1.4
   > 6. 제2종 근린생활시설: 1.6
   > 7. 관광휴게시설: 1.9
   > 8. 위락시설: 2.1

⑦ **민간개발사업자의 부담률**: 민간 개발사업자가 부담하는 부담률은 100분의 20으로 하며, 특별시장·광역시장·특별자치시장·특별자치도지사·시장 또는 군수가 건물의 규모, 지역 특성 등을 고려하여 100분의 25의 범위에서 부담률을 가감할 수 있다.

⑧ **설치비용의 감면**: 납부의무자가 직접 기반시설을 설치하거나 그에 필요한 용지를 확보한 경우에는 기반시설설치비용에서 직접 기반시설을 설치하거나 용지를 확보하는 데 든 비용을 공제한다.

(8) 기반시설의 설치비용의 관리 및 사용

① 특별시장·광역시장·특별자치시장·특별자치도지사·시장 또는 군수는 기반시설설치비용의 관리 및 운용을 위하여 기반시설부담구역별로 특별회계를 설치하여야 한다.

② 기반시설설치비용은 해당 기반시설부담구역에서 다음 각 호의 용도로 사용하여야 한다.

> 1. 기반시설부담구역별 기반시설설치계획 및 기반시설부담계획 수립
> 2. 기반시설부담구역에서 건축물의 신·증축행위로 유발되는 기반시설의 신규 설치, 그에 필요한 용지 확보 또는 기존 기반시설의 개량
> 3. 기반시설부담구역별로 설치하는 특별회계의 관리 및 운영

③ 다만, 기반시설부담구역에 필요한 기반시설을 모두 설치하거나 그에 필요한 용지를 모두 확보한 후에도 잔액이 생기는 경우에는 해당 기반시설부담구역의 기반시설과 연계된 기반시설의 설치 또는 그에 필요한 용지의 확보 등에 사용할 수 있다.

10 보칙

1 시범도시의 지정·지원

① 국토교통부장관은 도시의 경제·사회·문화적인 특성을 살려 개성 있고 지속가능한 발전을 촉진하기 위하여 필요하면 직접 또는 관계 중앙행정기관의 장이나 시·도지사의 요청에 의하여 경관, 생태, 정보통신, 과학, 문화, 관광, 그 밖에 대통령령으로 정하는 분야별로 시범도시(시범지구나 시범단지를 포함한다)를 지정할 수 있다.
② 국토교통부장관, 관계 중앙행정기관의 장 또는 시·도지사는 지정된 시범도시에 대하여 예산·인력 등 필요한 지원을 할 수 있다.
③ 국토교통부장관의 시범도시 공모에 특별시장·광역시장·특별자치시장·특별자치도지사·시장·군수 또는 구청장은 응모할 수 있다.

2 도시계획위원회

1. 중앙도시계획위원회

(1) 업무

중앙도시계획위원회 다음 각 호의 업무를 수행하기 위하여 국토교통부에 중앙도시계획위원회를 둔다.
① 광역도시계획·도시·군계획·토지거래계약허가구역 등 국토교통부장관의 권한에 속하는 사항의 심의
② 이 법 또는 다른 법률에서 중앙도시계획위원회의 심의를 거치도록 한 사항의 심의
③ 도시·군계획에 관한 조사·연구

(2) 조직

① 중앙도시계획위원회는 위원장·부위원장 각 1명을 포함한 25명 이상 30명 이하의 위원으로 구성한다.
② 중앙도시계획위원회의 위원장과 부위원장은 위원 중에서 국토교통부장관이 임명하거나 위촉한다.
③ 위원은 관계 중앙행정기관의 공무원과 토지 이용, 건축, 주택, 교통, 공간정보, 환경, 법률, 복지, 방재, 문화, 농림 등 도시·군계획과 관련된 분야에 관한 학식과 경험이 풍부한 자 중에서 국토교통부장관이 임명하거나 위촉한다.
④ 공무원이 아닌 위원의 수는 10명 이상으로 하고, 그 임기는 2년으로 한다.
⑤ 보궐위원의 임기는 전임자 임기의 남은 기간으로 한다.

(3) 위원장 등의 직무
　① 위원장은 중앙도시계획위원회의 업무를 총괄하며, 중앙도시계획위원회의 의장이 된다.
　② 부위원장은 위원장을 보좌하며, 위원장이 부득이한 사유로 그 직무를 수행하지 못할 때에는 그 직무를 대행한다.
　③ 위원장과 부위원장이 모두 부득이한 사유로 그 직무를 수행하지 못할 때에는 위원장이 미리 지명한 위원이 그 직무를 대행한다.

(4) 회의의 소집 및 의결 정족수
　① 중앙도시계획위원회의 회의는 국토교통부장관이나 위원장이 필요하다고 인정하는 경우에 국토교통부장관이나 위원장이 소집한다.
　② 중앙도시계획위원회의 회의는 재적위원 과반수의 출석으로 개의(開議)하고, 출석위원 과반수의 찬성으로 의결한다.

(5) 분과위원회
　① 다음의 사항을 효율적으로 심의하기 위하여 중앙도시계획위원회에 분과위원회를 둘 수 있다.
　　㉠ 법 제8조 제2항에 따른 토지 이용에 관한 구역등의 지정·변경 및 제9조에 따른 용도지역 등의 변경계획에 관한 사항
　　㉡ 법 제59조의 규정에 의한 개발행위에 대한 심의에 관한 사항
　　㉢ 중앙도시계획위원회에서 위임하는 사항
　② 분과위원회의 심의는 중앙도시계획위원회의 심의로 본다. 다만, 중앙도시계획위원회에서 위임하는 사항의 경우에는 중앙도시계획위원회가 분과위원회의 심의를 중앙도시계획위원회의 심의로 보도록 하는 경우만 해당한다.

(6) 전문위원
　① 도시·군계획 등에 관한 중요 사항을 조사·연구하기 위하여 중앙도시계획위원회에 전문위원을 둘 수 있다.
　② 전문위원은 위원장 및 중앙도시계획위원회나 분과위원회의 요구가 있을 때에는 회의에 출석하여 발언할 수 있다.
　③ 전문위원은 토지 이용, 건축, 주택, 교통, 공간정보, 환경, 법률, 복지, 방재, 문화, 농림 등 도시·군계획과 관련된 분야에 관한 학식과 경험이 풍부한 자 중에서 국토교통부장관이 임명한다.

(7) 간사 및 서기
　① 중앙도시계획위원회에 간사와 서기를 둔다.
　② 간사와 서기는 국토교통부 소속 공무원 중에서 국토교통부장관이 임명한다.
　③ 간사는 위원장의 명을 받아 중앙도시계획위원회의 서무를 담당하고, 서기는 간사를 보좌한다.

2. 지방도시계획위원회

(1) 시 · 도 도시계획위원회

다음 사항의 심의를 하게 하거나 자문에 응하게 하기 위하여 시 · 도에 시 · 도 도시계획위원회를 둔다.

① 시 · 도지사가 결정하는 도시 · 군관리계획의 심의 등 시 · 도지사의 권한에 속하는 사항과 다른 법률에서 시 · 도도시계획위원회의 심의를 거치도록 한 사항의 심의

② 국토교통부장관의 권한에 속하는 사항 중 중앙도시계획위원회의 심의 대상에 해당하는 사항이 시 · 도지사에게 위임된 경우 그 위임된 사항의 심의

③ 도시 · 군관리계획과 관련하여 시 · 도지사가 자문하는 사항에 대한 조언

④ 그 밖에 대통령령으로 정하는 사항에 관한 심의 또는 조언

(2) 시 · 군 · 구 도시계획위원회

도시 · 군관리계획과 관련된 다음 사항의 심의를 하게 하거나 자문에 응하게 하기 위하여 시 · 군(광역시의 관할 구역에 있는 군을 포함한다. 이하 이 조에서 같다) 또는 구에 각각 시 · 군 · 구 도시계획위원회를 둔다.

① 시장 또는 군수가 결정하는 도시 · 군관리계획의 심의와 국토교통부장관이나 시 · 도지사의 권한에 속하는 사항 중 시 · 도 도시계획위원회의 심의대상에 해당하는 사항이 시장 · 군수 또는 구청장에게 위임되거나 재위임된 경우 그 위임되거나 재위임된 사항의 심의

② 도시 · 군관리계획과 관련하여 시장 · 군수 또는 구청장이 자문하는 사항에 대한 조언

③ 법 제59조에 따른 개발행위의 허가 등에 관한 심의

④ 그 밖에 대통령령으로 정하는 사항에 관한 심의 또는 조언

(3) 분과위원회

① 다음의 사항을 효율적으로 심의하기 위하여 시 · 도 도시계획위원회나 시 · 군 · 구 도시계획위원회에 분과위원회를 둘 수 있다.

　㉠ 법 제9조의 규정에 의한 용도지역 등의 변경계획에 관한 사항

　㉡ 법 제50조의 규정에 의한 지구단위계획구역 및 지구단위계획의 결정 또는 변경결정에 관한 사항

　㉢ 법 제59조의 규정에 의한 개발행위에 대한 심의에 관한 사항

　㉣ 법 제120조의 규정에 의한 이의신청에 관한 사항

　㉤ 지방도시계획위원회에서 위임하는 사항

② 분과위원회에서 심의하는 사항 중 시 · 도 도시계획위원회나 시 · 군 · 구 도시계획위원회가 지정하는 사항은 분과위원회의 심의를 시 · 도 도시계획위원회나 시 · 군 · 구 도시계획위원회의 심의로 본다.

3. 회의록의 공개

① 중앙도시계획위원회 및 지방도시계획위원회의 심의 일시·장소·안건·내용·결과 등이 기록된 회의록은 중앙도시계획위원회의 경우에는 심의 종결 후 6개월, 지방도시계획위원회의 경우에는 6개월 이하의 범위에서 해당 지방자치단체의 도시·군계획조례로 정하는 기간이 지난 후에는 공개 요청이 있는 경우 공개하여야 한다.

② 공개에 의하여 부동산 투기 유발 등 공익을 현저히 해칠 우려가 있다고 인정하는 경우나 심의·의결의 공정성을 침해할 우려가 있다고 인정되는 이름·주민등록번호·직위 및 주소 등 특정인임을 식별할 수 있는 개인 식별 정보에 관한 부분의 경우에는 공개하지 아니할 수 있다.

③ 회의록의 공개는 열람 또는 사본을 제공하는 방법으로 한다.

3 청문

국토교통부장관·시·도지사·시장·군수 또는 구청장은 아래의 처분을 하고자 하는 때에는 청문을 실시하여야 한다.

1. 개발행위허가의 취소
2. 도시·군계획시설사업의 시행자 지정의 취소
3. 실시계획인가의 취소

ca.Hackers.com

해커스 감정평가사
ca.Hackers.com

PART 02
도시 및 주거환경정비법

01 용어의 정의
02 기본계획의 수립 및 정비구역의 지정
03 정비사업의 시행
04 분양과 관리처분계획 등

01 용어의 정의

1. 정비사업의 종류

1. 주거환경개선사업	① 도시저소득주민이 집단으로 거주하는 지역으로서 정비기반시설이 극히 열악하고 노후·불량 건축물이 과도하게 밀집한 지역에서 주거환경을 개선하거나 ② 단독주택 및 다세대주택 등이 밀집한 지역에서 정비기반시설과 공동이용시설의 확충을 통하여 주거환경을 보전·정비·개량하기 위하여 시행하는 사업
2. 재개발사업	① 정비기반시설이 열악하고 노후·불량 건축물이 밀집한 지역에서 주거환경을 개선하거나 ② 상업지역·공업지역 등에서 도시기능의 회복 및 상권활성화 등을 위하여 도시환경을 개선하기 위한 사업
(공공 재개발)	① 시장·군수등 또는 주택공사등이 사업시행자나 사업대행자일 것 ② 건설·공급되는 주택의 전체 세대수 또는 전체 연면적 중 토지등소유자 대상 분양분(지분형주택은 제외한다)을 제외한 나머지 주택의 세대수 또는 연면적의 100분의 20 이상 100분의 50 이하의 범위에서 조례로 정한 비율 이상을 지분형주택, 공공임대주택 또는 공공지원민간임대주택으로 건설·공급할 것. 이 경우 주택 수 산정방법 및 주택 유형별 건설비율은 대통령령으로 정한다.
3. 재건축사업	정비기반시설은 양호하나 노후·불량 건축물이 밀집한 지역에서 주거환경을 개선하기 위하여 시행하는 사업
(공공 재건축)	① 시장·군수등 또는 주택공사등이 사업시행자나 사업의 대행자일 것 ② 종전의 용적률, 토지면적, 기반시설 현황 등을 고려하여 종전세대수의 160%에 해당하는 세대수 이상을 건설·공급할 것. 다만, 정비구역의 지정권자가 도시·군기본계획, 토지이용 현황 등 대통령령으로 정하는 불가피한 사유로 해당하는 세대수를 충족할 수 없다고 인정하는 경우에는 그러하지 아니하다.

2. 토지등소유자: 다음 하나에 해당하는 자를 말한다. 다만, 신탁업자가 사업시행자로 지정된 경우 토지등소유자가 정비사업을 목적으로 신탁업자에게 신탁한 토지 또는 건축물에 대하여는 위탁자를 토지등소유자로 본다.

(1) 주거환경개선사업 · 재개발사업: 정비구역에 위치한 토지 또는 건축물의 소유자 또는 그 지상권자

(2) 재건축사업: 정비구역에 위치한 건축물 및 그 부속토지의 소유자

3. 정비기반시설

정비기반시설이라 함은 도로·상하수도·공원·구거(도랑)·공용주차장·공동구 그 밖에 주민생활에 필요한 가스 등의 공급시설로서 대통령령이 정하는 다음의 시설을 말한다.

1. 녹지
2. 하천
3. 공공공지
4. 광장
5. 소방용수시설
6. 비상대피시설
7. 가스공급시설 등
8. 지역난방시설

4. 주민공동이용시설

주민공동이용시설이란 주민이 공동으로 사용하는 놀이터·마을회관·공동작업장 그 밖에 대통령령이 정하는 다음의 시설을 말한다.

1. 공동으로 사용하는 구판장·세탁장·화장실 및 수도
2. 탁아소·어린이집·경로당 등 노유자시설

5. 노후 불량 건축물

(1) 건축물이 훼손되거나 일부가 멸실·붕괴 그 밖의 안전사고의 우려가 있는 건축물

(2) 내진성능이 확보되지 아니한 건축물 중 중대한 기능적 결함 또는 부실 설계·시공으로 인한 구조적 결함 등이 있는 건축물로서 다음이 정하는 건축물

> 건축물을 건축하거나 대수선할 당시 건축법령에 따른 지진에 대한 안전 여부 확인 대상이 아닌 건축물로서 다음 각 호의 어느 하나에 해당하는 건축물을 말한다.
> 1. 급수·배수·오수 설비 등의 설비 또는 지붕·외벽 등 마감의 노후화나 손상으로 그 기능을 유지하기 곤란할 것으로 우려되는 건축물
> 2. 건축물의 내구성·내하력(耐荷力) 등이 국토교통부장관이 정하는 기준에 미치지 못할 것으로 예상되어 구조 안전의 확보가 곤란할 것으로 우려되는 건축물

(3) 다음의 요건에 해당하는 건축물로서 대통령령이 정하는 바에 따라 시·도·특별자치도·대도시 조례(이하 시·도 조례로 한다)가 정하는 건축물

① 주변토지의 이용상황에 비추어 주거환경이 불량한 곳에 소재하고
② 건축물을 철거하고 새로운 건축물을 건축하는 경우 그에 소요되는 비용에 비하여 효용의 현저한 증가가 예상되는 다음의 건축물을 말한다.

> 1. 「건축법」상 대지의 분할제한면적에 미달되거나 국토계획법상 도시·군 계획시설의 설치로 인하여 효용을 다할 수 없게 된 대지에 있는 건축물
> 2. 공장의 매연·소음 등 위해를 초래할 우려가 있는 지역 안의 건축물
> 3. 준공일 기준으로 40년까지 사용하는데 보수·보강의 비용이 새로운 건물을 건설하는 비용보다 더 클 것으로 예상되는 건축물

(4) 도시미관의 저해, 노후화된 건물로서 대통령령이 정하는 바에 따라 조례가 정하는 건축물

> 1. 준공된 후 20년 이상 30년 이하 범위에서 조례가 정하는 기간이 지난 건축물
> 2. 국토계획법상 도시기본계획상의 경관에 관한 사항에 저촉되는 건축물

6. **주택공사 등**: 토지주택공사 + 주택사업을 수행하기 위하여 설립된 지방공사

7. **정관 등**

① 법 제40조의 규정에 의한 조합의 정관
② 토지등소유자가 자치적으로 정하여 운영하는 규약
③ 시장·군수·구청장 또는 주택공사 등 또는 신탁업자가 작성한 시행규정

8. **대지**: 대지란 정비사업에 의하여 조성된 토지를 말한다(지목불문).

9. **지분형 주택**: 사업시행자가 주택공사인 경우 분양대상자와 사업시행자가 공동소유하는 방식의 주택

02 기본계획의 수립 및 정비구역의 지정

1 도시·주거환경정비기본방침

국토교통부장관은 도시 및 주거환경을 개선하기 위하여 10년마다 주거환경 기본방침을 수립하고, 5년마다 그 타당성을 검토하여 그 결과를 기본방침에 반영하여야 한다.

2 정비기본계획과 정비계획

1. 정비기본계획

(1) **수립의무**: 특별시장·광역시장·특별자치시·특별자치도 또는 시장은 정비기본계획을 10년 단위로 수립하며, 5년마다 타당성 여부를 검토하여야 한다. 하지만 도지사가 정비기본계획의 수립이 필요 없다고 인정하는 시(대도시 제외)에 대하여는 정비기본계획을 수립하지 아니할 수 있다.

(2) **작성기준**: 국토교통부장관이 정한다.

(3) 정비기본계획에는 다음 사항이 포함되어야 한다.

> 1. 정비사업의 기본방향
> 2. 정비사업의 계획기간
> 3. 인구·건축물·토지이용·정비기반시설·지형 및 환경 등의 현황
> 4. 주거지 관리계획
> 5. 토지이용계획·정비기반시설계획·공동이용시설설치계획 및 교통계획
> 6. 녹지·조경·에너지공급·폐기물처리 등에 관한 환경계획
> 7. 사회복지시설 및 주민문화시설 등의 설치계획
> 8. 도시의 광역적 재정비를 위한 기본방향
> 9. 정비예정구역의 개략적 범위
> 10. 단계별 정비사업추진계획(정비예정구역별 정비계획의 수립시기를 포함하여야 한다)
> 11. 건폐율·용적률 등에 관한 건축물의 밀도계획
> 12. 세입자에 대한 주거안정대책
> 13. 그 밖에 주거환경 등을 개선하기 위하여 필요한 사항으로서 대통령령이 정하는 사항

(4) 정비기본계획의 일부내용 생략

정비기본계획에 다음 사항을 포함하는 경우에는 정비기본계획의 내용 중 ① 정비예정구역의 개략적 범위, ② 단계별 정비사업추진계획(정비예정구역별 정비계획의 수립시기를 포함하여야 한다)을 생략할 수 있다.

> ① 생활권의 설정, 생활권별 기반시설 설치계획 및 주택수급계획
> ② 생활권별 주거지의 정비·보전·관리의 방향

(5) 수립·승인절차

① **주민의견청취**: 14일 이상 주민(세입자를 포함한다)에게 공람하고,

② **의회의 의견청취**: 이 경우 지방의회는 특별시장·광역시장 또는 시장이 기본계획을 통지한 날부터 60일 이내에 의견을 제시하여야 하며, 의견제시 없이 60일이 지난 경우 이의가 없는 것으로 본다.

③ **협의와 심의**: 관계행정기관의 장과 협의한 후 지방도시계획위원회의 심의(대도시의 시장이 아닌 시장이 기본계획을 수립 또는 변경하는 경우에는 제외한다)를 거쳐야 한다.

④ 대도시 시장이 아닌 시장은 기본계획을 수립 또는 변경한 때에는 도지사의 승인을 얻어야 하며, 도지사가 이를 승인함에 있어서는 협의하고 심의를 거쳐야 한다.

(6) 보고
정비기본계획의 수립권자는 정비기본계획을 수립 또는 변경한 때에는 지체 없이 이를 해당 지방자치단체 공보에 고시하고 국토교통부장관에게 보고하여야 한다.

2. 정비계획의 입안

(1) 입안권자

① 정비계획은 특별시장·광역시장·특별자치시장·특별자치도지사·시장·군수(광역시의 군수는 제외)가 입안하여 직접 정비구역을 지정한다.

② 구청장 또는 광역시의 군수는 정비계획을 입안하여 특별시장이나 광역시장에게 정비구역지정을 신청하여야 한다.

(2) 정비계획의 내용

> 1. 정비사업의 명칭
> 2. 정비구역 및 그 면적
> 3. 토지등소유자 유형별 분담금 추산액 및 산출근거
> 4. 도시·군계획시설의 설치에 관한 계획
> 5. 공동이용시설 설치계획
> 6. 건축물의 주용도·건폐율·용적률·높이에 관한 계획
> 7. 환경보전 및 재난방지에 관한 계획

8. 정비구역 주변의 교육환경 보호에 관한 계획
9. 세입자 주거대책
10. 정비사업시행 예정시기
11. 정비사업을 통하여 공공지원민간임대주택을 공급하거나 주택임대관리업자에게 임대할 목적으로 주택을 위탁하려는 경우에 그에 관한 사항
12. 지구단위계획(필요한 경우로 한정한다)

(3) 입안절차

① 주민설명회 및 공람: 입안권자는 정비계획을 입안하거나 변경하려면 주민에게 서면으로 통보한 후 주민설명회 및 30일 이상 주민에게 공람하여 의견을 들어야 하며, 제시된 의견이 타당하다고 인정되면 이를 정비계획에 반영하여야 한다.

② 의회의 의견청취: 지방의회는 정비계획의 입안권자가 정비계획을 통지한 날부터 60일 이내에 의견을 제시하여야 하며, 의견제시 없이 60일이 지난 경우 이의가 없는 것으로 본다.

(4) 정비계획의 작성기준

정비계획의 작성기준 및 작성방법은 국토교통부장관이 정하여 고시한다.

3. 정비기본계획과 정비계획수립 시 용적률 완화

(1) 주거지역에서 용적률 완화

정비기본계획의 수립권자 또는 정비계획의 입안권자는 정비사업의 원활한 시행을 위하여 정비기본계획을 수립하거나 정비계획을 입안하려는 경우에는 주거지역에 대하여는 조례로 정한 용적률에도 불구하고 용적률의 상한까지 용적률을 정할 수 있다.

(2) 용도지역 변경을 통한 용적률 완화

정비기본계획의 수립권자 또는 정비계획의 입안권자는 천재지변, 그 밖의 불가피한 사유로 건축물이 붕괴할 우려가 있어 긴급히 정비사업을 시행할 필요가 있다고 인정하는 경우에는 용도지역의 변경을 통해 용적률을 완화하여 기본계획을 수립하거나 정비계획을 입안할 수 있다. 이 경우 용도지역의 변경을 이유로 기부채납을 요구하여서는 아니 된다.

4. 정비계획의 입안제안

(1) 토지등소유자 또는 추진위원회는 단계별 정비사업 추진계획상 정비예정구역별 정비계획의 입안시기가 지났음에도 불구하고 정비계획이 입안되지 아니하거나 정비예정구역별 정비계획의 수립시기를 정하고 있지 아니한 경우 등의 사유가 발생하면 정비계획 입안권자에게 정비계획의 입안을 제안할 수 있다.

(2) 제안서의 처리절차

① 시장·군수에게 정비계획의 입안을 제안하려는 때에는 토지등소유자의 3분의 2 이하 및 토지면적 3분의 2 이하의 범위에서 시·도 조례로 정하는 비율 이상의 동의를 받은 후 정비계획도서, 계획설명서, 그 밖의 필요한 서류를 첨부하여 정비계획의 입안권자에게 제출하여야 한다.
② 시장·군수는 정비계획의 입안제안이 있는 경우에는 제안일부터 60일 이내에 정비계획에의 반영여부를 제안자에게 통보하여야 한다. 다만, 부득이한 사정이 있는 경우에는 한 차례만 30일을 연장할 수 있다.
③ 시장·군수는 제안을 정비계획에 반영하는 경우에는 제안서에 첨부된 정비계획도서와 계획설명서를 정비계획의 입안에 활용할 수 있다.

5. 정비구역지정을 위한 정비계획의 입안 요청(토지등소유자 → 정비계획 입안권자)

(1) 입안요청 사유

토지등소유자 또는 추진위원회는 다음 어느 하나에 해당하는 경우에는 정비계획의 입안권자에게 정비구역의 지정을 위한 정비계획의 입안을 요청할 수 있다.

1. 대도시가 아닌 시로서 정비기본계획을 수립하지 아니한 지역으로서 대통령령으로 정하는 경우
2. 정비기본계획에 따른 단계별 정비사업 추진계획상 정비예정구역별 정비계획의 입안시기가 지났음에도 불구하고 정비계획이 입안되지 아니한 경우
3. 생활권의 설정으로 정비기본계획의 제9호(정비예정구역의 개략적 범위) 및 제10호(단계별 정비사업추진계획)에 따른 사항을 생략한 경우
4. 천재지변 등 대통령령으로 정하는 불가피한 사유로 긴급하게 정비사업을 시행할 필요가 있다고 판단되는 경우

(2) 요청서의 처리 등

정비계획의 입안권자는 요청이 있는 경우에는 요청일부터 4개월 이내에 정비계획의 입안 여부를 결정하여 토지등소유자 및 정비구역의 지정권자에게 알려야 한다. 다만, 정비계획의 입안권자는 정비계획의 입안 여부의 결정 기한을 2개월의 범위에서 한 차례만 연장할 수 있다.

3 정비구역의 지정

1. 정비구역의 지정

(1) 정비구역 지정권자

① 특별시장·광역시장·시장 또는 군수: 직접 정비계획을 수립하여 정비구역을 지정한다.
② 구청장은 정비계획을 수립하여 특별시장·광역시장에게 정비구역지정을 신청한다.
③ 「도시 및 주거환경정비법」(이하 PART 02에서 법이라 함) 제26조 제1항 제1호(천재·지변)에 따라 정비사업을 시행하려는 경우에는 정비기본계획을 수립하거나 변경하지 아니하고 정비구역을 지정할 수 있다.

(2) 정비구역 지정절차(심의 → 지정 → 고시, 보고, 열람)

정비구역 지정권자는 정비구역을 지정하는 경우 지방도시계획위원회의 심의를 거쳐 지정하고, 지방자치단체의 공보에 고시하고 주민설명회를 거친 후 국토교통부장관에게 지정내용을 보고하여야 하며, 관계서류를 일반에 열람시킨다.

(3) 정비구역지정 시 인접지역의 포함
: 정비구역의 지정권자는 정비구역의 진입로 설치를 위하여 필요한 경우에는 진입로 지역과 그 인접지역을 포함하여 정비구역을 지정할 수 있다.

2. 정비구역지정의 효과

정비구역의 지정 또는 변경지정에 대한 고시가 있는 경우 당해 정비계획 중 지구단위계획에 해당하는 사항이 있는 경우 정비계획 및 정비구역은 지구단위계획 및 지구단위계획구역으로 결정·고시된 것으로 본다. 또한 「국토의 계획 및 이용에 관한 법률」에 의한 지구단위계획구역에 대하여 정비계획을 모두 포함한 지구단위계획을 결정·고시하는 경우 당해 지구단위계획구역은 정비구역으로 지정·고시된 것으로 보며, 지구단위계획을 통한 건폐율 등의 완화규정은 정비계획에도 준용한다.

3. 정비구역의 해제

(1) 해제 요청 및 직접해제
: 다음의 사유 있는 경우 ① 구청장은 특별시장·광역시장에게, ② 정비구역 지정권자는 직접 정비구역을 해제하여야 한다.

> 1. 정비예정구역에 대하여 기본계획에서 정한 정비구역지정 예정일부터 3년이 되는 날까지 시장·군수가 정비구역 지정하지 아니하거나 구청장등이 정비구역 지정을 신청하지 아니하는 경우
> 2. 재개발사업·재건축사업(조합이 시행하는 경우로 한정한다)이 다음 하나에 해당하는 경우
>   ① 토지등소유자가 정비구역으로 지정·고시된 날부터 2년 되는 날까지 조합설립추진위원회의 승인을 신청하지 아니하는 경우(추진위원회를 구성하는 경우로 한정한다)
>   ② 추진위원회가 추진위원회 승인일부터 2년 되는 날까지 조합 설립인가를 신청하지 아니하는 경우
>   ③ 토지등소유자가 정비구역으로 지정·고시된 날부터 3년이 되는 날까지 조합 설립인가를 신청하지 아니하는 경우(추진위원회를 구성하지 아니하는 경우로 한정한다)
>   ④ 조합이 조합 설립인가를 받은 날부터 3년 되는 날까지 사업시행인가를 신청하지 아니하는 경우
> 3. 토지등소유자가 시행하는 재개발사업으로서 토지등소유자가 정비구역으로 지정·고시된 날부터 5년이 되는 날까지 사업시행계획인가를 신청하지 아니하는 경우

(2) 정비구역지정 해제의 연장

정비구역지정권자는 다음 각 호의 경우에는 해제 기간을 2년의 범위에서 연장하여 정비구역 등을 해제하지 아니할 수 있다.

> 1. 정비구역등의 토지등소유자(조합을 설립한 경우에는 조합원을 말한다) 100분의 30 이상의 동의로 해당 기간 도래 전까지 연장을 요청하는 경우
> 2. 정비사업의 추진상황으로 보아 주거환경의 계획적 정비 등을 위하여 정비구역등의 존치가 필요하다고 인정하는 경우

(3) 정비구역지정권자의 직권해제

정비구역지정권자는 다음 사유가 있는 경우 지방도시계획위원회 심의를 거쳐 해제할 수 있다.

> 1. 정비사업의 시행에 따른 토지등소유자의 과도한 부담이 예상되는 경우
> 2. 정비예정구역 또는 정비구역의 추진 상황으로 보아 지정 목적을 달성할 수 없다고 인정하는 경우
> 3. 토지등소유자의 100분의 30 이상이 정비구역등(추진위원회가 구성되지 아니한 구역에 한한다)의 해제를 요청하는 경우
> 4. 주거환경개선사업(스스로 방식)은 정비구역이 지정·고시된 날부터 10년 이상 경과하고, 추진 상황으로 보아 지정 목적을 달성할 수 없다고 인정되는 경우로서 토지등소유자의 과반수이상이 정비구역의 해제에 동의하는 경우
> 5. 추진위원회 구성 또는 조합 설립에 동의한 토지등소유자의 2분의 1 이상 3분의 2 이하의 범위에서 시·도조례로 정하는 비율 이상의 동의로 정비구역의 해제를 요청하는 경우(사업시행계획인가를 신청하지 아니한 경우로 한정한다)
> 6. 추진위원회가 구성되거나 조합이 설립된 정비구역에서 토지등소유자 과반수의 동의로 정비구역의 해제를 요청하는 경우(사업시행계획인가를 신청하지 아니한 경우로 한정한다)

(4) 해제절차

지정권자는 직권으로 해제하는 경우에도 30일 이상 주민에게 공람 → 지방의회의 의견(60일 이내 의견제시해야) → 지방도시계획위원회의 심의를 거쳐 해제 → 해제 이후에는 그 사실을 해당 지방자치단체의 공보에 고시하고 국토교통부장관에게 통보하여야 하며, 관계 서류를 일반인이 열람할 수 있도록 하여야 한다.

4. 해제의 효과

(1) 용도지역과 기반시설의 환원

정비구역 등이 해제된 경우에는 정비계획으로 변경된 용도지역, 정비기반시설 등은 정비구역 지정 이전의 상태로 환원된 것으로 본다. 다만, 제4항 제4호(스스로 방식의 주거환경개선사업)의 경우 정비기반시설의 설치 등 해당 정비사업의 추진상황에 따라 환원되는 범위를 제한할 수 있다.

(2) 해제된 정비구역을 주거환경개선구역을 지정가능

정비구역등(재개발사업 및 재건축사업을 시행하려는 경우로 한정한다. 이하 같다)이 해제된 경우 정비구역의 지정권자는 해제된 정비구역을 스스로 방법으로 시행하는 주거환경개선구역으로 지정할 수 있다.

(3) 도시재생선도지역으로 지정요청

정비구역이 해제된 경우 정비구역의 지정권자는 해제된 정비구역등을 도시재생선도지역으로 지정하도록 국토교통부장관에게 요청할 수 있다.

(4) 정비구역해제로 인한 조합설립인가의 취소 및 고시

정비구역등이 해제·고시된 경우 추진위원회 구성승인 또는 조합설립인가는 취소된 것으로 보고, 공보에 그 내용을 고시하여야 한다.

5. 정비구역에서 지역조합원 모집금지

정비예정구역 또는 정비구역에서는 「주택법」에 따른 지역주택조합의 조합원을 모집해서는 아니 된다.

6. 정비구역 안에서 개발행위허가

(1) 허가사항: 정비구역 안에서 다음의 개발행위는 시장 또는 군수의 허가를 받아야 한다.

1. 건축물의 건축: 「건축법」상 건축물 건축(가설건축물을 포함한다)·용도변경을 포함(「도시개발법」과 달리 대수선은 허가사항 아님 유의)
2. 공작물의 설치
3. 토지의 형질변경
4. 토석의 채취(토지형질변경을 목적으로 하는 경우는 제외한다)
5. 토지분할
6. 물건을 쌓아놓는 행위: 이동이 용이하지 않은 물건을 1월 이상 쌓아두는 것
7. 죽목의 벌채·식재

(2) 허용사항: 다만, 다음의 행위는 정비구역 안에서 허가를 받지 않고 할 수 있다.

1. 응급조치(신고도 필요 없음)
2. 기존건물의 붕괴등 안전사고의 우려가 있는 경우 안전조치
3. 농림수산물 생산에 직접 이용되는 것으로서 국토교통부령이 정하는 간이공작물의 설치
4. 경작을 위한 토지의 형질변경
5. 정비구역의 개발에 지장을 주지 아니하고 자연경관을 손상하지 아니하는 범위 안에서 토석채취
6. 정비구역 안의 남겨두기로 결정된 대지 안에서 물건을 쌓아놓는 행위
7. 관상용 죽목의 임시식재(경작지에서 임시식재는 제외)

(3) 사업시행자의 의견청취: 허가권자는 정비구역 안에서 개발행위를 하는 경우 사업시행자가 정하여져 있으면 미리 사업시행자의 의견을 청취하여야 한다.

(4) 기득권보호: 정비구역지정 당시 이미 개발행위허가를 받았거나, 허가받을 필요가 없는 행위에 관하여 공사나 사업에 착수한 자는 정비구역이 지정·고시된 날로부터 30일 이내에 시장·군수에게 신고하고 사업을 계속할 수 있다.

(5) 벌칙: 2년 이하의 징역 또는 2천만원 이하의 벌금

7. 정비구역지정 전 개발행위허가제한

(1) 허가 제한권자: 국토교통부장관·시·도지사 또는 시장·군수·구청장

(2) 지역: 정비기본계획을 공람 중인 정비예정구역 또는 정비계획을 수립 중인 지역

(3) 아래 사항은 시장·군수의 허가를 받아야 한다.

> 1. 건축물의 건축
> 2. 토지의 분할
> 3. 「건축법」에 따른 건축물대장 중 일반건축물대장을 집합건축물대장으로 전환
> 4. 「건축법」에 따른 건축물대장 중 집합건축물대장의 전유부분 분할

(4) 기간: 3년 이내의 기간동안 허가를 제한한다(1번에 1년 연장할 수 있다).

(5) 절차: 허가를 제한하려는 자가 국토교통부장관 시·도지사인 경우 도시계획위원회심의를 거치기 전에 시장·군수의 의견을 들어야 한다.

4 재건축진단

1. 재건축진단의 실시

(1) 시장·군수등의 재건축진단

시장·군수등은 정비예정구역별 정비계획의 수립시기가 도래한 때부터 사업시행계획인가 전까지 재건축진단을 실시하여야 한다.

(2) 건물 및 그 부속토지소유자 요청에 의한 재건축진단

시장·군수등은 건물 및 그 부속토지소유자 10분의 1이상의 동의로 요청하는 경우에는 재건축진단을 실시하여야 한다. 이 경우 시장·군수등은 재건축진단에 드는 비용을 해당 재건축진단의 실시를 요청하는 자에게 부담하게 할 수 있다.

2. 재건축진단 대상주택과 재건축진단 제외주택

재건축진단은 주택단지(연접한 단지를 포함한다) 내의 건축물을 대상으로 한다. 다만, 다음에 해당 하는 것은 재건축진단대상에서 제외할 수 있다.

1. 천재·지변 등으로 주택이 붕괴되어 신속히 재건축을 추진할 필요가 있다고 시장·군수가 인정하는 것
2. 주택의 구조안전상 사용금지가 필요하다고 시장·군수가 인정하는 것
3. 노후불량건축물수에 관한 기준을 충족한 경우 잔여 건축물
4. 진입도로 등 기반시설 설치를 위하여 불가피하게 정비구역에 포함된 것으로 시장·군수가 인정하는 건축물
5. 「시설물의 안전 및 유지관리에 관한 특별법」 제2조 제1호의 시설물로서 같은 법 제16조에 따라 지정받은 안전 등급이 D(미흡) 또는 E(불량)인 건축물

3. 재건축진단실시여부 결정 및 통보

(1) 재건축진단 실시여부 결정 및 통보

재건축진단요청이 있는 경우 요청일로 부터 30일 이내에 실시여부를 결정하여 요청인에게 통보하여야 한다.

(2) 재건축진단 기관

1. 안전진단전문기관
2. 국토안전관리원
3. 한국건설기술연구원

4. 재건축진단 비용

(1) **원칙**: 시장·군수가 부담한다.

(2) **예외**: 재건축진단을 요청한 자에게 비용을 부담시킬 수 있다.

5. 재건축진단실시

시장·군수로부터 의뢰 받은 재건축진단기관은 국토교통부장관이 정하여 고시하는 기준(건물의 내진성능확보를 위한 비용을 포함한다)에 따라 재건축진단을 실시하여야 하며, 재건축진단결과보고서를 작성하여 시장·군수등 및 재건축진단 실시를 요청한 자에게 제출하여야 한다.

6. 시장·군수의 재검토의뢰

시장·군수는 재건축진단전문기관이 제출한 재건축진단결과보고서를 받은 경우에는 국토안전관리원 또는 한국건설기술연구원에 재건축진단결과보고서의 적정성 여부에 대한 검토를 의뢰할 수 있다.

7. 재건축사업의 시행여부 결정

시장·군수등은 재건축진단결과와 도시계획 및 지역여건을 종합적으로 검토하여 사업시행계획인가여부를 결정하여야 한다.

8. 재건축진단에 대한 시·도지사 및 국토교통부장관의 통제

(1) 재건축진단결과 보고서 제출

시장·군수등은 재건축진단 결과보고서를 제출받은 경우에는 지체 없이 시·도지사에게 결정내용과 해당 재건축진단 결과보고서를 제출하여야 한다.

(2) 시·도지사의 적정성 여부 검토의뢰

재건축진단 결과보고서를 제출받은 시·도지사는 필요한 경우 국토안전관리원 또는 한국건설기술연구원에 재건축진단결과의 적정성 여부에 대한 검토를 의뢰할 수 있다.

(3) 국토교통부장관의 자료제출요구

국토교통부장관은 시·도지사에게 재건축진단 결과보고서의 제출을 요청할 수 있으며 필요한 경우 시·도지사에게 재건축진단 결과의 적정성 여부에 대한 검토를 요청할 수 있다.

(4) 시·도지사의 시행결정의 취소 등 요청

시·도지사는 검토결과에 따라 필요한 경우 시장·군수등에게 재건축진단에 대한 시정요구 등 대통령령으로 정하는 조치를 요청할 수 있으며, 시장·군수등은 특별한 사유가 없으면 그 요청에 따라야 한다.

(5) 적정성검토비용

재건축진단 결과의 적정성 여부에 따른 검토 비용은 적정성 여부에 대한 검토를 의뢰 또는 요청한 국토교통부장관 또는 시·도지사가 부담한다.

(6) 적정성검토 결과통보기간

재건축진단 결과의 적정성 여부에 따른 검토를 의뢰받은 기관은 적정성 여부에 따른 검토를 의뢰받은 날부터 60일 이내에 그 결과를 시·도지사에게 제출하여야 한다. 다만, 부득이한 경우에는 30일의 범위에서 한 차례만 연장할 수 있다.

03 정비사업의 시행

1 정비사업 시행방법

1. 주거환경개선사업

1. 사업시행자가 정비기반시설을 설치하고 토지등소유자가 스스로(self 방법) 주택을 개량하는 방법
2. 수용 후 주택공급방법
3. 환지방법
4. 정비구역 안에서 인가받은 관리처분계획에 따라 주택 및 부대시설·복리시설을 건설하여 공급하는 방법

2. 재개발사업

1. 정비구역 안에서 인가받은 관리처분계획에 따라 건물 및 부대 복리시설을 건설하여 공급하는 방법
2. 환지방법

3. 재건축사업

정비구역 안에서 관리처분계획에 따라 건축물을 건설하여 공급하는 방법

건축물을 건설하여 공급하는 경우 주택, 부대시설 및 복리시설을 제외한 공동주택 외 건축물은 준주거지역 및 상업지역에서만 건설할 수 있다. 이 경우 공동주택 외 건축물의 연면적은 전체 건축물 연면적의 100분의 30 이하이어야 한다.

2 정비사업시행자

1. 사업시행자

(1) 주거환경개선사업의 사업시행자

토지등 소유자 2/3 이상의 동의와 세입자과반수 동의를 얻어
1. 시장·군수가 직접 시행하거나 다음의 자를 지정하는 경우
   ① 주택공사 등
   ② 국가, 지방자치단체, 주공 등 또는 공공기관이 50%를 초과하여 출자한 법인
2. 시장·군수가 위1.에 해당하는 자와 다음에 해당하는 자를 공동시행자로 지정하는 경우
   ① 건설업자
   ② 등록사업주체

> → 스스로 방식인 경우는 시장·군수등이 직접 시행하되, 토지주택공사등을 사업시행자로 지정하여 시행하게 하려는 경우에는 토지등소유자의 과반수의 동의를 받아야 한다.

(2) 재개발사업의 사업시행자

> 1. 조합이 단독시행 하거나 또는 조합원 과반수동의를 얻어 시장·군수·주택공사 등·건설업자·등록사업자·신탁업자·한국부동산원과 공동시행가능
> 2. 토지등소유자가 20인 미만인 경우에는 토지등소유자가 시행하거나 토지등소유자가 토지등소유자의 과반수의 동의를 받아 시장·군수등, 토지주택공사등, 건설업자, 등록사업자·신탁업자·한국부동산원과 공동시행가능

(3) 재건축사업의 사업시행자

> 조합의 단독 또는 조합원 과반수 동의를 얻어 시장·군수·주택공사등 건설업자 또는 등록사업자와 공동으로 시행할 수 있다.

2. 재개발·재건축사업의 공공시행으로 전환(시장·군수의 예외적 시행)

(1) 시장·군수는 다음의 사유가 있는 경우 직접 정비사업을 시행하거나 지정개발자 또는 주택공사 등을 시행자로 지정하여 정비사업을 하게 할 수 있다.

> 1. 천재·지변 등 불가피한 사유로 인하여 긴급히 정비사업을 시행할 필요가 있다고 인정되는 때
> 2. 지방자치단체 장이 시행하는 도시·군계획사업과 병행할 필요가 있는 경우
> 3. 순환정비방식에 의한 정비사업시행
> 4. 정비계획에서 정한 정비사업시행 예정일로 부터 2년 이내에 사업시행인가 신청이 없거나 신청내용이 위법·부당한 경우(재건축사업의 경우는 제외)
> 5. 조합설립추진위원회가 시장·군수의 구성 승인을 얻은 날부터 3년 이내에 조합의 설립인가를 신청하지 아니하거나, 조합설립 인가를 얻은 날부터 3년 이내에 사업시행인가를 신청하지 아니하는 경우
> 6. 사업시행인가가 취소된 경우
> 7. 국·공유지 면적과 토지주택공사가 소유한 면적을 합한 면적이 전체 토지면적의 1/2 이상인 경우로 토지등소유자 과반수가 동의한 경우
> 8. 면적 1/2 + 소유자총수 2/3가 요청한 경우
> ※ 위 사유 중 1.과 4.의 사유는 지정개발자를 사업시행자로 지정하여 정비사업을 할 수 있다.

(2) 시장·군수등의 직접시행 및 주공등 사업시행의 효과

시장·군수등이 직접 정비사업을 시행하거나 토지주택공사등을 사업시행자로 지정·고시한 때에는 그 고시일 다음 날에 추진위원회의 승인 또는 조합설립인가가 취소된 것으로 본다. 이 경우 시장·군수등은 해당 지방자치단체의 공보에 해당 내용을 고시하여야 한다.

> [참고] 지정개발자의 요건

지정개발자	요건
토지소유자	토지면적의 50% 이상을 소유한 자로서 토지등소유자의 2분의 1 이상의 추천을 받은 자
민간합동법인	토지등소유자의 2분의 1 이상의 추천을 받은 자
신탁업자	토지등소유자의 2분의 1 이상의 추천을 받거나 법 제27조 제1항 제3호 또는 법 제28조 제1항 제2호에 따른 동의를 받은 자

3. 공사 및 용역 등의 계약체결방법

추진위원장 또는 사업시행자는 이 법 또는 다른 법령에 특별한 규정이 있는 경우를 제외하고는 계약(공사, 용역, 물품구매 및 제조 등을 포함한다. 이하 같다)을 체결하려면 일반경쟁에 부쳐야 한다. 단, 계약규모, 재난의 발생 등 대통령령으로 정하는 경우에는 입찰 참가자를 지명하여 경쟁에 부치거나 수의계약으로 할 수 있다.

4. 시공자의 선정

(1) 시공자 선정 시기

사업시행자	시공자 선정 시기
조합	① 조합설립인가 후 조합총회에서 경쟁입찰 또는 수의계약(2회 이상 경쟁입찰이 유찰된 경우) 방법으로 선정한다. ② 다만, 조합원이 100명 이하의 정비사업의 경우에는 조합총회에서 정관으로 정하는 바에 따라 선정할 수 있다.
토지등소유자	사업시행계획인가 후 규약이 정하는 바에 따라 시공자를 선정한다.
시장·군수, 지정개발자 또는 주택공사가 직접 하는 경우	사업시행자 지정 고시 후 경쟁입찰 또는 수의계약방법으로 시공자를 선정한다. 이 경우 주민대표회의 또는 토지등 소유자 전체회의는 경쟁입찰 방법에 따라 시공자를 추천할 수 있으며, 이 경우 사업시행자는 추천받은 자를 시공자로 선정하여야 한다.

(2) 시공자 선정 설명회

조합은 시공자 선정을 위한 입찰에 참가하는 건설업자 또는 등록사업자가 토지등소유자에게 시공에 관한 정보를 제공할 수 있도록 합동설명회를 2회 이상 개최하여야 한다.

(3) 시공자 선정 시 부정행위금지

시공자 선정 시 금품·향응·재산상이익 또는 이의약속 등의 행위를 한 자는 5년 이하의 징역 또는 5천만원 이하의 벌금에 처한다.

(4) 시공보증

시공자는 조합에 시공보증서를 제출하여야 하며 시장·군수는 착공신고 시 시공보증서 제출여부를 확인하여야 한다.

(5) 공사계약 체결 시 철거공사 포함

사업시행자(사업대행자를 포함한다)는 선정된 시공자와 공사에 관한 계약을 체결할 때에는 기존 건축물의 철거 공사에 관한 사항을 포함하여야 한다.

5. 공사비 검증

재개발사업·재건축사업의 사업시행자(시장·군수등 또는 토지주택공사등이 단독 또는 공동으로 정비사업을 시행하는 경우는 제외한다)는 시공자와 계약 체결 후 다음 어느 하나에 해당하는 때에는 정비사업 지원기구에 공사비 검증을 요청하여야 한다.

1. 토지등소유자 또는 조합원 5분의 1 이상이 사업시행자에게 검증 의뢰를 요청하는 경우
2. 공사비의 증액 비율(당초 계약금액 대비 누적 증액 규모의 비율로서 생산자물가상승률은 제외한다)이 다음 각 목의 어느 하나에 해당하는 경우
   ① 사업시행계획인가 이전에 시공자를 선정한 경우: 100분의 10 이상
   ② 사업시행계획인가 이후에 시공자를 선정한 경우: 100분의 5 이상
3. 2의 ①, ②에 따른 공사비 검증이 완료된 이후 공사비의 증액 비율(검증 당시 계약금액 대비 누적 증액 규모의 비율로서 생산자물가상승률은 제외한다)이 100분의 3 이상인 경우

6. 사업대행자의 지정

(1) 대행의 요건: 시장·군수는 다음의 사유가 있는 경우 조합 또는 토지등소유자를 대신하여 정비사업을 하게 할 수 있다.

1. 장기간 정비사업이 지연되거나 권리관계에 대한 분쟁 등으로 인하여 해당 조합 또는 토지등소유자가 시행하는 정비사업을 계속 추진하기 어렵다고 인정하는 경우
2. 토지등소유자(조합을 설립한 경우에는 조합원을 말한다)의 과반수 동의로 요청하는 경우

(2) 대행자가 될 수 있는 자: 시장·군수가 직접 또는 주택공사등·지정개발자로 하여금 대행

(3) 대행의 시기 및 방법: 대행개시결정 고시일 다음날부터 완료고시일까지

(4) 대행의 방법: 자기의 이름 및 사업시행자의 계산으로 업무를 집행하고 재산을 관리한다.

(5) 재산상부담을 가하는 행위: 시장·군수가 아닌 대행자가 시행자에게 재산상 부담을 가하는 행위 → 미리 시장·군수의 승인을 얻어야 한다.

(6) 사업대행의 완료

① 사업대행자는 사업대행의 원인이 된 사유가 없어지거나 소유권이전등기를 완료한 때에는 사업대행을 완료하여야 한다.

② 사업대행자는 사업대행완료의 고시가 있는 때에는 지체없이 사업시행자에게 업무를 인계하여야 한다. 인계·인수가 완료된 때에는 사업대행자가 정비사업을 대행함에 있어서 취득하거나 부담한 권리와 의무는 사업시행자에게 승계된다.

③ 정비사업을 대행하는 시장·군수, 지정개발자 또는 주택공사 등(사업대행자)은 사업시행자에게 청구할 수 있는 보수 또는 비용의 상환에 대한 권리로써 사업시행자에게 귀속될 대지 또는 건축물을 압류할 수 있다.

④ 이자의 청구: 사업대행자가 사업시행자에게 보수 또는 비용의 상환을 청구함에 있어서는 그 보수 또는 비용을 지출한 날 이후의 이자를 청구할 수 있다.

⑤ 사업대행자는 선량한 관리자의 주의의무를 부담한다.

3 조합설립추진위원회 및 조합

1. 조합설립추진위원회

(1) 조합설립추진위원회의 구성(← 시장·군수의 승인)

정비구역지정·고시 후 위원장을 포함하여 5인 이상의 위원이 토지등소유자의 과반수의 동의를 얻어 시장·군수등의 승인을 얻어 구성한다. 이 경우 시장·군수등은 승인 이후 구역경계, 토지등소유자의 수 등을 해당 지방자치단체 공보에 고시하여야 한다.

(2) 공공지원을 시행하는 경우에는 추진위원회를 구성하지 아니할 수 있다.

(3) 추진위원회의 업무

> 1. 정비사업 전문관리업자의 선정(경쟁입찰 또는 수의계약방법으로 선정하여야 한다)
> 2. 설계자의 선정 및 변경
> 3. 개략적인 정비사업 시행계획서의 작성
> 4. 추진위원회 운영규정의 작성
> 5. 토지등소유자의 동의서의 접수
> 6. 조합의 설립을 위한 창립총회의 개최
> 7. 조합 정관의 초안 작성

(4) 추진위원회구성에 동의한 경우 조합설립에 동의한 것으로 본다. 단, 반대의 의사표시를 한 경우는 그렇지 않다.

(5) 추진위원회 업무보고 및 조직
   ① 추진위원회는 추진위원회가 행한 업무 → 조합총회에 보고
   ② 추진위원회가 행한 업무와 관련된 권리와 의무 → 조합이 포괄승계한다.
   ③ 추진위원회는 위원장 1인과 감사를 두어야 하며, 운영규정을 정하여 관보에 고시한다.

(6) 창립총회
   ① 개최시기: 조합설립인가의 신청 전에 조합설립을 위한 창립총회를 개최하여야 한다.
   ② 개최통지: 추진위원회는 창립총회 14일전까지 회의목적·안건·일시·장소 등을 인터넷 홈페이지를 통해 공개하고, 토지등소유자에게 등기우편으로 발송·통지하여야 한다.
   ③ 소집방법: 창립총회는 추진위원회 위원장의 직권 또는 토지등소유자 5분의 1 이상의 요구로 추진위원회 위원장이 소집한다. 다만, 토지등소유자 5분의 1 이상의 소집요구에도 불구하고 추진위원회 위원장이 2주 이상 소집요구에 응하지 아니하는 경우 소집요구한 자의 대표가 소집할 수 있다.
   ④ 창립총회의 업무: 창립총회에서는 다음 각 호의 업무를 처리한다.

   > 1. 조합정관의 확정
   > 2. 조합임원의 선임
   > 3. 대의원의 선임
   > 4. 그 밖에 필요한 사항으로서 사전에 통지한 사항

   ⑤ 창립총회의 의사결정: 토지등소유자의 과반수 출석과 출석한 토지등소유자 과반수 찬성으로 결의한다. 다만, 조합임원 및 대의원의 선임은 확정된 정관에서 정하는 바에 따라 선출한다.

2. 조합설립 시 동의요건

(1) **재개발사업**: 토지등 소유자 3/4 이상 + 면적 1/2 이상의 동의

(2) **재건축사업의 동의요건**

주택단지 안	공동주택 각 동별 구분소유자 과반수(복리시설로서 대통령령으로 정하는 경우에는 3분의 1 이상으로 한다)동의와 전체 구분소유자 70% 및 면적 70% 이상의 동의(복리시설 전체를 하나의 동으로 간주)
주택단지 밖	토지 또는 건물소유자의 3/4 및 면적 2/3 이상의 동의

(3) 토지등소유자의 동의자수 산정방법

사업의 종류	토지등소유자 수 산정
주거환경개선사업 재개발사업	① 공유 → 해당 토지 또는 건축물의 토지등소유자의 4분의 3 이상의 동의를 받아 대표하는 1인 ② 토지에 지상권이 설정된 경우 → 대표자 1인을 소유자로 산정 ③ 1인이 다수의 필지, 다수의 건물 소유 시 → 1인을 소유자로 산정 ④ 둘 이상의 토지 또는 건축물을 소유한 공유자가 동일한 경우 → 대표자 1인 ⑤ 토지소유자와 건축물소유자가 다른 경우 → 각자를 토지등소유자 인정
재건축사업	① 공유 → 대표자 1인을 소유자로 산정 ② 1인이 2 이상의 소유권, 구분소유권을 소유한 경우 → 1인으로 산정 ③ 둘 이상의 토지 또는 건축물을 소유한 공유자가 동일한 경우 → 대표자 1인

1. **취득자의 동의여부**: 추진위원회 또는 조합의 설립에 동의한 자로부터 토지 또는 건축물을 취득한 자는 추진위원회 또는 조합의 설립에 동의한 것으로 본다.
2. **소재확인이 안 되는 자**: 토지등소유자 또는 공유자의 수에서 제외할 것
3. **국·공유지**: 그 재산관리청을 토지등소유자로 산정할 것

(4) 동의의 방법

① 서면동의서에 토지등소유자의 성명을 적고 지장을 날인하는 서면동의의 방법으로 한다.
② 서면동의서를 작성하는 경우 검인한 서면동의서를 사용하여야 하며, 검인을 받지 아니한 서면동의서는 그 효력을 발생하지 아니한다.

(5) 철회의 시기 및 방법

① 철회의 시기

동의의 철회 또는 반대의사의 표시는 해당 동의에 따른 인·허가 등을 신청하기 전까지 할 수 있다. 다만, ㉠ 정비구역의 해제에 대한 동의 ㉡ 조합설립에 대한 동의는 최초로 동의한 날부터 30일까지만 철회할 수 있다. 다만, 조합설립에 대한 동의는 최초로 동의한 날부터 30일이 지나지 아니한 경우에도 조합설립을 위한 창립총회 후에는 철회할 수 없다.

② **철회의 방법**: 동의를 철회하거나 반대의 의사표시는 토지등소유자의 지장을 날인하고 자필로 서명한 후 신분증명서 사본을 첨부하여 내용증명의 방법으로 발송하여야 한다. 이 경우 시장·군수가 철회서를 받은 때에는 지체 없이 동의의 상대방에게 철회서가 접수된 사실을 통지하여야 한다.

③ **철회의 효력발생시기**: 동의의 철회나 반대의 의사표시는 철회서가 동의의 상대방에게 도달한 때 또는 시장·군수가 동의의 상대방에게 철회서가 접수된 사실을 통지한 때 중 빠른 때에 효력이 발생한다.

3. 조합설립인가

(1) **인가 및 변경인가**: 조합을 설립하는 경우 정비구역 지정·고시 후 시장·군수등의 인가를 받아야 하며 변경의 경우도 총회에서 조합원의 3분의 2 이상의 찬성으로 변경의 인가를 받아야 한다.

(2) **경미한 사항의 변경**: 다만, 다음의 경미한 사항을 변경하려는 때에는 총회의 의결 없이 시장·군수 등에게 신고하고 변경할 수 있다. 이 경우 신고수리여부 20일내 통지 → 통지하지 않는 경우 다음 날 신고는 수리된 것으로 본다.

> 1. 조합의 명칭 및 주된 사무소의 소재지와 조합장의 주소 및 성명의 변경
> 2. 토지 또는 건축물의 매매 등으로 인하여 조합원의 권리가 이전된 경우의 조합원의 교체 또는 신규가입
> 3. 조합임원 또는 대의원의 변경(조합장은 총회의 의결을 거쳐 변경인가를 받아야 한다)
> 4. 건설되는 건축물의 설계 개요의 변경
> 5. 정비사업비의 변경
> 6. 현금청산으로 인하여 정관에서 정하는 바에 따라 조합원이 변경되는 경우
> 7. 법 제4조에 따른 정비구역 또는 정비계획의 변경에 따라 변경되어야 하는 사항. 다만, 정비구역 면적이 10% 이상 변경되는 경우는 제외한다.

4. 조합의 법인격 등

(1) **설립등기**: 인가를 받은 날부터 30일 이내에 주된 사무소의 소재지에 등기함으로써 성립한다.

(2) **법적 성격**: 공법상의 비영리사단법인

(3) **명칭**: '정비사업조합'이라는 명칭을 사용하여야 한다.

(4) **준용법규**: 이 법에 규정된 것을 제외하고는 「민법」 중 사단법인 규정을 준용한다.

5. 조합원의 자격

(1) **재개발조합원**: 토지등소유자(조합설립 찬·반 불문)

(2) **재건축조합원**: 조합설립에 찬성한 토지등소유자 → 조합설립에 반대한 자는 조합원이 아님 → 반대한 자의 토지·건물에 대하여는 매도청구를 할 수 있다.

(3) 조합원의 수: 다음 어느 하나에 해당하는 때에는 대표하는 1인을 조합원으로 본다. 다만, 공공기관 지방이전시책 등에 따라 이전하는 공공기관이 소유한 토지 또는 건축물을 양수한 경우 양수한 자를 조합원으로 본다.

> 1. 토지 또는 건축물의 소유권과 지상권이 수인의 공유에 속하는 때
> 2. 수인의 토지등소유자가 1세대에 속하는 때
> 3. 조합설립인가 후 1인의 토지등소유자로부터 소유권이나 지상권을 양수하여 여러명이 소유하게 된 때

6. 재개발사업과 재건축사업의 조합원의 지위양도

(1) 원칙: 조합설립 인가 후에는 조합원의 지위양도는 자유가 원칙이다.

(2) 그러나 투기과열지구로 지정된 지역에서

재건축사업	조합설립인가 후	조합원의 지위양도가 금지된다. 단, 상속, 이혼의 경우
재개발사업	관리처분계획의 인가 후	에는 양도가능

(3) 다만, 투기과열지구이어도 다음의 사유가 있는 경우 양도가 가능하다.

> 1. 세대원의 근무 또는 생업상의 사정이나 질병치료·취학·결혼으로 인하여 세대원 전원이 당해 사업구역이 위치하지 아니한 특별시·광역시·시 또는 군으로 이전하는 경우
> 2. 상속에 의하여 취득한 주택으로 세대원 전원이 이전하는 경우
> 3. 세대원 전원이 해외로 이주하거나 2년 이상의 기간 해외에 체류하는 경우
> 4. 토지등소유자로부터 상속·이혼으로 인하여 토지 또는 건축물을 소유한 자
> 5. 국가·지방자치단체 및 금융기관에 대한 채무를 이행하지 못하여 재개발사업,재건축사업의 토지 또는 건축물이 경매 또는 공매되는 경우
> 6. 1세대 1주택자로서 양도하는 주택에 대한 소유기간(10년) 및 거주기간(5년)이 이상인 경우 → 거주기간은 주민등록표를 기준으로 하며, 소유자가 거주하지 아니하고 소유자의 배우자나 직계존비속이 해당 주택에 거주한 경우에는 그 기간을 합산한다.
> 7. 지분형주택을 공급받기 위하여 건축물 또는 토지를 토지주택공사등과 공유하려는 경우
> 8. 공공임대주택,「공공주택 특별법」에 따른 공공분양주택의 공급 및 대통령령으로 정하는 사업을 목적으로 건축물 또는 토지를 양수하려는 공공재개발사업 시행자에게 양도하려는 경우
> 9. 조합설립인가일부터 3년 이내에 사업시행인가 신청이 없는 재건축사업의 건축물을 3년 이상 소유한 자 (소유기간을 산정할 때 상속받아 소유권을 취득한 경우에는 피상속인의 소유기간을 합산한다. 이하 같다)
> 10. 사업시행인가일부터 3년 이내에 착공하지 못한 재건축사업의 토지 또는 건축물을 3년 이상 소유한 자
> 11. 착공일부터 3년 이내에 준공되지 아니한 재개발사업, 재건축사업의 토지를 3년 이상 소유한 자
> 12. 투기과열지구로 지정되기 전에 건축물 또는 토지를 양도하기 위한 계약을 체결하고, 투기 과열지구로 지정된 날부터 60일 이내에 부동산 거래의 신고를 한 경우

(4) **현금청산**: 조합설립인가 후 정비사업의 토지·건물을 양수한자로서 조합원의 자격을 취득할 수 없는 자에 대하여는 손실보상을 하여야 한다.

(5) **양도위반 시 조치**: 3년 이하의 징역, 3천만원 이하의 벌금

7. 총회(필수기구)

(1) **총회의 소집방법**

총회는 임원해임을 목적으로 하는 경우를 제외하고 조합장의 직권 또는 조합원 1/5 이상(조합임원의 권리·의무·보수·선임방법·변경 및 해임에 관한 사항을 변경하기 위한 총회는 10분의 1 이상)또는 대의원 2/3 이상의 요구로 조합장이 소집하며, 조합원 또는 대의원의 요구로 총회를 소집하는 경우 조합은 소집을 요구하는 자가 본인인지 여부를 정관으로 정하는 방법으로 확인하여야 한다.

(2) **시장·군수의 소집**

조합 임원의 퇴임 또는 해임 후 6개월 이상 조합 임원이 선임되지 아니한 경우에는 시장·군수가 조합 임원 선출을 위하여 총회를 소집할 수 있다.

(3) **총회의 소집통지**: 총회개최 7일 전까지 조합원에게 통지하여야 한다.

(4) **총회의 출석정원**

원칙: 10/100 직접 출석	원칙: 총회에서 의결을 하는 경우 조합원의 100분의 10 이상이 직접 출석하여야 한다.
예외: 20/100 직접 출석	① 창립총회 ② 시공자 선정 취소를 위한 총회 ③ 사업시행계획서의 수립 및 변경 ④ 관리처분계획의 수립 및 변경을 의결하는 총회의 경우
조합원과반수 직접출석	시공자의 선정을 의결하는 총회

(5) 총회의 의결정족수

원칙적 의결정족수	조합원 과반이 출석하여 과반이 찬성
조합원 과반수의 동의	① 사업시행계획서의 수립 및 변경 ② 관리처분계획의 수립 및 변경
조합원 3분의 2 이상의 동의	정비사업비가 100분의 10(생산자물가상승률분과 분양신청이 없어 현금청산 하는 금액은 제외한다) 이상 늘어나는 경우

(6) 대리인을 통한 의결권행사

조합원은 서면 또는 일정한 사유에 해당하는 경우에는 대리인을 통하여 의결권을 행사할 수 있다. 서면으로 의결권을 행사하는 경우에는 정족수 산정에 관하여 출석한 것으로 본다.

8. 대의원회: 총회의 권한을 대행한다.

(1) 대의원은 조합원 중에서 선출하며, 조합원의 수가 100인 이상인 조합은 대의원회를 두어야 한다.

(2) **구성**: 대의원은 조합원의 10분의 1이상으로 하되 10분의 1 이상이 100인을 넘는 경우 1/10 범위 안에서 100인 이상으로 구성할 수 있다.

(3) **대의원 자격제한**

조합장이 아닌 임원은 대의원이 될 수 없다.

(4) 다음은 대의원회에서 대신할 수 없는 사항으로 총회에서만 의결하여야 한다.

> 1. 정관의 변경에 관한 사항
> 2. 사업시행계획서의 작성 및 변경에 관한 사항
> 3. 관리처분계획의 수립 및 변경에 관한 사항
> 4. 조합임원의 선임 및 해임과 대의원의 선임 및 해임에 관한 사항. 다만, 정관으로 정하는 바에 따라 임기 중 궐위된 자(조합장은 제외한다)를 보궐선임하는 경우를 제외한다.
> 5. 조합의 합병 또는 해산에 관한 사항. 다만, 사업완료로 인한 해산의 경우는 제외한다.
> 6. 자금의 차입과 그 방법 · 이자율 및 상환방법에 관한 사항
> 7. 예산으로 정한 사항 외에 조합원에게 부담이 되는 계약에 관한 사항
> 8. 정비사업비의 변경에 관한 사항
> 9. 시공자 · 설계자 또는 감정평가법인의 선정 및 변경에 관한 사항
> 10. 정비사업전문관리업자의 선정 및 변경에 관한 사항
> 11. 건설되는 건축물의 설계 개요의 변경에 관한 사항
> 12. 조합원의 동의가 필요한 사항으로 총회에 상정하여야 하는 사항

9. 조합의 임원과 임원의 직무

(1) 임원의 자격

조합은 조합원으로서 정비구역에 위치한 건축물 또는 토지(재건축사업의 경우에는 건축물과 그 부속토지를 말한다)를 소유한 자(공유한 경우에는 가장 많은 지분을 소유한 경우로 한정한다) 중 다음 각 호의 어느 하나의 요건을 갖춘 조합장 1명과 이사, 감사를 임원으로 둔다. 이 경우 조합장은 선임일부터 관리처분계획인가를 받을 때까지는 해당 정비구역에서 거주(영업을 하는 자의 경우 영업을 말한다)하여야 한다.

1. 정비구역에서 거주하고 있는 자로서 선임일 직전 3년 동안 정비구역 내 거주 기간이 1년 이상일 것
2. 정비구역에 위치한 건축물 또는 토지를 5년 이상 소유하고 있을 것

(2) 임원의 수

① 이사의 수: 조합에 두는 이사의 수는 3명 이상으로 한다. 다만, 토지등소유자 수가 100명을 초과하는 경우에는 이사의 수는 5명 이상으로 한다.
② 감사의 수: 감사의 수는 1명 이상 3명 이하로 한다.

(3) 임원의 임기

임원의 임기는 3년 이하의 범위에서 정관으로 정하되, 연임할 수 있다.

(4) 임원의 선출위탁

총회 의결을 거쳐 선거관리를 선거관리위원회에 위탁할 수 있다.

(5) 감사의 조합대표

조합장 또는 이사의 자기를 위한 조합과의 계약이나 소송은 감사가 조합을 대표한다.

(6) 임원의 겸직금지의무

조합임원은 같은 목적의 정비사업을 하는 다른 조합의 임원 또는 직원을 겸할 수 없다.

(7) 임원업무의 대행

시장·군수등은 다음 어느 하나에 해당하는 경우 변호사·회계사·기술사 등을 전문조합관리인으로 선정하여 조합임원의 업무를 대행하게 할 수 있다.

1. 조합임원이 사임, 해임, 임기만료, 그 밖에 불가피한 사유 등으로 직무를 수행할 수 없는 때부터 6개월 이상 선임되지 아니한 경우
2. 총회에서 조합원 과반수의 출석과 출석 조합원 과반수의 동의로 전문조합관리인의 선정을 요청하는 경우

(8) 임원의 결격사유

다음의 사유에 해당하면 조합의 임원 또는 전문조합관리인이 될 수 없다. ① 조합임원이 결격사유에 해당하게 되거나 선임당시 그에 해당하는 자 이었음이 판명된 때 또는 ② 거주기간의 요건을 충족하지 못한 경우와 ③ 전문조합관리인이 업무를 대행하는 경우에는 당연 퇴임하며, 퇴임 전 관여한 행위는 효력을 잃지 않는다.

> 1. 미성년자·피성년후견인 또는 피한정후견인
> 2. 파산선고를 받은 자로서 복권되지 아니한 자
> 3. 금고 이상의 실형의 선고를 받고 그 집행이 종료(종료된 것으로 보는 경우를 포함한다)되거나 집행이 면제된 날부터 2년이 경과되지 아니한 자
> 4. 금고 이상의 형의 집행유예를 받고 그 유예기간 중에 있는 자
> 5. 이 법을 위반하여 벌금 100만원 이상의 형을 선고받고 10년이 지나지 아니한 자
> 6. 조합설립 인가권자에 해당하는 지방자치단체의 장, 지방의회의원 또는 그 배우자·직계존속·직계비속

(9) 임원의 해임

조합원 1/10 이상의 발의로 소집된 총회에서 조합원 과반수 출석과 출석조합원 과반수의 동의를 얻어 해임할 수 있다. 이 경우 요구자 대표로 선출된 자가 해임총회의 소집 및 진행에 있어 조합장의 권한을 대행한다.

(10) 임원선정 시 금지행위의 벌칙

임원선임 시 금품·향응·재산상이익 또는 이의약속 등의 행위를 한 자는 5년 이하의 징역 또는 5천만원 이하의 벌금에 처한다.

10. 정관의 작성 및 변경

(1) **표준정관**: 시·도지사는 표준정관을 작성·보급할 수 있다.

(2) **정관변경**: 조합이 정관을 변경하고자 하는 경우에는 총회를 개최하여 조합원 과반수의 동의를 얻어 시장·군수의 인가를 받아야 한다. 다만, 다음 사항은 조합원 2/3의 동의를 얻어야 한다.

> 1. 조합원의 자격에 관한 사항
> 2. 조합원의 제명·탈퇴 및 교체에 관한 사항
> 3. 정비구역의 위치 및 면적
> 4. 조합의 비용부담 및 조합의 회계
> 5. 정비사업비의 부담시기 및 절차
> 6. 시공자·설계자의 선정 및 계약서에 포함될 내용

4 사업시행계획

1. 사업시행계획서의 작성

(1) 사업시행자는 정비계획에 따라 다음 사항을 포함하는 사업시행계획서를 작성하여야 한다.

> 1. 토지이용계획(건축물배치계획을 포함한다)
> 2. 정비기반시설 및 공동이용시설의 설치계획
> 3. 임시거주시설을 포함한 주민이주대책
> 4. 세입자의 주거 및 이주 대책
> 5. 사업시행기간 동안 정비구역 내 가로등 설치, 폐쇄회로 텔레비전 설치 등 범죄예방대책
> 6. 임대주택의 건설계획(재건축사업의 경우는 제외한다)
> 7. 국민주택규모주택의 건설계획(주거환경개선사업의 경우는 제외한다)
> 8. 공공지원민간임대주택 또는 임대관리 위탁주택의 건설계획(필요한 경우로 한정한다)
> 9. 건축물의 높이 및 용적률 등에 관한 건축계획
> 10. 정비사업의 시행과정에서 발생하는 폐기물의 처리계획
> 11. 교육시설의 교육환경 보호에 관한 계획(정비구역부터 200m 이내에 교육시설이 설치되어 있는 경우로 한정)
> 12. 정비사업비
> 13. 그 밖에 사업시행을 위한 사항으로서 대통령령으로 정하는 바에 따라 시·도조례로 정하는 사항

(2) 사업시행자는 정비사업을 시행하려는 경우에는 사업시행계획서에 정관등과 그 밖에 국토교통부령으로 정하는 서류를 첨부하여 시장·군수등에게 제출하고 사업시행계획인가를 받아야 한다.

(3) 사업시행계획인가 기간

시장·군수등은 특별한 사유가 없으면 사업시행계획서 제출이 있은 날부터 60일 이내에 인가 여부를 결정하여 사업시행자에게 통보하여야 한다.

(4) 사업시행계획인가에 따른 다른 법률에 따른 인·허가 의제

사업시행자가 사업시행계획인가를 받은 때에는 다른 법률에 따른 인가·허가·승인 등이 있은 것으로 보며, 사업시행자는 정비사업에 대하여 인·허가등의 의제를 받으려는 경우에는 사업시행계획인가를 신청하는 때에 해당 법률에서 정하는 관계 서류를 함께 제출하여야 하며, 의제되는 인·허가등에 해당하는 사항이 있는 때에는 미리 관계 행정기관의 장과 협의하여야 하고, 협의를 요청받은 관계 행정기관의 장은 요청받은 날부터 30일 이내에 의견을 제출하여야 한다. 이 경우 관계 행정기관의 장이 30일 이내에 의견을 제출하지 아니하면 협의된 것으로 본다.

2. 사업시행계획의 통합심의

정비구역의 지정권자는 사업시행계획인가와 관련된 다음 각 호 중 둘 이상의 심의가 필요한 경우에는 이를 통합심의하여야 한다.

1. 「건축법」에 따른 건축물의 건축 및 특별건축구역의 지정 등에 관한 사항
2. 「경관법」에 따른 경관 심의에 관한 사항
3. 「교육환경 보호에 관한 법률」에 따른 교육환경평가
4. 「국토의 계획 및 이용에 관한 법률」에 따른 도시·군관리계획에 관한 사항
5. 「도시교통정비 촉진법」에 따른 교통영향평가에 관한 사항
6. 「소방시설 설치 및 관리에 관한 법률」에 따른 성능위주설계의 평가에 관한 사항
7. 「자연재해대책법」에 따른 재해영향평가에 관한 사항
8. 「환경영향평가법」에 따른 환경영향평가 등에 관한 사항
9. 그 밖에 국토교통부장관, 시·도지사 또는 시장·군수등이 필요하다고 인정하여 통합심의에 부치는 사항

04 분양과 관리처분계획 등

1 분양

1. 분양통지·공고 및 분양신청

(1) 분양통지·공고

① 사업시행자는 사업시행계획인가의 고시가 있은 날(사업시행계획인가 이후 시공자를 선정한 경우에는 시공자와 계약을 체결한 날)부터 90일(대통령령으로 정하는 경우에는 1회에 한정하여 30일의 범위에서 연장할 수 있다) 이내에 다음 사항을 토지등소유자에게 통지한다.

> 1. 분양대상자별 종전의 토지 또는 건축물의 명세 및 사업시행계획인가의 고시가 있은 날을 기준으로 한 가격
> 2. 분양대상자별 분담금의 추산액
> 3. 사업시행인가의 내용
> 4. 정비사업의 종류·명칭 및 정비구역의 위치·면적
> 5. 분양신청기간 및 장소
> 6. 분양대상 대지 또는 건축물의 내역
> 7. 분양신청자격
> 8. 분양신청방법
> 9. 분양을 신청하지 아니한 자에 대한 조치
> 10. 분양신청서

② 사업시행자는 분양의 대상이 되는 대지 또는 건축물의 내역 등 다음 사항을 해당 지역에서 발간되는 일간신문에 공고하여야 한다.

> 1. 사업시행인가의 내용
> 2. 정비사업의 종류·명칭 및 정비구역의 위치·면적
> 3. 분양신청기간 및 장소
> 4. 분양대상 대지 또는 건축물의 내역
> 5. 분양신청자격
> 6. 분양신청방법
> 7. 분양을 신청하지 아니한 자에 대한 조치
> 8. 토지등소유자 외의 권리자의 권리신고방법

(2) 분양신청기간: 통지한 날로부터 30일 이상 60일 이내의 기간(20일의 연장 가능)

(3) **분양신청방법**: 분양신청을 하고자 하는 자는 분양신청서에 소유권의 내역을 명기하고, 등기부등본을 첨부하여 사업시행자에게 제출하여야 하며, 우편의 방법으로 분양신청을 하는 때에는 → 분양신청기간 내 발송된 것임을 증명할 수 있는 우편으로 하여야 한다.

(4) **재분양 및 공고**
   ① 재분양 공고: 사업시행자는 분양신청기간 종료 후 사업시행계획인가의 변경으로 세대수 또는 주택규모가 달라지는 경우 분양공고 등의 절차를 다시 거칠 수 있다.
   ② 재분양신청: 사업시행자는 정관등으로 정하고 있거나 총회의 의결을 거친 경우에는 ㉠ 분양신청을 하지 아니한 자 및 ㉡ 분양신청을 철회한 자에 해당하는 토지등소유자에게 분양신청을 다시 하게 할 수 있다.

(5) **투기과열지구 안에서의 분양신청을 한 경우 재당첨금지**
   분양신청기간 안에 분양신청 및 재 분양 신청규정에도 불구하고 투기과열지구의 정비사업에서 관리처분계획에 따른 분양대상자 및 그 세대에 속한 자는 분양대상자 선정일부터 5년 이내에는 투기과열지구에서 분양신청기간 안에 분양신청 및 재 분양신청을 할 수 없다. 다만, 상속, 결혼, 이혼으로 조합원 자격을 취득한 경우에는 분양신청을 할 수 있다.

2. 분양신청을 하지 아니한 자 등에 대한 손실보상의 협의

1. 분양신청을 하지 아니한 자 2. 분양신청기간 종료 이전에 분양신청을 철회한 자 3. 투기과열지구 지정으로 분양신청을 할 수 없는 자 4. 관리처분계획에 따라 분양대상에서 제외된 자	관리처분계획의 인가·고시된 다음 날부터 90일 이내에 손실보상에 대한 협의를 하여야 한다. 다만, 사업시행자는 분양신청기간 종료일의 다음 날부터 협의를 시작할 수 있다.

3. 손실보상 협의가 성립되지 않는 경우의 매도청구

사업시행자는 협의가 성립되지 아니하면 그 기간의 만료일 다음 날부터 60일 이내에 수용재결(재개발사업)을 신청하거나 매도청구소송(재건축사업)을 제기하여야 한다.

4. 손실보상되지 않는 경우의 이자지급

사업시행자는 기간(60일)을 넘겨서 수용재결을 신청하거나 매도청구소송을 제기한 경우에는 해당 토지등소유자에게 지연일수에 따른 이자를 지급하여야 한다. 이 경우 이자는 100분의 15 이하의 범위에서 대통령령으로 정하는 이율을 적용하여 산정한다.

5. 사업시행인가 및 관리처분계획 인가의 시기조정

시·도지사는 정비사업의 시행으로 인하여 정비구역 주변 지역에 현저한 주택 부족이나 주택시장의 불안정이 발생하는 등 시·도 조례로 정하는 사유가 발생하는 경우에는 시·도 주거정책심의위원회의 심의를 거쳐 사업시행인가 또는 관리처분계획 인가의 시기를 조정하도록 해당 시장·군수에게 요청할 수 있으며, 요청을 받은 시장·군수는 특별한 사유가 없으면 그 요청에 따라야 한다. 이 경우 사업시행인가 또는 관리처분계획 인가의 조정 시기는 그 인가 신청일로부터 1년을 넘을 수 없다.

2 관리처분계획

1. 관리처분계획인가 등

(1) 관리처분계획의 내용

1. 분양설계
2. 분양대상자의 주소 및 성명
3. 분양대상자별 분양예정인 대지 또는 건축물의 추산액
4. 분양대상자별 종전의 토지 또는 건축물의 명세 및 사업시행인가·고시가 있는 날 기준가격
5. 분양대상자의 종전의 토지 또는 건축물에 관한 소유권 외의 권리명세
6. 정비사업비의 추산액(주택재건축사업의 경우에는 「재건축 초과이익 환수에 관한 법률」에 따른 재건축부담금에 관한 사항을 포함한다) 및 그에 따른 조합원 부담규모 및 부담시기
7. 세입자별 손실보상을 위한 권리명세 및 그 평가액
8. 보류지 등의 명세와 추산액 및 처분방법. 다만, 기업형임대주택의 경우에는 선정된 기업형임대사업자의 성명 및 주소를 포함한다.

(2) 관리처분계획의 인가

① 시기: 사업시행자는 분양신청기간이 종료 후 기존 건축물을 철거하기 전
② 인가권자: 관리처분계획은 시장·군수의 인가를 받아야 한다. 다만, 다음의 경미한 사항을 변경하는 경우에는 신고하여야 하며, 신고한 경우 20일 이내에 신고수리여부를 통지하여야 한다.

1. 계산착오·오기·누락 등에 따른 조서의 단순정정인 경우(불이익을 받는 자가 없는 경우에만 해당한다)
2. 정관 및 사업시행계획인가의 변경에 따라 관리처분계획을 변경하는 경우
3. 매도청구에 대한 판결에 따라 관리처분계획을 변경하는 경우
4. 사업시행자 변경으로 권리·의무의 변동이 있는 경우로서 분양설계의 변경을 수반하지 아니하는 경우
5. 주택분양에 관한 권리를 포기하는 토지등소유자에 대한 임대주택의 공급에 따라 관리처분계획을 변경하는 경우
6. 임대사업자의 주소(법인인 경우 법인의 소재지와 대표자의 성명 및 주소)를 변경하는 경우

(3) 관리처분계획의 인가절차

① 사업시행자는 관리처분계획 인가를 산정하기 전 30일 이상 토지등소유자에게 공람하게 하고 의견을 들어야 한다.

② 시장·군수등은 관리처분계획인가 산정일로부터 30일 이내 인가여부를 결정·통보한다.

③ 시장·군수등은 관리처분계획을 인가하는 경우 공보에 고시하고 분양신청한 자에게 개별통지한다.

(4) 관리처분계획의 타당성검증

① 시장·군수등의 타당성검증

시장·군수등은 다음의 어느 하나에 해당하는 경우에는 대통령령으로 정하는 공공기관에 관리처분계획의 타당성 검증을 요청하여야 한다. 이 경우 시장·군수등은 타당성 검증 비용을 사업시행자에게 부담하게 할 수 있다.

> 1. 관리처분계획에 따른 정비사업비가 사업시행계획에 따른 정비사업비 기준으로 100분의 10 이상으로서 대통령령으로 정하는 비율 이상 늘어나는 경우
> 2. 관리처분계획에 따른 조합원 분담규모가 관리처분계획에 따른 분양대상자별 분담금의 추산액 총액 기준으로 100분의 20 이상으로서 대통령령으로 정하는 비율 이상 늘어나는 경우
> 3. 조합원 5분의 1 이상이 관리처분계획인가 신청이 있은 날부터 15일 이내에 시장·군수등에게 타당성 검증을 요청한 경우
> 4. 그 밖에 시장·군수등이 필요하다고 인정하는 경우

② 사업시행자의 타당성검증

사업시행자는 관리처분계획의 내용이 위 1. 또는 2.에 해당하는 경우 관리처분계획인가의 신청 이전에 공공기관에 관리처분계획의 타당성 검증을 요청할 수 있다.

2. 관리처분계획의 작성 기준

(1) 관리처분계획의 일반적 기준

> 1. 종전의 토지·건축물의 면적·이용상황·환경 등을 종합적으로 고려하여 작성한다.
> 2. 너무 좁으면 증가, 넓으면 감소할 수 있다.
> 3. ① 너무 좁은 토지나 건축물을 취득한 자나
>   ② 정비구역 지정 후 분할된 토지 또는 집합건물의 구분소유권을 취득한 자에게는 현금으로 청산할 수 있다.
> 4. 현금청산 또는 입체환지 할 수 있음
> 5. 분양설계: 분양신청기간이 만료되는 날을 기준으로 하여 수립
> 6. 잔여분에 대한 처리: 보류지(건축물을 포함)로 정하거나 일반분양 할 수 있다.
> 7. 관리처분계획에서 주택공급기준
>   ① 원칙: 1세대 또는 1인이 1이상의 주택을 소유한 경우 1주택을 공급하고, 같은 세대에 속하지 않는 2인 이상이 1주택 또는 1토지를 공유한 경우에는 1주택만 공급한다.

② 예외: 다만, 다음 각 목의 경우 각목의 방법에 따라 공급할 수 있다.

㉠ 2인 이상이 1토지를 공유한 경우로서 시·도 조례로 주택공급에 관하여 따로 정하고 있는 경우에는 시·도 조례로 정하는 바에 따라 주택을 공급할 수 있다.

㉡ 다음 어느 하나에 해당하는 토지등소유자에게는 소유한 주택 수만큼 공급할 수 있다.

> ⓐ 과밀억제권역에 위치하지 아니한 재건축사업의 토지등소유자 다만, 투기과열지구 또는 조정대상지역에서 사업시행계획인가를 신청하는 토지등소유자는 제외한다.
> 다만, 조정대상지역 또는 투기과열지구로 지정되기 전에 1명의 토지등소유자로부터 토지 또는 건축물의 소유권을 양수하여 여러 명이 소유하게 된 경우에는 양도인과 양수인에게 각각 1주택을 공급할 수 있다.
> ⓑ 근로자(공무원인 근로자를 포함한다) 숙소, 기숙사 용도로 주택을 소유하고 있는 토지등소유자
> ⓒ 국가, 지방자치단체 및 주택공사 등
> ⓓ 공공기관지방이전시책 등에 따라 이전하는 공공기관이 소유한 주택을 양수한 자

㉢ 종전토지 또는 건물 가격의 범위 또는 종전주택의 주거전용면적의 범위에서 2주택을 공급할 수 있고, 이 중 1주택은 주거전용면적을 60㎡ 이하로 한다. 다만, 60㎡ 이하로 공급받은 1주택은 종전토지 또는 건물의 이전고시일 다음 날부터 3년이 지나기 전에는 주택을 전매(매매·증여나 그 밖에 권리의 변동을 수반하는 모든 행위를 포함하되 상속의 경우는 제외한다)하거나 이의 전매를 알선할 수 없다.

㉣ 과밀억제권역에 위치한 재건축사업의 경우에는 소유한 주택수 범위에서 3주택까지 공급할 수 있다. 다만, 투기과열지구나 조정대상지역에서 사업시행인가를 신청하는 재건축은 제외한다.

(2) 정비사업으로 조성된 대지 및 건축물은 관리처분계획에 의하여 이를 처분 또는 관리하여야 한다.

3. 관리처분계획의 효과

(1) 기존 건축물의 철거

사업시행자는 관리처분계획의 인가를 받은 후 기존의 건축물을 철거하여야 한다. 다만, 기존 건축물의 붕괴 등 안전사고의 우려가 있는 경우는 미리 철거할 수 있다.

(2) 사용·수익의 정지

관리처분계획의 인가·고시가 있은 때부터 소유권이전의 고시가 있는 날 까지 종전토지 및 건물은 사용·수익을 정지한다. 다만, ① 사업시행자의 동의를 얻은 경우 ② 손실보상이 완료되지 않은 권리자의 경우에는 그러하지 않다.

(3) 용익권자 권리조정
① **계약해지**: 정비사업의 시행으로 인하여 지상권·전세권 또는 임차권의 설정 목적을 달성할 수 없는 때에는 권리자는 계약을 해지할 수 있다.
② **금전반환청구권**: 계약을 해지할 수 있는 자는 전세금·보증금 기타 계약상의 금전반환청구권을 사업시행자에게 행사할 수 있다.
③ **구상권 및 압류**: 사업시행자가 → 당해 토지등소유자에게 구상 → 소유자가 구상에 불응하는 경우 건축물 등을 압류할 수 있으며, 압류한 권리는 저당권과 동일한 효력이 있다.

(4) 계약기간 등에 대한 특례
관리처분계획인가 후 체결되는 지상권·전세권설정계약 또는 임대차계약의 계약기간에 대해서는 「민법」, 「주택임대차보호법」 등의 기간규정은 적용하지 않는다.

4. 관리처분계획에 따른 재산평가 방법

(1) 평가방법
감정평가법인등이 평가한 금액을 산술평균하여 산정한다. 다만, 관리처분계획을 변경·중지 또는 폐지하고자 하는 경우에는 분양예정 대상인 대지 또는 건축물의 추산액과 종전의 토지 또는 건축물의 가격은 사업시행자 및 토지등소유자 전원이 합의하여 이를 산정할 수 있다.

> 1. 주거환경개선사업 또는 재개발사업: 시장·군수가 선정·계약한 2인 이상의 감정평가법인등
> 2. 재건축사업: 시장·군수가 선정·계약한 1인 이상의 감정평가법인등과 조합총회의 의결로 정하여 선정·계약한 1인 이상의 감정평가법인등

(2) 감정평가에 필요한 비용 예치
사업시행자는 감정평가를 하고자 하는 경우 시장·군수에게 감정평가법인등의 선정·계약을 요청하고 감정평가에 필요한 비용을 미리 예치하여야 한다. 시장·군수는 감정평가가 끝난 경우 예치된 금액에서 감정평가 비용을 직접 지불한 후 나머지 비용은 사업시행자와 정산하여야 한다.

5. 주택 등 건축물의 분양받을 권리산정기준일

정비사업을 통하여 분양받을 건축물이 다음 각 호의 어느 하나에 해당하는 경우에는 정비구역지정에 따른 고시가 있은 날 또는 시·도지사가 투기를 억제하기 위하여 기본계획 수립을 위한 주민공람·공고일 후 정비구역 지정·고시 전에 따로 정하는 날(이하 "기준일"이라 한다)의 다음 날을 기준으로 건축물을 분양받을 권리를 산정한다.

> **참고** 기준일 적용대상: "권리자의 증가가 있는 경우"

1. 1필지의 토지가 수개의 필지로 분할되는 경우
2. 「집합건물의 소유 및 관리에 관한 법률」에 따른 집합건물이 아닌 건축물이 같은 법에 따른 집합건물로 전환되는 경우
3. 하나의 대지범위 안에 속하는 동일인 소유의 토지와 주택 등 건축물을 토지와 주택 등 건축물로 각각 분리하여 소유하는 경우
4. 나대지에 건축물을 새로이 건축하거나 기존 건축물을 철거하고 다세대주택, 그 밖의 공동주택을 건축하여 토지등소유자가 증가되는 경우
5. 「집합건물의 소유 및 관리에 관한 법률」에 따른 전유부분의 분할로 토지등소유자의 수가 증가하는 경우

6. 재개발사업으로 건설된 임대주택의 인수

(1) 인수자

재개발조합이 재개발사업의 시행으로 건설된 임대주택의 인수를 요청하는 경우 시·도지사 또는 시장, 군수, 구청장이 우선하여 인수하여야 하며, 시·도지사 또는 시장, 군수, 구청장이 부득이한 사정으로 인수하기 어려운 경우에는 국토교통부장관에게 토지주택공사등을 인수자로 지정할 것을 요청할 수 있다.

(2) 인수가격

① 재개발임대주택의 인수 가격은 「공공주택 특별법 시행령」에 따라 정해진 분양전환가격의 산정 기준 중 건축비에 부속토지의 가격을 합한 금액으로 하며,
② 부속토지의 가격은 사업시행계획인가 고시가 있는 날을 기준으로 감정평가업자 둘 이상이 평가한 금액을 산술평균한 금액으로 한다.

(3) 인수한 임대주택의 토지임대부 분양주택으로 활용

국토교통부장관, 시·도지사, 시장, 군수, 구청장 또는 토지주택공사등은 정비구역에 세입자와 다음에 해당하는 자의 요청이 있는 경우에는 인수한 임대주택의 일부를 「주택법」에 따른 토지임대부 분양주택으로 전환하여 공급하여야 한다.

1. 면적이 90㎡ 미만의 토지를 소유한 자로서 건축물을 소유하지 아니한 자
2. 바닥면적이 40㎡ 미만의 사실상 주거를 위하여 사용하는 건축물을 소유한 자로서 토지를 소유하지 아니한 자

7. 지분형주택 등의 공급

(1) 의의
지분형주택은 사업시행자가 토지주택공사등인 경우에는 분양대상자와 사업시행자가 공동 소유하는 방식으로 주택을 말한다.

(2) 지분형주택의 공급
① 규모: 지분형주택의 규모는 주거전용면적 60㎡ 이하인 주택으로 한정한다.
② 소유기간: 지분형주택의 공동 소유기간은 소유권을 취득한 날부터 10년의 범위에서 사업시행자가 정하는 기간으로 한다.
③ 지분형주택의 공급대상자는 다음의 요건을 모두 충족한 자에게 공급한다.

> 1. 종전에 소유하였던 토지 또는 건축물의 가격이 지분형주택의 분양가격 이하에 해당하는 사람
> 2. 세대주로서 정비계획의 공람 공고일 당시 해당 정비구역에 2년 이상 실제 거주한 사람
> 3. 정비사업의 시행으로 철거되는 주택 외 다른 주택을 소유하지 아니한 사람

3 공사완료 후 절차

1. 공사완료에 따른 조치로서 정비사업의 준공인가

(1) 시장·군수의 준공인가
시장·군수가 아닌 사업시행자는 정비사업에 관한 공사를 완료한 때에는 준공인가신청서를 시장·군수에게 제출하여 시장·군수의 준공인가를 받아야 한다.

(2) 주택공사 등의 자체적 준공인가 처리
주택공사등인 사업시행자(공동시행자인 경우를 포함한다)가 다른 법률에 의하여 자체적으로 준공인가를 처리한 경우에는 준공인가를 받은 것으로 보며, 이 경우 주택공사등인 사업시행자는 그 내용을 지체없이 시장·군수에게 통보하여야 한다. 또한 사업시행자는 자체적으로 처리한 준공인가결과를 시장·군수에게 통보한 때 또는 준공인가증을 교부받은 때에는 그 사실을 분양대상자에게 지체없이 통지하여야 한다.

(3) 준공검사 의뢰
준공인가신청을 받은 시장·군수는 지체 없이 준공검사를 실시하여야 한다. 이 경우 시장·군수는 효율적인 준공검사를 위하여 필요한 때에는 관계행정기관·정부투자기관·연구기관 그 밖의 전문기관 또는 단체에 준공검사의 실시를 의뢰할 수 있다.

(4) 공사완료고시

시장·군수는 준공검사의 실시결과 정비사업이 인가받은 사업시행계획대로 완료되었다고 인정하는 때에는 준공인가를 하고 공사의 완료를 당해 지방자치단체의 공보에 고시하여야 한다(시장·군수가 직접 시행하는 정비사업은 준공검사 없이 그 공사의 완료를 당해 지방자치단체의 공보에 고시하여야 한다).

(5) 준공인가 전 완공된 건축물의 사용허가

① 시장·군수는 준공인가를 하기 전이라도 완공된 건축물이 사용에 지장이 없는 등 다음 기준에 적합한 경우에는 입주예정자가 완공된 건축물을 사용할 것을 허가할 수 있다.

> 1. 완공된 건축물에 전기·수도·난방 등이 갖추어져 있어 당해 건축물을 사용하는데 지장이 없을 것
> 2. 완공된 건축물이 인가받은 관리처분계획에 적합할 것
> 3. 입주자가 공사에 따른 차량통행·소음·분진 등의 위해로부터 안전할 것

② 다만, 자신(시장·군수)이 사업시행자인 경우에는 허가를 받지 아니하고 사용하게 할 수 있다.
③ 이 경우 시장·군수는 준공인가 전 사용허가 시 동별·세대별·구획별로 사용허가를 할 수 있다.

(6) 준공인가에 따른 정비구역의 해제

① 정비구역의 지정은 준공인가의 고시가 있는 날(관리처분계획을 수립하는 경우에는 이전고시가 있은 때를 말한다)의 다음 날에 해제된 것으로 본다.
② 이 경우 지방자치단체는 해당 지역을 지구단위계획으로 관리하여야 한다.

(7) 준공인가와 조합의 존속: 정비구역의 해제는 조합의 존속에 영향을 주지 아니한다.

(8) 소유권이전에 따른 조합의 해산

① 조합해산총회

조합장은 소유권이전고시가 있는 날부터 1년 이내에 조합 해산을 위한 총회를 소집하여야 한다. 조합장이 1년 이내에 총회를 소집하지 아니한 경우 조합원 5분의 1 이상의 요구로 소집된 총회에서 조합원 과반수의 출석과 출석 조합원 과반수의 동의를 받아 해산을 의결할 수 있다.

② 조합설립인가 취소

시장·군수등은 조합이 정당한 사유 없이 해산을 의결하지 아니하는 경우에는 조합설립인가를 취소할 수 있다.

③ 청산인의 직무

조합이 해산을 의결하거나 조합설립인가가 취소된 경우 청산인은 지체 없이 청산의 목적범위에서 성실하게 청산인의 직무를 수행하여야 한다.

(9) 준공인가에 따른 관련 인·허가 의제

① 준공인가를 하거나 공사완료를 고시하는 경우 시장·군수등이 사업시행계획인가를 하는 경우 의제받은 사항은 해당 준공검사·인가등을 받은 것으로 본다.

② 시장·군수등이 아닌 사업시행자는 준공검사·인가등의 의제를 받으려는 경우에는 준공인가를 신청하는 때에 해당 법률에서 정하는 관계 서류를 함께 제출하여야 한다.

③ 시장·군수등은 준공인가를 하거나 공사완료를 고시하는 경우 그 내용에 의제되는 인·허가등에 따른 준공검사·인가등에 해당하는 사항이 있은 때에는 미리 관계 행정기관의 장과 협의하여야 하며, 관계 행정기관의 장은 협의를 요청받은 날부터 10일 이내에 의견을 제출하여야 하며, 기간 내에 의견을 제출하지 아니하면 협의가 이루어진 것으로 본다.

2. 소유권이전고시 등

(1) 대지 등의 소유권이전

① **원칙**: 사업시행자는 공사완료 고시 후 지체 없이 대지확정측량 및 토지의 분할절차를 거쳐 관리처분계획에 정한 사항을 분양을 받을 자에게 통지하고, 소유권이전할 수 있다.

② **예외**: 다만, 정비사업의 효율적인 추진을 위하여 필요한 경우 당해 정비사업에 관한 공사가 전부 완료되기 전에 완공된 부분에 대하여 준공인가를 받아 대지 또는 건축물별로 이를 분양받을 자에게 그 소유권을 이전할 수 있다.

(2) 소유권이전의 고시·보고
사업시행자는 대지 및 건축물의 소유권을 이전한 때에는 그 내용을 당해 지방자치단체의 공보에 고시한 후 이를 시장·군수에게 보고하여야 한다.

(3) 소유권변동
분양받을 자는 소유권이전고시일 다음날 대지 또는 건물에 대한 소유권을 취득한다.

3. 대지 및 건축물에 대한 권리의 확정

대지 또는 건축물을 분양받을 자에게 소유권 이전의 고시규정에 의하여 소유권을 이전한 경우 종전의 토지 또는 건축물에 존재하던 각종 대항력 있는 권리는 소유권을 이전받은 대지 또는 건축물에 설정된 것으로 본다.

4. 등기절차 및 권리변동의 제한

(1) 등기의 주체
사업시행자(소유자 ×)가 신청한다.

(2) 등기의 시기

① 소유권이전의 고시가 있을 때, 지체없이(→ 「도시개발법」: 14일 이내)

② 다른 등기제한: 저당권 등의 다른 등기 일체금지

5. 청산금의 징수방법 등

(1) 분할징수 · 지급: 청산금은 원칙적으로 일괄징수 · 지급함이 원칙이나 정관이나 총회의 의결로 분할징수 · 지급을 정하고 있으면 분할징수하거나 지급할 수 있다.

(2) 청산금의 강제징수

① 시장 · 군수인 사업시행자는 직접 강제징수할 수 있다.

② 시장 · 군수가 아닌 사업시행자: 시장 · 군수에게 강제징수 · 위탁(징수금액의 4%를 수수료 지급)

(3) 청산금의 공탁: 청산금을 지급 받을 자가 이를 받을 수 없거나 거부한 때 공탁

(4) 청산금의 소멸시효: 소유권 이전의 고시일 다음 날부터 5년 간 이를 행사하지 아니하면 시효로 소멸한다.

(5) 저당권의 물상대위: 청산금을 지급하기 전에 압류 → 저당권 행사 가능

4 청문

국토교통부장관, 시 · 도지사, 시장, 군수 또는 구청장은 다음 각 호의 어느 하나에 해당하는 처분을 하려는 경우에는 청문을 하여야 한다.

1. (소유권이전에 따른 조합의 해산)에 따른 조합설립인가의 취소
2. 법 제106조 제1항에 따른 정비사업전문관리업의 등록취소
3. 법 제113조 제1항부터 제3항까지의 규정에 따른 추진위원회 승인의 취소, 조합설립인가의 취소, 사업시행계획인가의 취소 또는 관리처분계획인가의 취소
4. 법 제113조의2 제1항에 따른 시공자 선정 취소 또는 과징금 부과
5. 법 제113조의3 제1항에 따른 입찰참가 제한

해커스 감정평가사
ca.Hackers.com

PART 03
건축법

01 총칙
02 건축물의 건축
03 대지 및 도로
04 건축물의 구조 및 내력
05 지역 및 지구의 건축물
06 보칙

01 총칙

1 용어정의

1. 대지

"대지(垈地)"란 「공간정보의 구축 및 관리등에 관한 법률」에 따라 각 필지(筆地)로 나눈 토지를 말한다. 다만, 대통령령으로 정하는 토지는 둘 이상의 필지를 하나의 대지로 하거나 하나 이상의 필지의 일부를 하나의 대지로 할 수 있다.

2. 건축물

"건축물"이란 토지에 정착(定着)하는 공작물 중 지붕과 기둥 또는 벽이 있는 것과 이에 딸린 시설물, 지하나 고가(高架)의 공작물에 설치하는 사무소·공연장·점포·차고·창고, 그 밖에 대통령령으로 정하는 것을 말한다.

3. 초고층 건축물

층수가 50층 이상이거나 높이가 200m 이상인 건축물을 말한다.

4. 준초고층 건축물

"준초고층 건축물"이란 고층건축물 중 초고층 건축물이 아닌 것을 말한다.

5. 고층건축물

층수가 30층 이상이거나 높이가 120m 이상인 건축물을 말한다.

6. 건축물의 용도

"건축물의 용도"란 건축물의 종류를 유사한 구조, 이용 목적 및 형태별로 묶어 분류한 것을 말한다.

7. 건축설비

"건축설비"란 건축물에 설치하는 전기·전화 설비, 초고속 정보통신 설비, 지능형 홈네트워크 설비, 가스·급수·배수(配水)·배수(排水)·환기·난방·냉방·소화(消火)·배연(排煙) 및 오물처리의 설비, 굴뚝, 승강기, 피뢰침, 국기 게양대, 공동시청 안테나, 유선방송 수신시설, 우편함, 저수조(貯水槽), 방범시설, 그 밖에 국토교통부령으로 정하는 설비를 말한다.

8. 지하층

"지하층"이란 건축물의 바닥이 지표면 아래에 있는 층으로서 바닥에서 지표면까지 평균높이가 해당 층 높이의 2분의 1 이상인 것을 말한다.

9. 거실

"거실"이란 건축물 안에서 거주, 집무, 작업, 집회, 오락, 그 밖에 이와 유사한 목적을 위하여 사용되는 방을 말한다.

10. 주요구조부

"주요구조부"란 내력벽(耐力壁), 기둥, 바닥, 보, 지붕틀 및 주계단(主階段)을 말한다. 다만, 사이 기둥, 최하층 바닥, 작은 보, 차양, 옥외 계단, 그 밖에 이와 유사한 것으로 건축물의 구조상 중요하지 아니한 부분은 제외한다.

11. 건축

"건축"이란 건축물을 신축·증축·개축·재축(再築)하거나 건축물을 이전하는 것을 말한다.

12. 대수선

"대수선"이란 건축물의 기둥, 보, 내력벽, 주계단 등의 구조나 외부 형태를 수선·변경하거나 증설하는 것으로서 대통령령으로 정하는 것을 말한다.

13. 리모델링

"리모델링"이란 건축물의 노후화를 억제하거나 기능 향상 등을 위하여 대수선하거나 일부 증축 또는 개축하는 행위를 말한다.

14. 도로

"도로"란 보행과 자동차 통행이 가능한 너비 4m 이상의 도로(지형적으로 자동차 통행이 불가능한 경우와 막다른 도로의 경우에는 대통령령으로 정하는 구조와 너비의 도로)로서 다음의 어느 하나에 해당하는 도로나 그 예정도로를 말한다.

> 1. 「국토의 계획 및 이용에 관한 법률」, 「도로법」, 「사도법」, 그 밖의 관계 법령에 따라 신설 또는 변경에 관한 고시가 된 도로
> 2. 건축허가 또는 신고 시에 특별시장·광역시장·도지사·특별자치시장·특별자치도지사(이하 "시·도지사"라 한다) 또는 시장·군수·구청장(자치구의 구청장을 말한다. 이하 같다)이 위치를 지정하여 공고한 도로

15. 결합건축

"결합건축"이란 용적률을 개별 대지마다 적용하지 아니하고, 2개 이상의 대지를 대상으로 통합적용하여 건축물을 건축하는 것을 말한다.

16. 건축주

"건축주"란 건축물의 건축·대수선·용도변경, 건축설비의 설치 또는 공작물의 축조(이하 "건축물의 건축등"이라 한다)에 관한 공사를 발주하거나 현장 관리인을 두어 스스로 그 공사를 하는 자를 말한다.

17. 설계자

"설계자"란 자기의 책임(보조자의 도움을 받는 경우를 포함한다)으로 설계도서를 작성하고 그 설계도서에서 의도하는 바를 해설하며, 지도하고 자문에 응하는 자를 말한다.

18. 제조업자

"제조업자"란 건축물의 건축·대수선·용도변경, 건축설비의 설치 또는 공작물의 축조 등에 필요한 건축자재를 제조하는 사람을 말한다.

19. 유통업자

"유통업자"란 건축물의 건축·대수선·용도변경, 건축설비의 설치 또는 공작물의 축조에 필요한 건축자재를 판매하거나 공사현장에 납품하는 사람을 말한다.

20. 설계도서

"설계도서"란 건축물의 건축등에 관한 공사용 도면, 구조 계산서, 시방서(示方書), 그 밖에 국토교통부령으로 정하는 공사에 필요한 서류를 말한다.

21. 공사감리자

"공사감리자"란 자기의 책임(보조자의 도움을 받는 경우를 포함한다)으로 이 법으로 정하는 바에 따라 건축물, 건축설비 또는 공작물이 설계도서의 내용대로 시공되는지를 확인하고, 품질관리·공사관리·안전관리 등에 대하여 지도·감독하는 자를 말한다.

22. 공사시공자

"공사시공자"란 「건설산업기본법」 제2조 제4호에 따른 건설공사를 하는 자를 말한다.

23. 관계전문기술자

"관계전문기술자"란 건축물의 구조·설비 등 건축물과 관련된 전문기술자격을 보유하고 설계와 공사감리에 참여하여 설계자 및 공사감리자와 협력하는 자를 말한다.

24. 건축물의 유지·관리

건축물의 소유자나 관리자가 사용 승인된 건축물의 대지·구조·설비 및 용도 등을 지속적으로 유지하기 위하여 건축물이 멸실될 때까지 관리하는 행위를 말한다.

25. 실내건축

"실내건축"이란 건축물의 실내를 안전하고 쾌적하며 효율적으로 사용하기 위하여 내부 공간을 칸막이로 구획하거나 벽지, 천장재, 바닥재, 유리 등 다음의 대통령령으로 정하는 재료 또는 장식물을 설치하는 것을 말한다.

1. 벽, 천장, 바닥 및 반자틀의 재료
2. 실내에 설치하는 난간, 창호 및 출입문의 재료
3. 실내에 설치하는 전기·가스·급수(給水), 배수(排水)·환기시설의 재료
4. 실내에 설치하는 충돌·끼임 등 사용자의 안전사고 방지를 위한 시설의 재료

26. 특별건축구역

"특별건축구역"이란 조화롭고 창의적인 건축물의 건축을 통하여 도시경관의 창출, 건설기술 수준 향상 및 건축 관련 제도개선을 도모하기 위하여 이 법 또는 관계 법령에 따라 일부 규정을 적용하지 아니하거나 완화 또는 통합하여 적용할 수 있도록 특별히 지정하는 구역을 말한다.

27. 내수재료(耐水材料)

인조석·콘크리트 등 내수성을 가진 재료로서 국토교통부령으로 정하는 재료를 말한다.

28. 내화구조(耐火構造)

화재에 견딜 수 있는 성능을 가진 구조로서 국토교통부령으로 정하는 기준에 적합한 구조를 말한다.

29. 방화구조(防火構造)

화염의 확산을 막을 수 있는 성능을 가진 구조로서 국토교통부령으로 정하는 기준에 적합한 구조를 말한다.

30. 난연재료(難燃材料)

불에 잘 타지 아니하는 성능을 가진 재료로서 국토교통부령으로 정하는 기준에 적합한 재료를 말한다.

31. 불연재료(不燃材料)와 준불연재료

(1) 불연재료

불에 타지 아니하는 성질을 가진 재료로서 국토교통부령으로 정하는 기준에 적합한 재료를 불연재료라 한다.

(2) 준불연재료

불연재료에 준하는 성질을 가진 재료로서 국토교통부령으로 정하는 기준에 적합한 재료를 말한다.

32. 부속건축물

같은 대지에서 주된 건축물과 분리된 부속용도의 건축물로서 주된 건축물의 이용 또는 관리하는 데에 필요한 건축물을 말한다.

33. 부속용도

건축물의 주된 용도의 기능에 필수적인 용도로서 다음의 하나에 해당하는 용도를 말한다.

1. 건축물의 설비, 대피, 위생, 그 밖에 이와 비슷한 시설의 용도
2. 사무, 작업, 집회, 물품저장, 주차, 그 밖에 이와 비슷한 시설의 용도
3. 구내식당·직장어린이집·구내운동시설 등 종업원 후생복리시설, 구내소각시설, 그 밖에 이와 비슷한 시설의 용도. 이 경우 다음의 요건을 모두 갖춘 휴게음식점(별표 1 제3호의 제1종 근린생활시설 중 같은 호 나목에 따른 휴게음식점을 말한다)은 구내식당에 포함되는 것으로 본다.
   ① 구내식당 내부에 설치할 것
   ② 설치면적이 구내식당 전체 면적의 3분의 1 이하로서 50㎡ 이하일 것
   ③ 다류(茶類)를 조리·판매하는 휴게음식점일 것
4. 관계 법령에서 주된 용도의 부수시설로 설치할 수 있게 규정하고 있는 시설, 그 밖에 국토교통부장관이 이와 유사하다고 인정하여 고시하는 시설의 용도

34. 부속구조물

"부속구조물"이란 건축물의 안전·기능·환경 등을 향상시키기 위하여 건축물에 추가적으로 설치하는 환기시설물 등 대통령령으로 정하는 구조물을 말한다.

35. 발코니

건축물의 내부와 외부를 연결하는 완충공간으로서 전망이나 휴식 등의 목적으로 건축물 외벽에 접하여 부가적(附加的)으로 설치되는 공간을 말한다. 이 경우 주택에 설치되는 발코니로서 국토교통부장관이 정하는 기준에 적합한 발코니는 필요에 따라 거실·침실·창고 등의 용도로 사용할 수 있다.

36. 다중이용건축물

"다중이용 건축물"이란 다음 각 목의 어느 하나에 해당하는 건축물을 말한다.

1. 다음의 어느 하나에 해당하는 용도로 쓰는 바닥면적의 합계가 5천㎡ 이상인 건축물
   ① 문화 및 집회시설(동물원·식물원은 제외한다)
   ② 종교시설
   ③ 판매시설
   ④ 운수시설 중 여객용 시설
   ⑤ 의료시설 중 종합병원
   ⑥ 숙박시설 중 관광숙박시설
2. 16층 이상인 건축물

37. 준 다중이용 건축물

"준 다중이용 건축물"이란 다중이용 건축물 외의 건축물로서 다음 각 목의 어느 하나에 해당하는 용도로 쓰는 바닥면적의 합계가 1천㎡ 이상인 건축물을 말한다.

① 문화 및 집회시설(동물원 및 식물원은 제외한다)	② 종교시설
③ 판매시설	④ 운수시설 중 여객용 시설
⑤ 의료시설 중 종합병원	⑥ 숙박시설 중 관광숙박시설
⑦ 노유자시설	⑧ 운동시설
⑨ 교육연구시설	⑩ 위락시설
⑪ 관광 휴게시설	⑫ 장례시설

38. 특수구조건축물

"특수구조건축물"이란 다음 각 목의 어느 하나에 해당하는 건축물을 말한다.

1. 한쪽 끝은 고정되고 다른 끝은 지지(支持)되지 아니한 구조로 된 보·차양 등이 외벽(외벽이 없는 경우에는 외곽 기둥을 말한다)의 중심선으로부터 3m 이상 돌출된 건축물
2. 기둥과 기둥 사이의 거리(기둥의 중심선 사이의 거리를 말하며, 기둥이 없는 경우에는 내력벽과 내력벽의 중심선 사이의 거리를 말한다. 이하 같다)가 20m 이상인 건축물
3. 무량판 구조(보가 없이 바닥판·기둥으로 구성된 구조를 말한다. 이하 같다)를 가진 건축물로서 무량판 구조인 어느 하나의 층에 수직으로 배치된 주요구조부의 전체 단면적에서 보가 없이 배치된 기둥의 전체 단면적이 차지하는 비율이 4분의 1 이상인 건축물
4. 특수한 설계·시공·공법 등이 필요한 건축물로서 국토교통부장관이 정하여 고시하는 구조로 된 건축물

2 「건축법」 적용대상물

1. 건축물

토지에 정착하는 공작물 중 지붕과 기둥 또는 벽이 있는 것과 이에 딸린 시설물로서 지하 또는 고가의 공작물에 설치하는 사무소·공연장·점포·차고·창고

2. 「건축법」 적용 제외되는 건축물

① 「문화유산의 보존 및 활용에 관한 법률」에 따른 지정문화유산이나 임시지정문화유산 또는 「자연유산의 보존 및 활용에 관한 법률」에 따라 지정된 천연기념물등이나 임시지정천연기념물, 임시지정명승, 임시지정시·도자연유산, 임시자연유산자료
② 고속도로 통행료 징수시설: 「도로법」 적용
③ 철도·궤도의 선로부지 안에 있는 다음의 시설

| ⊙ 운전보안시설 | ⓒ 철도선로의 상하를 횡단하는 보행시설 |
| ⓒ 플랫폼 | ⓔ 당해 철도·궤도 사업용 급수·급유·급탄시설 |

④ 하천구역 내의 수문조작실
⑤ 컨테이너를 이용한 간이창고(공장 안에 설치한 것으로 이동이 용이한 것)
 → 전통사찰, 철도역사, 전통건조물, 군사시설물 등은 「건축법」(이하 PART 03에서 법이라고도 함) 적용대상 유의

3. 「건축법」 적용받는 공작물

「건축법」의 일부규정 준용해서 → 축조 시 신고해야 한다.

2m 넘는	4m 넘는	5m 넘는	6m 넘는	8m 넘는	8m 이하	바닥 30㎡ 넘는
옹벽·담장	광고판·광고탑·장식탑·기념탑·첨탑	태양에너지를 이용한 발전설비	굴뚝·철탑	고가수조	기계식·철골조립식 주차장으로서 외벽이 없는 것	지하대피호

4. 대지 – 1필지 1대지의 원칙: 지목은 불문

(1) 예외: 2 이상의 필지 → 하나의 대지 간주

> 1. 하나의 건축물을 2필지 이상에 걸쳐 건축하는 경우
> 2. 「국토의 계획 및 이용에 관한 법률」에 의한 도시·군 계획시설이 설치되는 일단의 토지

3. 주택과 부대시설 및 복리시설이 설치된 일단의 토지
4. 도로의 지표하에 건축하는 건축물
5. 「건축법」상 사용승인 신청 시 2이상의 필지의 합칠 것을 조건으로 하는 경우 다만, 토지소유자가 다른 경우는 제외한다.
6. 「공간정보의 구축 및 관리 등에 관한 법률」에 의하여 합병이 불가능한 경우로서 아래의 요건을 갖춘 경우 다만, 토지의 소유권자와 권리관계가 동일한 경우로서
   ① 지번이 다른 경우 ② 도면축적이 다른 경우 ③ 지반이 연속되지 않은 경우

(2) 예외: 1 이상의 필지의 일부 → 하나의 대지로 간주

1. 하나 이상의 필지 일부에 대하여 농지전용허가를 받은 경우 그 허가 받은 부분
2. 하나 이상의 필지 일부에 대하여 산지전용허가를 받은 경우 그 허가 받은 부분
3. 하나 이상의 필지 일부에 대하여 개발행위허가(형질변경)를 받은 경우 그 허가 받은 부분
4. 하나 이상의 필지 일부에 대하여 도시·군 계획시설이 결정·고시된 경우 그 허가 받은 부분
5. 「건축법」에 의해 사용승인을 신청하는 때에 나눌 것을 조건하여 허가를 하는 경우

5. **건축설비**: 전기·전화·가스설비·승강기·굴뚝·피뢰침·우편물수취함 등

3 「건축법」 적용대상행위

1. 건축

신축	① 건물이 없는 대지에 새로이 건물을 축조 ② 부속건축물만 있는 대지 → 새로이 주된 건축물 축조하는 행위는 신축이다. ③ 기존 건축물 전부를 철거·멸실하고 → 종전보다 큰 규모로 건축하는 경우는 신축
증축	① 기존 건물이 있는 대지에 건축면적·연면적·높이·층수를 늘리는 것 ② 담장 등 건축물에 부수되는 시설물의 축조 행위도 증축 ③ 기존건축물 일부가 철거·멸실되고 종전보다 큰 규모로 축조 시는 증축
개축	기존 건축물 전부·일부(내력벽·기둥·보·지붕틀 중 셋 이상이 포함되는 경우)를 철거 → 종전과 같은 규모 범위 안에서 다시 축조 시
재축	기존 건축물 멸실 → 종전과 같은 규모 범위 안에서 다시 축조하는 것 * 동수, 층수 또는 높이의 어느 하나가 종전 규모를 초과하는 경우에는 해당 동수, 층수 및 높이가 건축법령 등에 모두 적합할 것
이전	주요구조부를 해체하지 않고 → 동일 대지 내의 다른 위치로 옮기는 것

→ 개축에서 말하는 일부철거란 내력벽·기둥·보·지붕틀 중 3 이상이 포함되는 경우를 말한다.

2. 대수선

대수선이란 건물의 기둥·보·내력벽·주계단 등의 구조나 외부형태를 수선·변경하거나 증설하는 행위로서 증축·개축·재축에 해당하지 않는 것을 말한다.

주요 구조부	내력벽	기둥	보	지붕틀	바닥	주계단
주요구조부	증설·해체 하거나 30㎡ 이상 수선·변경	증설·해체 하거나 3개 이상 수선·변경				

- 방화벽, 방화구획을 위한 바닥·벽을
- 주계단, 피난계단, 특별피난계단을   증설·해체·수선·변경
- 다가구, 다세대주택 가구 및 세대 간 경계벽을
- 건물외벽에 사용하는 마감재료를 증설·해체 하거나 벽면적 30㎡ 이상 수선·변경

> **참고** 주요구조부
>
> 내력벽·기둥·바닥·보·지붕틀 및 주계단을 말한다. 다만 사이기둥·최하층바닥·작은보·차양·옥외계단 기타 이와 유사한 것으로 건축물의 구조상 중요하지 아니한 부분을 제외한다.

3. 용도변경

(1) 용도변경: 용도변경이란 건물의 최초용도가 아닌 다른 용도로 바꾸는 것으로 허가권자에게 허가 또는 신고하여야 한다.

(2) 허가대상 용도변경: 아래에서 위로

(3) 신고대상 용도변경: 위에서 아래로

(4) 건축물대장 기재사항 변경신청: 옆으로(허가나 신고 대상이 아님)
① 건축물의 시설군 중 동일한 시설군 내에서 용도를 변경하고자 하는 자는 허가권자에게 건축물대장 기재사항의 변경을 신청하여야 한다.
② 다만, 다음 용도변경의 경우에는 대장의 기재사항의 변경을 하지 않아도 된다.

> 1. 동일한 용도군에 속하는 건축물 상호 간의 용도변경
> 2. 제1종 근린생활시설과 제2종 근린생활시설 상호 간의 용도변경(일부는 제외)

(5) **건축물의 용도분류**: 시설군과 용도군의 분류는 다음과 같다.

9개 시설군	용도군(29개)	허가	신고
1. 자동차관련시설	자동차관련시설		
2. 산업 등 시설	① 운수시설 ② 공장 ③ 창고시설 ④ 자원순환 관련 시설 ⑤ 위험물저장 및 처리시설 ⑥ 묘지관련시설 ⑦ 장례식장	↑	↓
3. 전기·통신시설	① 발전시설 ② 방송통신시설		
4. 문화·집회시설	① 문화 및 집회시설 ② 종교시설 ③ 위락시설 ④ 관광휴게시설		
5. 영업시설	① 판매시설 ② 운동시설 ③ 숙박시설 ④ 제2종 근린생활시설 중 다중생활시설		
6. 교육복지시설	① 교육연구시설 ② 의료시설 ③ 노·유자시설 ④ 수련시설 ⑤ 야영장		
7. 근린생활시설	① 제1종 근린생활시설 ② 제2종 근린생활시설(다중생활시설제외)		
8. 주거·업무시설	① 단독주택 ② 공동주택 ③ 업무시설 ④ 교정·군사시설		
9. 기타시설군	동물 및 식물관련 시설		

(6) **용도변경 시 준용되는 법령**

① 사용승인: 허가·신고대상인 경우로서 바닥면적 합계 100m² 이상인 용도변경은 용도변경완료 후 건축물의 사용승인을 받아야 한다. 다만, 용도변경하려는 부분의 바닥면적의 합계가 500m² 미만으로서 대수선에 해당되는 공사를 수반하지 아니하는 경우에는 사용승인을 받지 않는다.

② 건축사 설계: 허가대상인 경우로 바닥면적 합계 500m² 이상인 용도변경은 건축사가 설계하여야 한다.

(7) **건물의 복수용도**

건축주는 건축물의 용도를 복수로 하여 건축허가, 건축신고 및 용도변경 허가·신고 또는 건축물대장 기재내용의 변경 신청을 할 수 있으며, 허가권자는 신청한 복수의 용도가 이 법 및 관계 법령에서 정한 건축기준과 입지기준 등에 모두 적합한 경우에 한하여 복수 용도를 허용할 수 있다.

> **참고** 건축물 용도분류 주의사항

1. 단독주택
   ① (협의의) 단독주택
   ② 다중주택: 학생, 직장인이 장기거주 + 독립된 주거형태 × + 주택으로 사용하는 바닥면적의 합이 660㎡ 이하이고 3개 층 이하일 것 + 적절한 주거환경을 조성하기 위하여 실별 최소면적, 창문의 설치 및 크기에 적합
   ③ 다가구 주택: 주택으로 사용하는 층수 3개 층 이하 + 바닥면적 합 660㎡ 이하 + 19세대 이하
   ④ 공관

2. 공동주택
   ① 다세대주택: 주택으로 사용하는 층수 4개 층 이하 + 바닥면적 합이 660㎡ 이하
   ② 연립주택: 주택으로 사용하는 층수 4개 층 이하 + 바닥면적 합이 660㎡ 초과
   ③ 아파트: 주택으로 사용하는 층수 5개 층 이상
   ④ 기숙사

3. * 탁구장(바닥면적 500㎡ 미만) → 제1종 근린생활시설
   * 당구, 테니스, 볼링, 골프연습장(바닥면적 500㎡ 미만) → 제2종 근린생활시설

4. ① 체육도장(바닥면적 500㎡ 미만) → 제1종 근린생활시설
   ② 체력단련장·에어로빅장(바닥면적 500㎡ 미만) → 제2종 근린생활시설
   ③ 바닥면적 500㎡ 이상의 탁구·테니스·볼링·골프·체육도장·헬스·에어로빅 → 운동시설
   ④ 1천㎡ 미만 관람석 또는 관람석 없는 체육관·운동장 → 직접 하는 곳 → 운동시설
   ⑤ 1천㎡ 이상 관람석 있는 체육관. 운동장 → 구경하는 곳 → 문화 및 집회시설

5. ① ○○의원 → 제1종 근린생활시설
   ② 보건소 → 제1종 근린생활시설
   ③ ○○병원 → 의료시설
   ④ 동물병원, 동물미용실 → 바닥면적 300㎡ 미만 → 제1종 근린생활시설
      바닥면적 300㎡ 이상 → 제2종 근린생활시설

6. ① ○○학원 *바닥면적 500㎡ 미만 → 제2종 근린생활시설
      * 바닥면적 500㎡ 이상 → 교육연구시설
   ② 자동차(운전·정비)학원 → 자동차 관련시설
   ③ 무도학원 → 위락시설

7. ① 공공도서관 → 제1종 근린생활시설
   ② 독서실 → 제2종 근린생활시설
   ③ 도서관 → 교육연구시설

8. ① 장의사 → 제2종 근린생활시설
   ② 장례식장 → 장례식장
   ③ 화장장·납골당 → 묘지관련시설

9. 전기자동차 충전시설 *바닥면적 1,000㎡ 미만 → 제1종 근린생활시설
   * 바닥면적 1,000㎡ 이상 → 자동차관련시설

10. 휴게음식점 *바닥면적 300㎡ 미만 → 제1종 근린생활시설
    * 바닥면적 300㎡ 이상 → 제2종 근린생활시설

11. 단란주점 *바닥면적150㎡ 미만 → 제2종 근린생활시설
    * 바닥면적150㎡ 이상 → 위락시설

12. 안마시술소 · 노래연습장 → 제2종 근린생활시설(위락시설 아님 유의)
    ※ 안마원은 제1종 근린생활시설 / 일반음식점 · 총포사도 제2종 근린생활시설

13. 음악당 · 극장 등의 공연장
    ① 500㎡ 미만 → 제2종 근린생활시설
    ② 500㎡ 이상 → 문화집회시설
    ③ 야외음악당 · 야외극장 → 관광 휴게시설

14. 동 · 식물원 → 문화 및 집회시설(동물 · 식물관련시설 아님 유의)

15. 카지노 → 위락시설(관광휴게시설 아님)

16. 어린이회관 → 관광휴게시설

17. ① 유스호스텔 → 수련시설
    ② 콘도 → 숙박시설
    ③ 오피스텔 → 업무시설

18. 종교집회장 *바닥면적 500㎡ 미만 → 제2종 근린생활시설
    * 바닥면적 500㎡ 이상 → 종교시설

19. 슈퍼 *바닥면적 1000㎡ 미만 → 제1종 근린생활시설
    * 바닥면적 1000㎡ 이상 → 판매시설

20. 공공업무시설 *바닥면적 1000㎡ 미만 → 제1종 근린생활시설
    * 바닥면적 1000㎡ 이상 → 업무시설

21. 금융업소 · 사무소 · 부동산 중개업소 · 출판사 · 결혼상담소
    ① 바닥면적 30㎡ 미만: 제1종 근린생활시설
    ② 바닥면적 500㎡ 미만 → 제2종 근린생활시설
    ③ 바닥면적 500㎡ 이상 → 업무시설

22. 다중생활시설 *바닥면적 500㎡ 미만 → 제2종 근린생활시설
    * 바닥면적 500㎡ 이상 → 숙박시설

23. 유치원 → 교육 · 연구시설

24. • 사람을 실어 나르면(터미널, 항만, 공항): 운수시설
    • 짐을 실어 나르면(물류터미널, 집배송시설): 창고

4 「건축법」의 적용대상지역

1. 전면적 적용대상지역

1. 도시지역
2. 지구단위계획구역
3. 동·읍의 지역(단, 섬인 경우는 인구 500인 이상인 경우에 한함)

2. 부분적 적용대상지역과 「건축법」 적용배제

전면적 적용대상지역을 제외한 지역에서는 다음의 규정은 적용하지 않는다.

1. 대지와 도로와의 관계
2. 대지의 분할 제한
3. 도로의 지정·폐지·변경
4. 건축선 지정, 건축선에 의한 건축제한
5. 방화지구안의 건축제한

02 건축물의 건축

1 건축허가

1. 허가대상 건축물의 사전결정

(1) **사전결정신청**: 허가대상건축물을 건축하려는 자는 건축허가를 신청하기 전에 허가권자에게 그 건축물의 건축에 관한 사전결정을 신청할 수 있다.

(2) **건축위원회심의 및 교통영향평가**: 사전결정을 신청하는 자는 건축위원회심의 및 「도시교통정비촉진법」에 따른 교통영향평가서 검토를 동시에 신청할 수 있다.

(3) **전략환경영향평가협의**: 허가권자는 사전결정이 신청된 건축물의 대지면적이 소규모환경영향평가 대상사업인 경우에는 환경부장관 또는 지방환경관서의 장과 소규모환경영향평가 협의를 하여야 한다.

(4) 사전결정을 받으면 다음의 사항은 받은 것으로 본다.

> 1. 농지전용허가·신고 및 협의
> 2. 산지전용허가·신고, 산지일시사용허가·신고. 다만, 보전산지인 경우에는 도시지역만 해당된다.
> 3. 개발행위허가
> 4. 하천점용허가

(5) **효력상실**: 신청자는 사전결정을 통지받은 날부터 2년 이내에 건축허가를 신청하여야 하며, 2년 안에 건축허가를 신청하지 아니한 경우에는 사전결정의 효력이 상실된다.

2. 허가권자

(1) **원칙**: 시장·군수·구청장·특별자치시장·특별자치도지사

(2) **예외**: 특별시장·광역시장이 허가(허가권자의 변경)
 - 대형건축물: 21층 이상 또는 연면적 10만㎡ 이상 건축물(3/10 이상의 증축으로 21층 또는 10만㎡ 이상이 되는 경우 포함. 단, 공장·창고, 지방건축위원회심의를 거친 건축물은 제외)

(3) 도지사의 사전승인 대상: 시장·군수가 허가 → 도지사의 사전승인
　① **대형건축물**: 시·군에서 21층 이상 또는 연면적 10만㎡ 이상의 건축물을 건축하는 경우
　② **자연환경·수질보호를 위해**: 도지사가 지정·공고하는 구역에 3층 이상 또는 연면적 1,000㎡ 이상인 ㉠ 일반업무시설 ㉡ 일반음식점 ㉢ 위락시설 ㉣ 숙박시설 ㉤ 공동주택을 건축하는 경우
　③ 주거환경·교육환경 보호를 위해 도지사가 지정·공고하는 구역에서 ㉠ 위락시설 ㉡ 숙박시설을 건축하는 경우

3. 건축허가의 거부

허가권자는 다음 어느 하나에 해당하는 경우 건축위원회 심의를 거쳐 건축허가를 하지 아니할 수 있다.

> 1. 위락시설이나 숙박시설에 해당하는 건축물의 건축을 허가하는 경우 해당 대지에 건축하려는 건축물의 용도·규모 또는 형태가 주거환경이나 교육환경 등 주변 환경을 고려할 때 부적합하다고 인정되는 경우
> 2. 방재지구 및 자연재해위험개선지구 등 허가권자가 상습적으로 침수되거나 침수가 우려된다고 지정·고시하는 지역에 건축하려는 건축물에 대하여 일부 공간에 거실을 설치하는 것이 부적합하다고 인정되는 경우

도지사 사전승인 사항	자연환경 수질보호	도지사 지정·공고 하는 구역	3층 이상 또는 연면적 1000m² 이상	① 일반업무시설 ② 일반음식점 ③ 위락시설 ④ 숙박시설 ⑤ 공동주택
	교육환경 주거환경보호		규모 ×	① 위락시설 ② 숙박시설
건축위원회 심의로 허가 거부 사항	교육환경 주거환경보호	×		① 위락시설 ② 숙박시설

4. 건축허가의 취소

(1) 의무적 취소 사유: 다음의 사유가 있는 경우 취소하여야 한다.

> ① 건축허가 받은 날로부터 2년(공장의 신설·증설 또는 업종변경의 승인을 받은 공장은 3년) 이내에 공사 착공하지 않는 경우 단, 정당한 사유 존재 시 1년 이내 연장할 수 있다.
> ② 기간 안에 공사에 착공하였으나 공사완료 불가능
> ③ 착공신고 전에 경·공매 등으로 건축주가 대지 소유권을 상실한 때부터 6월이 경과한 이후 공사착수가 불가능하다고 판단되는 경우

※ 건축신고를 한 자가 1년 이내 공사에 착수하지 아니한 경우에는 신고의 효력은 상실된다.

(2) 임의적 취소사유: 「건축법」에 의한 명령·처분 위반 시 허가·승인을 취소할 수 있다.

5. 건축허가 및 착공의 제한

(1) 건축허가 제한권자 및 요건
① 국토교통부장관은 국토관리를 위하여 특히 필요하다고 인정하거나 주무부장관이 국방, 국가유산의 보존, 환경보전 또는 국민경제를 위하여 요청하면 허가권자의 건축허가나 허가를 받은 건축물의 착공을 제한할 수 있다.
② 시·도지사는 지역계획이나 도시·군계획에 특히 필요하다고 인정하면 시장·군수·구청장의 건축허가나 허가를 받은 건축물의 착공을 제한할 수 있다.
③ 시·도지사는 시장·군수·구청장의 건축허가나 착공을 제한하는 경우 즉시 국토교통부장관에게 보고하여야 하며, 국토교통부장관은 제한의 내용이 과도하다고 인정하는 경우 해제를 명할 수 있다.

(2) 건축허가 제한기간: 2년 이내 + 1년 연장 가능(1회)

(3) 건축허가제한 시 주민의견청취 및 건축위원회 심의
국토교통부장관이나 시·도지사는 건축허가나 건축허가를 받은 건축물의 착공을 제한하려는 경우에는 주민의견을 청취한 후 건축위원회의 심의를 거쳐야 한다.

(4) 건축허가 제한대상의 통보 및 공고: 허가권자에게 통보 → 허가권자는 이를 공고
국토교통부장관 또는 시·도지사는 건축허가 또는 건축물의 착공을 제한하는 경우는 그 목적·기간 등을 상세하게 정하여 허가권자에게 통보하여야 하며, 통보를 받은 허가권자는 지체없이 이를 공고하여야 한다.

6. 신고대상 건축물

건축신고를 한 자가 1년 이내 공사에 착수하지 아니한 경우에는 신고의 효력은 상실된다. 다만, 건축주의 요청에 따라 허가권자가 정당한 사유가 있다고 인정하면 1년의 범위에서 착수기한을 연장할 수 있다.

1. 증축
   ① 바닥면적 합 85㎡ 이내(다만, 3층 이상 건축물인 경우에는 증축·개축 또는 재축하려는 부분의 바닥면적의 합계가 건축물 연면적의 10분의 1 이내인 경우로 한정한다)
   ② 높이 3m 이하
2. ① 지역 - 관리지역·농림지역·자연환경보전지역 안에서
   ② 규모 - 연면적 200㎡ 미만이고 3층 미만인 건축물의 건축
   (다만, ① 지구단위계획구역 ② 방재지구는 제외한다. 즉, 허가받는다)

3. 대수선
   ① 연면적 200㎡ 미만이고 3층 미만인 건물의 대수선
   ② 주요구조부의 해체가 없는 등 대통령령으로 정하는 다음의 대수선
      ㉠ 내력벽 면적을 30㎡ 이상 수선하는 것
      ㉡ 기둥·보·지붕틀을 세 개 이상 수선하는 것
      ㉢ 방화벽 또는 방화구획을 위한 바닥 또는 벽을 수선하는 것
      ㉣ 주계단·피난계단 또는 특별피난계단을 수선하는 것
4. 표준설계도서에 따라 건축하는 건축조례가 정하는 건축물
5. 소규모 건축물의 건축
   ① 연면적의 합계가 100㎡ 이하인 건축물
   ② 건축물의 높이를 3m 이하의 범위에서 증축하는 건축물
   ③ 표준설계도서에 따라 건축하는 건축물
   ④ 공업지역, 지구단위계획구역 및 산업단지에서 건축하는 2층 이하인 건축물로서 연면적 합계 500㎡ 이하인 공장 등

7. 협의대상 건축물(공용건축물의 특례)

(1) 국가·지방자치단체가 허가·신고 대상인 건축물을 건축하고자 하는 경우 허가권자와 협의하여야 하며 공사가 완료된 경우 사용승인을 받지 않고 허가권자에게 통보하여야 한다.

(2) 공용건물에 구분지상권의 설치

국가나 지방자치단체가 소유한 대지의 지상 또는 지하 여유 공간에 구분지상권을 설정하여 다음의 주민편의시설 등을 설치하고자 하는 경우 허가권자는 구분지상권자를 건축주로 보고 구분지상권이 설정된 부분을 대지로 보아 건축허가를 할 수 있다.

1. 제1종 근린생활시설
2. 제2종 근린생활시설(총포판매소, 장의사, 다중생활시설, 제조업소, 단란주점, 안마시술소, 노래연습장은 제외)
3. 문화 및 집회시설(공연장 및 전시장으로 한정한다)
4. 의료시설
5. 교육연구시설
6. 노유자시설
7. 운동시설
8. 업무시설(오피스텔은 제외한다)

8. 건축허가·신고 시 의제사항

건축허가를 받은 경우 다른 법률에서 인·허가 받을 사항은 인·허가를 받은 것으로 본다. 이 경우 의제사항이 다른 행정기관의 권한에 속하면 그 행정기관의 장과 미리 협의하여야 하며, 협의 요청을 받은 관계 행정기관의 장은 요청을 받은 날부터 15일 이내에 의견을 제출하여야 한다.

9. 신고대상건물과 신고대상가설건축물의 신고사항의 통보기간 및 착공신고 통보기간

통지대상	신고의 수리여부 통지기간
신고대상건물의 건축신고와 가설건축물의 축조신고 수리 여부의 통보기간	5일 이내에 통지
다만, 이 법 또는 다른 법령에 따라 심의, 동의, 협의, 확인 등이 필요한 경우 건축신고 수리여부의 통보기간	20일 이내에 통지하여야 한다.
착공신고에 대한 통지 기간	3일 이내에 신고수리 여부 통지하여야 한다. 단 통지가 없는 경우 신고는 수리된 것으로 본다.

10. 허가 · 신고사항의 변경

건축주가 허가를 받았거나 신고한 사항을 변경하려면 변경하기 전에 대통령령으로 정하는 바에 따라 허가권자의 허가를 받거나 신고하여야 한다.

(1) 변경허가

바닥면적의 합계가 85㎡를 초과하는 부분에 대한 신축 · 증축 · 개축에 해당하는 변경인 경우에는 허가를 받고, 그 밖의 경우에는 신고할 것

(2) 변경신고

1. 바닥면적의 합계가 85㎡ 이하의 부분에 대한 증축 · 개축에 해당하는 변경인 경우
2. 신고로써 허가를 갈음하는 건축물에 대하여는 변경 후 건축물의 연면적을 각각 신고로써 허가를 갈음할 수 있는 규모에서 변경하는 경우
3. 건축주 · 공사시공자 또는 공사감리자(이하 건축관계자라 한다)를 변경하는 경우

(3) 변경허가 · 신고의 생략

신축 · 증축 · 개축 · 재축 · 이전 또는 대수선 또는 용도변경에 해당하지 아니하는 변경에 대하여는 허가 또는 신고를 요하지 아니한다.

2 가설건축물

1. 허가대상 가설건축물: 도시 · 군계획시설 또는 그 예정지에서

도시 · 군계획시설 및 그 예정지에서 가설건축물을 건축하려는 자는 허가를 받아야 하며, 허가권자는 해당 가설건축물의 건축이 다음 어느 하나에 해당하는 경우가 아니면 허가를 하여야 한다.

1. 「국토의 계획 및 이용에 관한 법률」 제64조에 위배되는 경우
2. 4층 이상인 경우
3. 구조, 존치기간, 설치목적 및 다른 시설 설치 필요성 등에 관하여 대통령령으로 정하는 기준의 범위에서 조례로 정하는 바에 따르지 아니한 경우

※ 허가대상 가설건축물의 요건(시행령 제15조 제1항).

> ① 철근콘크리트조 또는 철골철근콘크리트조가 아닐 것
> ② 존치기간은 3년 이내일 것. 다만 도시·군계획사업이 시행될 때까지 기간을 연장할 수 있다.
> ③ 전기·수도·가스 등 새로운 간선공급설비의 설치를 요하지 아니할 것
> ④ 공동주택·판매시설·운수시설 등으로서 분양을 목적으로 건축하는 건축물이 아닐 것

2. 신고대상 가설건축물

(1) 축조신고: 착공 전

(2) 존치기간: 신고해야 하는 가설건축물의 존치기간은 3년 이내로 하며, 존치기간의 연장이 필요한 경우에는 횟수별 3년의 범위에서 신고대상 가설건축물별로 건축 조례로 정하는 횟수만큼 존치기간을 연장할 수 있다. 다만, 공사용 가설건축물 및 공작물의 경우에는 해당 공사의 완료일까지의 기간으로 한다.

(3) 종류: 재해복구용, 공사용 가설건축물 및 공작물(현장사무소), 가설흥행장, 가설전람회장, 가설점포, 전시를 위한 견본주택(모델하우스)

3. 기간의 연장

① 허가대상가설건축물: 기간만료 14일 전에 연장 허가신청
② 신고대상가설건축물: 기간만료 7일 전에 연장 신청

4. 공장에 설치한 가설건축물의 존치기간 연장

다음 각 호의 요건을 모두 충족하는 가설건축물로서 건축주가 가설건축물의 연장기간까지 허가권자에게 그 존치기간의 연장을 원하지 않는다는 사실을 통지하지 아니하는 경우에는 기존 가설건축물과 동일한 기간으로 존치기간을 연장한 것으로 본다.

> ① 공장에 설치한 가설건축물일 것
> ② 농업·어업용 고정식온실이 가설건축물(농림지역에 설치한 것만 해당한다)
> ③ 도시·군계획시설예정지에 설치한 가설건축물
> ④ 존치기간 연장이 가능한 가설건축물일 것

3 건축절차

1. 건축사 설계대상

① 허가대상건축물 ② 신고대상건축물은 건축사가 아니면 설계할 수 없다. 다만, 다음은 그러하지 않다.

> 1. 바닥면적 합계가 85㎡ 미만의 증축 · 개축 · 재축의 경우
> 2. 연면적이 200㎡ 미만이고 층수가 3층 미만인 건축물의 대수선
> 3. 그 밖의 건물의 특수성과 용도를 고려해서 대통령령이 정하는 것

2. 착공신고대상(사용승인대상과 동일)

건축주는 ① 허가대상 건축물 ② 신고대상 건축물 ③ 허가대상 가설건축물을 축조하고자 하는 경우 허가권자에게 공사계획을 신고한다.

3. 사용승인

건축주는 공사를 완료한 경우 건물을 사용하려는 경우 감리자가 작성한 감리완료보고서와 국토교통부령으로 정하는 공사완료도서를 첨부하여 허가권자에게 사용승인을 신청하여야 한다.

(1) 사용승인 대상

건축주는 ① 허가대상 건축물 ② 신고대상 건축물 ③ 허가대상 가설건축물의 공사를 완료한 경우 허가권자에게 사용승인을 받아야 한다.

(2) 사용승인서교부 및 사용승인

① 허가권자는 사용승인신청을 받은 경우 신청서를 받은 날로부터 7일 이내에 사용승인을 위한 검사를 하고 검사에 합격된 건축물에 대하여 사용승인서를 교부하여야 한다.

② 건축주는 사용승인을 얻은 후가 아니면 건물을 사용할 수 없다. 다만, 다음의 사유 어느 하나에 해당하는 경우에는 그러하지 않다.

> 1. 허가권자가 7일 이내에 사용승인서를 교부하지 않거나
> 2. 임시사용승인을 한 경우에는 사용승인 없이도 건물을 사용할 수 있다.

4. 임시사용승인

(1) 허가권자는 건물 및 대지가 국토교통부령이 정하는 기준에 적합한 경우에 한하여 임시사용 승인을 할 수 있다.

(2) 식수 등 조경에 필요한 조치를 하기에 부적합한 시기에 건축공사가 완료된 건축물에 대하여는 허가권자가 지정하는 시기까지 식수 등 조경에 필요한 조치를 할 것을 조건으로 하여 임시사용을 승인할 수 있다.

(3) 임시사용승인기간은 2년 이내로 한다. 다만, 대형건축물·암반공사 등으로 인하여 공사기간이 장기간인 건축물에 대하여는 임시사용 기간을 연장할 수 있다(연장은 횟수나 기간이 없음 유의).

5. 건축공사현장 안전관리 예치금

(1) 예치대상건축물과 예치금

허가권자는 연면적이 1천㎡ 이상인 건축물로서 조례로 정하는 건축물에 대하여는 착공신고를 하는 건축주에게 장기간 건축물의 공사현장이 방치되는 것에 대비하여 미리 미관 개선과 안전관리에 필요한 비용을 건축공사비의 1% 범위에서 예치하게 할 수 있다.

(2) 예치금 예치의무배제 건축물

그러나 주택도시보증공사가 분양보증을 한 건축물 또는 분양보증 또는 신탁계약을 체결한 건축물은 안전관리예치금 예치하지 아니한다.

(3) 예치금 예치의무배제 건축주

주택도시보증공사 또는 지방공사는 안전관리예치금을 예치하지 아니한다.

(4) 예치금 반환

허가권자가 예치금을 반환하는 때에는 대통령령이 정하는 이율로 산정한 이자를 포함하여 반환하여야 한다. 다만 보증서를 예치한 경우에는 그러하지 아니하다.

6. 건축물의 안전영향평가

허가권자는 다음의 주요 건축물에 대하여 건축허가를 하기 전에 건축물의 구조안전과 인접 대지의 안전에 미치는 영향 등을 평가하는 건축물 안전영향평가를 실시하여야 한다.

> 1. 초고층 건축물
> 2. 다음 각 목의 요건을 모두 충족하는 건축물
>   ① 연면적(하나의 대지에 둘 이상의 건축물을 건축하는 경우에는 각각의 건축물의 연면적을 말한다)이 10만㎡ 이상일 것
>   ② 16층 이상일 것

03 대지 및 도로

1 대지

1. 대지의 안전

(1) 인접도로와의 관계

대지는 인접하는 도로면(대지면 ×) 보다 낮아서는 안 된다. 다만, 대지의 배수에 지장이 없거나 건축물의 용도상 방습의 필요가 없는 경우에는 인접한 도로면보다 낮아도 된다.

(2) 습지 · 매립지: 습한 토지 · 매립지에 건물을 건축하는 경우에는 성토 · 지반의 개량 등 필요한 조치를 하여야 한다(건물 건축이 금지되는 것이 아님).

(3) 배수시설의 설치: 대지에는 빗물 및 오수를 배출하거나 처리하기 위하여 하수관 · 하수구 · 저수탱크를 설치하여야 한다.

(4) 손괴 우려 있는 대지 조성 시: 옹벽을 설치하여야 한다.
  ① 1m 이상: 절토 · 성토하는 부분의 경사도 1 : 1.5 이상으로 높이 1m 이상인 부분에는 옹벽을 설치하여야 한다.
  ② 2m 이상: 옹벽의 높이가 2m 이상인 경우 콘크리트구조로 할 것
  ③ 2m 초과: 옹벽의 높이 2m 초과 시 공작물 축조신고를 할 것
  ④ 옹벽의 외벽면에는 지지 · 배수를 위한 시설물 외의 구조물이 밖으로 돌출되어서는 안 된다.

2. 대지 안의 조경

(1) 조경의무: 면적이 200㎡ 이상인 대지는 용도지역 및 규모에 따라 조례로 정하는 기준에 따른 조경을 하여야 한다. 단, 다음의 경우는 조경 등의 조치를 하지 아니할 수 있다.

> 1. 녹지지역에 건축하는 건축물
> 2. 공장 - 대지면적이 5,000㎡ 미만인 공장
>   - 연면적의 합계가 1,500㎡ 미만인 공장
>   - 산업단지 안의 공장
> 3. 연면적의 합계가 1,500㎡ 미만의 물류시설(주거 · 상업지역에서 건축하는 것 제외)
> 4. 축사
> 5. 허가대상 가설건축물
> 6. 대지에 염분이 함유되어 있는 경우
> 7. 자연환경보전지역 · 농림지역 또는 관리지역 안의 건축물(지구단위계획구역에서는 제외한다)

(2) **옥상조경**: 건축물의 옥상에 조경을 하는 경우에는 옥상부분의 조경면적의 2/3에 해당하는 면적을 대지 안의 조경면적으로 산정할 수 있다. 이 경우 조경면적으로 산정하는 면적은 대지조경면적의 50%를 초과할 수 없다.

3. 공개공지

(1) **대상지역 및 대상 건축물**

대상건축물	대상지역
바닥면적 합계 5,000㎡ 이상의 1. 종교시설 2. 운수시설 3. 문화 및 집회시설 4. 판매시설(농수산유통시설 제외) 5. 업무시설 6. 숙박시설 기타 다중이 이용하는 시설로서 건축조례가 정하는 건축물	1. 일반주거지역 2. 준주거지역 3. 상업지역 4. 준공업지역 5. 시장·군수·구청장이도시화의 가능성이 크거나 노후 산업단지의 정비가 필요하다고 인정하여 지정·공고하는 지역

(2) **공개공지 확보면적**

대지면적의 10% 범위 안에서 건축 조례로 정한다. 이 경우 조경면적과 매장유산의 현지 보존 조치 면적을 공개공지등의 면적으로 할 수 있다.

(3) **공개공지의 확보시설**

공개공지에는 긴의자·파고라 등의 공중이 이용할 수 있는 시설로서 건축조례가 정하는 시설을 설치하여야 한다. 이 경우 공개공지는 필로티 구조로 설치할 수 있다.

(4) **공개공지 설치 시 건축규제 완화**

법 규정상 완화	시행령상 완화
1. 용적률	기준의 1.2배 이하
2. 건축물의 높이제한	
3. 건폐율	법에는 규정이 있으나 시행령에 규정 없음

(5) 공개공지 설치의무대상인 건축물로서 공개공지 또는 공개공간의 설치대상이 아닌 건축물(「주택법」에 공동주택을 제외한다)의 대지에 적합한 공개공지를 설치하는 경우에는 완화규정을 준용한다.

4. 대지의 분할제한

(1) 용도지역에 따른 대지의 분할제한

건축물이 있는 대지는 다음에 정하는 범위 안에서 당해 지방자치단체의 조례가 정하는 면적에 미달하게 분할할 수 없다(건축물이 없는 대지는 국토계획법 개발행위허가 대상).

> 1. 주거지역: 60㎡
> 2. 상업지역·공업지역: 150㎡
> 3. 녹지지역: 200㎡
> 4. 기타의 지역: 60㎡

(2) 기타 관련규정에 따른 대지의 분할제한

> 1. 대지가 도로에 접하는 길이가 2m 미만이 되는 분할
> 2. 건폐율에 초과되게 하는 분할
> 3. 용적률에 초과되게 하는 분할
> 4. 건축물의 높이제한에 초과되는 분할
> 5. 일조권 확보를 위한 건물의 높이제한 규정에 초과되는 분할
> 6. 대지 안의 공지에 위반되게 하는 분할

5. 대지가 2 이상의 지역·지구·구역에 걸치는 경우

(1) 원칙
건축물 및 대지의 전부에 대하여 그 대지의 과반이 속하는 지역·지구 또는 구역에 관한 규정을 적용한다.

(2) 방화지구에 걸치는 건축물

건축물이 방화지구에 걸치는 경우 건축물 전부 → 방화지구 규정 적용

다만, 건물의 경계가 방화벽으로 구획되는 경우에는 → 그 밖의 구역에 있는 부분에 대하여는 방화지구를 적용하지 않는다.

(3) 대지가 녹지지역에 걸치는 경우

대지가 녹지지역과 그 밖의 지역·지구·구역에 걸치는 경우 → 각각 적용

다만, 녹지지역 안의 건축물이 방화지구에 걸치는 경우에는 방화지구의 규정에 따른다.

2 도로

1. 원칙적 도로(통행도로)

도로란 보행 및 자동차 통행이 가능한 너비 4m 이상의 도로 또는 그 예정(계획)도로로서 「국토의 계획 및 이용에 관한 법률」·「도로법」·「사도법」 및 관계법령에 따라 신설·변경에 관한 고시가 된 도로 또는 건축허가·신고를 하는 경우 시·도지사·시장·군수·구청장이 그 위치를 지정·공고한 도로를 말한다.

2. 예외적 도로

(1) **차량 통행이 불가능한 도로**: 지형적 조건으로 차량통행을 위한 도로의 설치가 곤란하다고 인정하여 허가권자가 그 위치를 지정·공고한 너비 3m 이상인 도로

(2) **막다른 도로**(끝이 막힌 도로): 다음의 구조 갖춘 것

막다른 도로의 길이	도로의 너비
10m 미만	2m 이상
10m 이상 ~ 35m 미만	3m 이상
35m 이상	6m(도시지역이 아닌 읍·면 지역에서는 4m 이상)

> **참고** 「건축법」상 도로의 특징
> ① 예정(계획) 도로도 포함된다.
> ② 원칙상 도로의 너비는 4m 이상이다.
> ③ 적어도 도로의 최소 너비는 2m 이상이다.

3. 도로의 지정·폐지 또는 변경

구분	공통점	차이점
도로의 지정	이해관계인의 동의 필요	다만, ① 이해관계인이 해외거주로 이해관계인 동의를 받기가 곤란하다고 인정하는 경우 ② 주민이 오랫동안 통행로로 이용하고 있는 사실상의 통로로서 조례로 정하는 경우에는 이해관계인의 동의를 받지 아니하고 건축위원회의 심의를 거쳐 도로를 지정할 수 있다.
도로의 폐지, 변경		도로를 폐지, 변경하는 경우 이해관계인의 동의를 생략할 수 없다.

4. 대지와 도로와의 관계

(1) **원칙**: 대지는 도로(자동차전용도로 제외)에 2m 이상 접하여야 한다.

(2) **예외**
   ① 건축물 주위에 광장·공원·유원지 등의 공지가 있거나 출입에 지장이 없는 경우는 2m 이상 접하지 않아도 된다.
   ② 연면적 합계가 2,000㎡(공장의 경우 3,000㎡) 이상인 건축물의 대지는 너비 6m 이상 도로에 4m 이상 접하여야 한다.

5. 건축선

(1) **건축선의 의의**: 도로와 접한 부분에 있어서 건축물을 건축할 수 있는 선으로 건축물을 건축하여야 하는 선이 아니라 건물을 지을 수 있는 선이다.

(2) **원칙적인 건축선**: 대지와 도로의 경계선이 건축선이 된다.

(3) **소요너비 미달되는 도로에서 건축선**
   ① 소요 너비에 미달되는 도로에서의 건축선: 도로 중심선으로부터 소요너비의 2분의 1을 각각 후퇴한 선
   ② 소요너비에 미달되는 도로반대쪽에 경사지·하천·철도부지 등이 있는 경우: 경사지 등이 있는 도로 경계선에서부터 도로 소요너비만큼 수평이동한 선

(4) **허가권자가 지정하는 건축선**
   ① 허가권자는 건축물의 위치나 환경을 정비하기 위하여 도시지역에는 4m 이하의 범위에서 건축선을 따로 지정할 수 있다.
   ② 대지면적 산정 시 건축선으로 후퇴한 부분도 대지면적에는 포함한다.

(5) **건축선에 의한 건축 제한**
   ① 건축물과 담장은 건축선의 수직면을 넘어서는 안 된다. 단, 지표하의 부분은 건축선을 넘어도 된다.
   ② 도로면으로부터 높이 4.5m 이하에 출입구, 창문 등은 개폐 시에 건축선의 수직면을 넘는 구조로 해서는 안 된다.

04 건축물의 구조 및 내력

1. 구조의 안전 확인 대상

(1) 건축물을 건축하거나 대수선하는 경우 해당 건축물의 설계자는 → 구조의 안전을 확인하여야 한다. → 구조 안전을 확인한 건축물 중 다음 어느 하나에 해당하는 건축물의 건축주 → 설계자로부터 구조 안전의 확인 서류를 받아 → 착공신고를 하는 때에 그 확인 서류를 허가권자에게 제출하여야 한다.

> 1. 층수가 2층(주요구조부인 기둥과 보를 설치하는 건축물로서 그 기둥과 보가 목재인 목구조 건축물의 경우에는 3층) 이상인 건축물
> 2. 연면적이 200㎡(목구조 건축물의 경우에는 500㎡) 이상인 건축물. 다만, 창고, 축사, 작물 재배사는 제외한다.
> 3. 높이가 13m 이상인 건축물
> 4. 처마높이가 9m 이상인 건축물
> 5. 기둥과 기둥 사이의 거리가 10m 이상인 건축물
> 6. 건축물의 용도 및 규모를 고려한 중요도가 높은 건물로서 국토교통부령으로 정하는 건물
> 7. 국가적 문화유산으로 보존할 가치가 있는 건축물로서 국토교통부령으로 정하는 것
> 8. 한쪽 끝은 고정되고 다른 끝은 지지되지 아니한 구조로 된 보·차양 등이 외벽(외벽이 없는 경우에는 외곽 기둥을 말한다)의 중심선으로부터 3m 이상 돌출된 건축물
> 9. 특수한 설계·시공·공법 등이 필요한 건축물로서 국토부장관이 고시하는 구조로 된 건축물
> 10. 단독주택 및 공동주택

(2) 지방자치단체의 장은 구조 안전 확인 대상 건축물에 대하여 허가 등을 하는 경우 내진성능 확보 여부를 확인하여야 한다.

2. 지진에 대한 안전여부확인

국토교통부장관은 지진으로부터 건축물의 구조 안전을 확보하기 위하여 건축물의 용도, 규모 및 설계구조의 중요도에 따라 내진등급을 설정하여야 한다.

3. 내진능력의 공개대상 건축물

(1) 구조안전 확인대상 건축물을 건축하고자 하는 자는 사용승인을 받는 즉시 건축물이 지진 발생 시에 견딜 수 있는 내진능력을 공개하여야 한다.

(2) 다만, 창고, 축사, 작물 재배사 및 표준설계도서에 따라 건축하는 건축물로서 건축물구조안전 확인 대상 건축물이 아니거나 소규모건축구조기준을 적용한 건축물은 공개하지 아니한다.

4. 피난안전구역

(1) 초고층건물

초고층 건축물에는 피난층 또는 지상으로 통하는 직통계단과 직접 연결되는 피난안전구역(건축물의 피난·안전을 위하여 건축물 중간층에 설치하는 대피공간을 말한다. 이하 같다)을 지상층으로부터 최대 30개 층마다 1개소 이상 설치하여야 한다.

(2) 준초고층 건축물

준초고층 건축물에는 피난층 또는 지상으로 통하는 직통계단과 직접 연결되는 피난안전구역을 해당 건축물 전체 층수의 2분의 1에 해당하는 층으로부터 상하 5개층 이내에 1개소 이상 설치하여야 한다. 다만, 국토교통부령으로 정하는 기준에 따라 피난층 또는 지상으로 통하는 직통계단을 설치하는 경우에는 그러하지 아니하다.

05 지역 및 지구의 건축물

1 면적, 층수, 높이

1. 대지면적의 산정

(1) 산정방법: 대지의 수평투영면적으로 한다.

(2) 대지면적 산정 시 제외되는 면적

> 1. 소요너비 미달의 건축선
> 2. 가각전제한 부분의 건축선
> 3. 대지 안에 도시·군 계획시설인 도로, 공원 등이 있는 경우 그 도시·군 계획시설에 포함되는 면적
>   → 다만, 소요너비 이상의 도로에서 허가권자의 지정건축선은 대지면적에 포함된다.

2. 건축면적 산정방법

(1) 산정기준: 건축물의 외벽의 중심선으로 둘러싸인 부분의 수평투영면적으로 하되, 처마·차양·발코니 등이 당해 외벽의 중심선으로부터 수평거리 1m(한옥과 자동차충전시설, 신재생에너지 설비는 2m, 축사는 3m, 전통사찰은 4m) 이상 돌출된 부분이 있는 경우에는 그 끝부분으로부터 수평거리 1m(한옥과 자동차충전시설, 신재생에너지설비는 2m, 축사는 3m, 전통사찰은 4m)를 후퇴한 선으로 둘러싸인 부분의 수평투영면적으로 한다.

(2) 건축면적에서 제외되는 부분

> 1. 지표면으로부터 1m 이하에 있는 부분
> 2. 다중이용업소의 비상구에 연결하여 설치하는 폭 2m 이하의 옥외 피난계단
> 3. 건물의 지상층에 일반인이나 차량이 통행할 수 있도록 설치한 보행통로나 차량통로
> 4. 지하주차장의 경사로
> 5. 건축물 지하층의 출입구 상부(출입구 너비에 상당하는 규모의 부분을 말한다)
> 6. 생활폐기물 보관함(음식물쓰레기, 의류 등의 수거함을 말한다. 이하 같다)

3. 바닥면적

(1) 산정기준
① 건축물의 각층 또는 그 일부로서 벽·기둥 등의 구획의 중심선으로 둘러싸인 부분의 수평투영면적으로 한다.
② 벽·기둥·구획이 없는 건축물에 있어서는 그 지붕 끝부분으로부터 수평거리 1m를 후퇴한 선으로 둘러싸인 수평투영면적으로 본다.
③ 주택의 발코니 등 건축물의 노대나 기타 이와 유사한 것의 바닥은 난간 등의 설치여부에 관계없이 노대 등의 면적에서 노대 등이 접한 가장 긴 외벽에 접한 길이에 1.5m를 곱한 값을 공제한 면적을 바닥면적에 산입한다.

(2) 바닥면적에 제외되는 부분

1. 필로티 기타 이와 유사한 구조의 부분은 당해 부분이 공중의 통행 또는 차량의 통행 또는 주차에 전용되는 경우와 공동주택의 경우에는 이를 바닥면적에 산입하지 않는다.
2. ① 승강기탑·계단탑·장식탑·다락(층고가 1.5m 이하, 경사진 지붕은 1.8m 이하)
   ② 건축물의 내부에 설치하는 냉방설비 배기장치 전용 설치공간·건축물의 외부 또는 내부에 설치하는 굴뚝, 더스트슈트, 설비덕트
   ③ 건축물 옥상·옥외 또는 지하의 물탱크·기름탱크·냉각탑·정화조 기타 유사한 것은 바닥면적에서 제외한다.
3. 공동주택의 지상층에 설치한 전기실, 기계실, 어린이놀이터, 조경시설 및 생활폐기물보관함의 면적은 바닥면적에서 제외한다.
4. 기존의 다중이용업소의 비상구에 연결하여 설치하는 폭 1.5m 이하의 옥외피난계단은 바닥면적에 산입하지 않는다.
5. 사용승인을 받은 후 15년 이상이 되어 건축물을 리모델링하는 경우로서 미관 향상, 열의 손실 방지 등을 위하여 외벽에 부가하여 마감재 등을 설치하는 부분은 바닥면적에 산입하지 아니한다.
6. 지하주차장의 경사로(지상층에서 지하 1층으로 내려가는 부분으로 한정한다)는 바닥면적에 산입하지 않는다.

4. 연면적

(1) 산정기준
하나의 건축물의 각층 바닥면적 합계로 하며 동일대지 안에 2동 이상의 건축물이 있는 경우에는 그 연면적의 합계로 한다.

(2) 용적률 산정 시 연면적에서 제외되는 것

1. 지하층 면적
2. 지상층 부속용도의 주차장 면적
3. 초고층건물과 준 초고층건물의 피난공간
4. 경사지붕아래에 설치하는 대피공간(층수가 11층 이상인 건축물로서 11층 이상인 층의 바닥면적의 합계가 1만㎡ 이상인 건축물의 옥상의 대피공간)

5. 층수

(1) 층수의 산정방법
① 층의 구분이 명확하지 아니한 건축물은 당해 건축물의 높이 4m마다 하나의 층으로 산정한다.
② 건축물의 부분에 따라 그 층수를 달리하는 경우에는 그 중 가장 많은 층수로 한다.

(2) 층수에서 제외

> 1. 승강기 탑(옥상출입용 승강장을 포함한다)·계단 탑·망루·장식 탑·옥탑·기타 이와 유사한 건축물의 옥상부분으로서 그 수평투영면적의 합계가 당해 건축물의 건축면적의 8분의 1(「주택법」에 의한 공동주택 중 전용면적이 85m² 이하인 경우에는 6분의 1) 이하인 것
> 2. 지하층은 건축물의 층수에 산입하지 아니한다.

6. 건물의 높이

(1) 원칙
지표면으로부터 당해 건축물의 상단까지의 높이로 한다. 다만, 건축물의 1층 전체에 필로티가 설치되어 있는 경우에는 가로구역에 따른 건축물의 높이제한 및 공동주택의 높이제한 규정을 적용함에 있어서 필로티의 층고를 제외한 높이로 한다.

(2) 건축물의 높이산정

> 1. 가로구역에 따른 건물의 높이제한: 건축물의 높이제한과 관련한 건축물의 높이를 산정하는 경우에는 전면도로의 중심선으로부터의 높이로 한다
> 2. 옥탑 등의 높이: 건축물의 옥상에 설치되는 승강기탑(옥상출입용 승강장을 포함한다)·계단탑·망루·장식 탑·옥탑 등으로서 그 수평투영면적의 합계가 당해 건축물의 건축면적의 8분의 1(「주택법」에 의한 공동주택 중 전용면적이 85㎡ 이하인 경우에는 6분의 1) 이하인 경우로서 그 부분의 높이가 12m를 넘는 경우에는 그 넘는 부분에 한하여 당해 건축물의 높이에 산입한다.

(3) 건축물의 높이에서 제외
지붕마루장식·굴뚝·방화벽의 옥상돌출부나 그 밖에 이와 비슷한 옥상돌출물과 난간벽(그 벽면적의 2분의 1 이상이 공간으로 되어 있는 것만 해당한다)은 당해 건축물의 높이에 산입하지 아니한다.

7. 층고
방의 바닥구조체 윗면으로부터 위층 바닥구조체의 윗면까지의 높이로 한다. 다만, 높이가 다른 부분이 있는 경우에는 가중평균한 높이로 한다.

8. 반자높이: 반자높이는 방의 바닥면으로부터 반자까지의 높이로 한다. 다만, 동일한 방에서 반자높이가 다른 경우에는 그 각 부분의 반자의 면적에 따라 가중평균한 높이로 한다.

9. 지하층

(1) 의의: 건축물의 바닥이 지표면 아래에 있는 층으로 그 바닥으로부터 지표면까지의 평균 높이가 당해 층 높이의 2분의 1 이상인 것

(2) 지하층의 계산

> 1. 층수 계산 시 → 지하층 제외
> 2. 연면적 계산 시 → 지하층 포함
> 3. 용적률 연면적 계산 시 → 지하층 제외

2 건물의 높이제한

1. 「건축법」상 높이 제한의 방법

일반적 높이제한	가로구역단위 높이제한	① 허가권자에 의한 제한 ② 특별시·광역시 조례에 의한 제한
일조권 확보를 위한 높이제한	전용주거지역 일반주거지역에서의 높이제한	① 모든 건축물이 대상 ② 정북방향의 인접대지경계선으로 부터 ③ 일정거리를 격리
	공동주택의 높이제한	① 높이는 거리의 2배 ② 인동거리는 높이의 1/2배

2. 가로구역(도로로 둘러싸인 일단의 지역)별 높이제한

허가권자의 지정	① 허가권자가 대통령령이 정하는 절차에 따라 지정 ② 상이한 높이 지정: 허가권자는 건축물의 용도·종류·형태에 따라 동일한 가로구역 안에서 높이를 다르게 정할 수 있다. ③ 허가권자는 가로구역 최고높이를 완화하여 적용할 필요가 있다고 판단되는 대지에 대하여 건축위원회 심의를 거쳐 최고 높이를 완화하여 적용할 수 있다.
특별시·광역시 조례에 의한 지정	특별시장·광역시장은 도시관리를 위해 필요한 경우 가로구역별 최고 높이를 특별시·광역시 조례로 정할 수 있다.
중첩 적용	가로구역의 높이 규정에도 불구하고 일조·통풍 등 주변환경 및 도시미관에 미치는 영향이 크지 않다고 인정하는 경우에는 건축위원회 심의를 거쳐 이 법 또는 다른 법률에 따른 가로구역 높이 완화에 관한 규정을 중첩하여 적용할 수 있다.

3. 일조권 확보를 위한 높이제한

(1) 전용주거 · 일반주거지역에서 높이제한
① 모든 건축물이 대상
② 정북방향의 인접대지 경계선으로부터
③ 다음의 범위 안에서 조례가 정하는 거리 이상을 격리시켜서 건축

> ㉠ 높이 10m 이하: 인접대지 경계선으로부터 1.5m 이상
> ㉡ 높이 10m 초과: 높이의 1/2 이상

④ 전용주거지역과 일반주거지역에서 일조권 확보를 위한 높이규정을 적용하지 않는 경우

> ㉠ 다음 각 목의 어느 하나에 해당하는 구역 안의 대지 상호간에 건축하는 건축물로서 해당 대지가 너비 20m 이상의 도로(자동차 · 보행자 · 자전거 전용도로를 포함하며, 도로와 대지 사이에 공공공지, 녹지, 광장을 포함한다)에 접한 경우
>   ⓐ 지구단위계획구역, 경관지구
>   ⓑ 「경관법」에 따른 중점경관관리구역
>   ⓒ 특별가로구역
>   ⓓ 도시미관 향상을 위하여 허가권자가 지정 · 공고하는 구역
> ㉡ 건축협정구역 안에서 대지 상호간에 건축하는 건축물의 경우
> ㉢ 건축물의 정북 방향의 인접 대지가 전용주거지역이나 일반주거지역이 아닌 용도지역에 해당하는 경우

⑤ 예외: 정남방향의 인접대지 경계선으로부터 격리하는 경우

> ㉠ 택지개발지구
> ㉡ 대지조성사업지구
> ㉢ 국가산업단지, 일반산업단지, 도시첨단산업단지, 농공단지
> ㉣ 도시개발구역
> ㉤ 정비구역
> ㉥ 정북방향에 하천 · 공원 등 건축이 금지된 공지에 접하는 경우
> ㉦ 정북방향에 있는 대지 소유자와 합의한 경우

(2) 공동주택에서 높이제한
① 전용주거지역과 일반주거지역에서 건축물 높이제한 규정을 충족하고
② 중심상업지역 · 일반상업지역은 공동주택 높이제한 규정이 적용되지 않는다.

③ 건물(기숙사 제외)의 높이는 인접대지 경계선으로부터 거리의 2배 이하로 할 수 있다.

> → 근린상업지역과 준주거지역 안의 건물은 4배 이하로 건축할 수 있다.
> → 다세대주택의 특례: 채광을 위한 창문 등이 있는 벽면에서 직각방향으로 인접대지경계선까지의 수평거리가 1m 이상으로서 건축조례로 정하는 거리 이상인 다세대주택인 경우 위의 규정(인접대지경계선까지의 수평거리의 2배 이하의 높이)을 적용하지 아니한다.

④ 동일 대지 내 2동 이상 건축 시 인동거리는

> ㉠ 채광창이 있는 벽면으로 높이의 0.5배(도시형생활주택은 0.25배) 이상
> ㉡ 채광창이 없는 벽면과 측벽이 마주보고 있는 경우: 8m 이상 띄울 것
> ㉢ 측벽과 측벽이 마주보고 있는 경우: 4m 이상 띄울 것
> → 위의 경우 대지 내의 모든 세대가 동지일을 기준으로 09시에서 15시 사이에 2시간을 연속하여 일조를 확보할 수 있는 거리 이상으로 할 수 있다.

⑤ 주택단지 안의 2동 이상의 건축물이 「건축법」상 도로를 사이에 두고 서로 마주보고 있는 경우에는 인동거리 규정을 적용하지 아니하되 해당 도로의 중심선을 인접대지 경계선으로 보아 높이는 도로중심선으로부터 2배 이하로 한다.

(3) 일조권 높이규정의 배제

2층 이하로서 8m 이하인 건축물: 조례가 정하는 바에 따라 공동주택에서의 일조권 확보를 위한 높이제한 규정을 적용하지 않을 수 있다.

(4) 대지 사이에 공지 등이 있는 경우 인접대지 경계선 의제

건축물을 건축하고자 하는 대지와 다른 대지 사이에 공원·도로·하천·광장·공공공지·녹지·유수지·자동차전용도로·유원지 기타 건축이 허용되지 아니하는 공지가 있는 경우에는 그 반대편의 대지 경계선(공동주택의 경우에는 인접대지 경계선과 그 반대편의 대지경계선의 중심선)을 인접대지 경계선으로 한다.

3 특별건축구역

1. 특별건축구역의 의의

특별건축구역이란 조화롭고 창의적인 건축물의 건축을 통하여 도시경관의 창출, 건설기술 수준 향상 및 건축 관련 제도개선을 도모하기 위하여 이 법 또는 관계 법령에 따라 일부 규정을 적용하지 아니하거나 완화 또는 통합하여 적용할 수 있도록 특별히 지정하는 구역을 말한다.

2. 특별건축구역의 지정권자 및 지정대상

지정권자	대상지역	공통 대상지역
국토교통부장관	① 국가가 국제행사 등을 개최하는 도시 또는 지역의 사업구역 ② 행정중심복합도시의 사업구역 ③ 혁신도시의 사업구역 ④ 공공주택지구	① 경제자유구역 ② 택지개발사업구역 ③ 도시개발구역
시·도지사	① 지방자치단체가 국제행사 등을 개최하는 도시 또는 지역의 사업구역 ② 정비구역 ③ 재정비촉진구역 ④ 관광특구 등	

3. 특별건축구역으로 지정할 수 없는 지역 등

① 「개발제한구역의 지정 및 관리에 관한 특별조치법」에 따른 개발제한구역
② 「자연공원법」에 따른 자연공원
③ 「도로법」에 따른 접도구역
④ 「산지관리법」에 따른 보전산지

4. 지정절차 등(법 제71조 제4항, 제5항, 제7항, 제8항)

① 중앙행정기관의 장, 시·도지사 또는 시장·군수·구청장은 특별건축구역의 지정이 필요한 경우에는 중앙행정기관의 장 또는 시·도지사는 국토교통부장관에게, 시장·군수·구청장은 특별시장·광역시장·도지사에게 각각 특별건축구역의 지정을 신청할 수 있다.
② 지정신청기관 외의 자는 시·도지사에게 특별건축구역의 지정을 제안할 수 있다.
③ 국토교통부장관 또는 시·도지사는 지정신청이 접수된 경우에는 특별건축구역 지정의 필요성, 타당성 및 공공성 등과 피난·방재 등의 사항을 검토하고, 지정 여부를 결정하기 위하여 지정신청을 받은 날부터 30일 이내에 국토교통부장관이 지정신청을 받은 경우에는 국토교통부장관이 두는 건축위원회(이하 "중앙건축위원회"라 한다), 시·도지사가 지정신청을 받은 경우에는 각각 특별시장·광역시장·도지사가 두는 건축위원회의 심의를 거쳐야 한다.
④ 국토교통부장관 또는 시·도지사는 필요한 경우 직권으로 특별건축구역을 지정할 수 있다.
⑤ 지정신청기관은 특별건축구역 지정 이후 변경이 있는 경우 변경지정을 받아야 한다.

5. 특별건축구역의 지정효과

특별건축구역을 지정하거나 변경한 경우에는 「국토의 계획 및 이용에 관한 법률」 제30조에 따른 도시·군관리계획의 결정(용도 지역·지구·구역의 지정 및 변경은 제외한다)이 있는 것으로 본다.

6. 특별건축구역 안의 건축물에 대한 특례

(1) 관계 법령 적용 배제

① 「건축법」
　제42조(대지 안의 조경), 제55조(건축물의 건폐율), 제56조(건축물의 용적률), 제58조(대지 안의 공지), 제60조(건축물의 높이제한) 및 제61조(일조 등의 확보를 위한 건축물의 높이제한)
　(대지와 도로와의 관계 ×, 대지분할 제한 ×)

② 「주택법」
　제35조(주택건설기준 등) 중 대통령령으로 정하는 규정

(2) 특별건축구역의 특례적용 건축물

① 국가 또는 지방자치단체가 건축하는 건축물
② 「공공기관의 운영에 관한 법률」 제4조에 따른 공공기관 중 대통령령으로 정하는 다음의 공공기관이 건축하는 건축물(영 제106조 제1항)

㉠ 한국토지주택공사	㉡ 한국수자원공사
㉢ 한국도로공사	㉣ 한국토지공사
㉤ 한국철도공사	㉥ 국가철도공단
㉦ 한국관광공사	㉧ 한국농어촌공사

7. 통합적용계획의 수립 및 시행

특별건축구역에서는 다음의 관계 법령의 규정에 대하여는 개별 건축물마다 적용하지 아니하고 특별건축구역 전부 또는 일부를 대상으로 통합하여 적용할 수 있다(법 제74조 제1항).

1. 「문화예술진흥법」 제9조에 따른 건축물에 대한 미술작품의 설치
2. 「주차장법」 제19조에 따른 부설주차장의 설치
3. 「도시공원 및 녹지 등에 관한 법률」에 따른 공원의 설치

4 건축협정 및 결합건축

1. 건축협정체결 대상

토지 또는 건축물의 소유자, 지상권자 등 대통령령으로 정하는 자(이하 "소유자등"이라 한다)는 전원의 합의로 다음 각 호의 어느 하나에 해당하는 지역 또는 구역에서 건축물의 건축·대수선 또는 리모델링에 관한 건축협정을 체결할 수 있다.

> 1. 지구단위계획구역
> 2. 주거환경개선사업을 시행하기 위하여 지정·고시된 정비구역
> 3. 「도시재정비 촉진을 위한 특별법」에 따른 존치지역
> 4. 「도시재생 활성화 및 지원에 관한 특별법」에 따른 도시재생활성화지역
> 5. 그 밖에 시·도지사 및 시장·군수·구청장(이하 "건축협정인가권자"라 한다)이 도시 및 주거 환경개선이 필요하다고 인정하여 해당 지방자치단체의 조례로 정하는 구역

2. 결합건축 대상지역

다음의 어느 하나에 해당하는 지역에서 대지간의 최단거리가 100m 이내의 범위에서 2개의 대지 모두가 아래의 지역 중 동일한 지역에 속하고, 너비 12m 이상인 도로로 둘러싸인 하나의 구역 안에 있는 2개의 대지의 건축주가 서로 합의한 경우 용적률을 개별 대지마다 적용하지 아니하고, 2개의 대지를 대상으로 통합적용하여 건축물을 건축(결합건축)할 수 있다. 다만, 도시경관의 형성, 기반시설 부족 등의 사유로 해당 지방자치단체의 조례로 정하는 지역 안에서는 결합건축을 할 수 없다. 이 경우, 둘 이상의 토지를 소유한 자가 1명인 경우에도 그 토지 소유자는 결합건축을 할 수 있다.

> 1. 상업지역
> 2. 역세권개발구역
> 3. 정비구역 중 주거환경사업의 시행을 위한 구역
> 4. 건축협정구역, 특별건축구역, 리모델링 활성화구역
> 5. 「도시재생 활성화 및 지원에 관한 특별법」 제2조 제1항 제5호에 따른 도시재생활성화지역
> 6. 「한옥 등 건축자산의 진흥에 관한 법률」 제17조 제1항에 따른 건축자산 진흥구역

# 보칙

1 이행강제금

1. 이행강제금 부과

구분	「건축법」상 이행강제금
부과권자	허가권자
부과대상	위반건축물에 대한 시정명령을 받은 후 이행하지 아니한 건축주 등에게
부과절차	① 사전계고 및 의견진술(10일 이상) ② 부과행위의 요식성 → 문서로서 부과
부과횟수	1년 2회 이내의 범위에서 이행할 때(횟수제한 ×)
부과금액	① 건폐율·용적률을 초과하거나 허가·신고 없이 건축된 건축물 → 1㎡ 당 시가표준액의 50% 금액에 위반면적을 곱한 금액 이하의 범위에서 아래의 금액 | 무허가 건축물 | 100% | | 무신고 건축물 | 70% | | 건폐율 위반 | 80% | | 용적률 위반 | 90% | ② 기타 → 1㎡ 당 시가표준액의 10% 범위 ③ 연면적 60㎡ 이하의 주거용건축물은 ①~② 금액의 1/2범위 안에서 조례가 정하는 금액을 부과
부과의 중단	시행명령 이행한 경우 → 새로운 이행강제금 부과 즉시 중단 다만, 이미 부과된 이행강제금은 징수
강제징수	「지방행정제재·부과금의 징수 등에 관한 법률」의 예에 의하여 이를 징수한다.

2. 이행강제금의 가중

허가권자는 영리목적을 위한 위반이나 상습적 위반 등 다음 어느 하나에 해당하는 경우에 100분의 100의 범위에서 가중하여야 한다. 다만, 위반행위 후 소유권이 변경되는 경우는 제외한다.

1. 임대 등 영리를 목적으로 용도변경을 위반하여 용도변경을 한 경우(위반면적이 50㎡를 초과하는 경우로 한정한다)
2. 임대 등 영리를 목적으로 허가나 신고 없이 신축 또는 증축한 경우(위반면적이 50㎡를 초과하는 경우로 한정한다)
3. 임대 등 영리를 목적으로 허가나 신고 없이 다세대주택의 세대수 또는 다가구주택의 가구수를 증가시킨 경우 (5세대 또는 5가구 이상 증가시킨 경우로 한정한다)
4. 동일인이 최근 3년 내에 2회 이상 법 또는 법에 따른 명령이나 처분을 위반한 경우

3. 이행강제금의 감경

허가권자는 이행강제금을 다음에서 정하는 바에 따라 감경할 수 있다. 다만, 조례로 정하는 기간까지 위반내용을 시정하지 아니한 경우는 제외한다.

> 1. 축사 등 농업용·어업용 시설로서 500㎡(수도권 외의 지역에서는 1천㎡) 이하인 경우는 5분의 1을 감경
> 2. 그 밖에 위반 동기, 위반 범위 및 위반 시기 등을 고려하여 대통령령으로 정하는 경우에는 100분의 75의 범위에서 대통령령으로 정하는 비율을 감경

4. 이행강제금부과에 대한 이의신청

(1) 「농지법」상 이행강제금의 불복절차: 처분의 고지를 받은 날로부터 30일 이내 → 부과권자에게 이의신청 부과권자 → 관할법원에 송부 → 「비송사건절차법」에 의해 재판

(2) 「건축법」상 이행강제금의 불복절차: 「건축법」상 이행강제금에 대한 불복은 비송사건절차가 아니라 일반적 행정쟁송인 행정심판이나 행정소송을 제기한다.

5. 이행강제금과 병과

벌금이나 과태료 등 행정벌을 받았다 하더라도 이행강제금은 병과할 수 있다.

2 건축분쟁전문위원회

1. 분쟁위원회의 업무

건축등과 관련된 다음의 분쟁의 조정(調停) 및 재정(裁定)을 하기 위하여 국토교통부에 건축분쟁전문위원회를 둔다(15명 이내의 위원, 임기3년, 연임가능).
① 건축관계자와 인근주민 간의 분쟁
② 관계전문기술자와 인근주민 간의 분쟁
③ 건축관계자와 관계전문기술자 간의 분쟁
④ 건축관계자 간의 분쟁
⑤ 인근주민 간의 분쟁
⑥ 관계전문기술자 간의 분쟁
※ 허가권자와의 분쟁 ×

2. 조정등의 신청

(1) 분쟁위원회는 당사자의 조정신청을 받으면 60일 이내에, 재정신청을 받으면 120일 이내에 절차를 마쳐야 한다. 다만, 부득이한 사정이 있으면 분쟁위원회의 의결로 기간을 연장할 수 있다.

(2) 시·도지사 또는 시장·군수·구청장은 위해 방지를 위하여 긴급한 상황이거나 그 밖에 특별한 사유가 없으면 조정등의 신청이 있다는 이유만으로 해당 공사를 중지하게 하여서는 아니 된다.

3. 조정위원회와 재정위원회

(1) 조정은 3명의 위원으로 구성되는 조정위원회에서 하고, 재정은 5명의 위원으로 구성되는 재정위원회에서 한다.

(2) 조정위원회의 위원(이하 "조정위원"이라 한다)과 재정위원회의 위원(이하 "재정위원"이라 한다)은 사건마다 분쟁위원회의 위원 중에서 위원장이 지명한다. 이 경우 재정위원회에는 판사, 검사 또는 변호사의 직에 6년 이상 재직한 자에 해당하는 위원이 1명 이상 포함되어야 한다.

(3) 조정위원회와 재정위원회의 회의는 구성원 전원의 출석으로 열고 과반수의 찬성으로 의결한다(분쟁위원회의 회의는 재적위원 과반수의 출석, 출석위원 과반수의 찬성으로 의결).

4. 분쟁의 조정

(1) 조정위원회는 조정안을 작성하면 지체 없이 각 당사자에게 조정안을 제시하여야 한다.

(2) 조정안을 제시받은 당사자는 제시를 받은 날부터 15일 이내에 수락 여부를 조정위원회에 알려야 한다.

(3) 조정위원회는 당사자가 조정안을 수락하면 즉시 조정서를 작성하여야 하며, 조정위원과 각 당사자는 이에 기명날인하여야 한다.

(4) 당사자가 조정안을 수락하고 조정서에 기명날인하면 조정서의 내용은 재판상 화해와 동일한 효력을 갖는다. 다만, 당사자가 임의로 처분할 수 없는 사항에 관한 것은 그러하지 아니하다.

5. 분쟁의 재정

(1) 재정은 문서로써 하여야 하며, 재정 문서에는 다음의 사항을 적고 재정위원이 이에 기명날인하여야 한다.

(2) 재정위원회가 재정을 한 경우 재정 문서의 정본이 당사자에게 송달된 날부터 60일 이내에 당사자 양쪽이나 어느 한쪽으로부터 그 재정의 대상인 건축물의 건축등의 분쟁을 원인으로 하는 소송이 제기되지 아니하거나 그 소송이 철회되면 그 재정 내용은 재판상 화해와 동일한 효력을 갖는다. 다만, 당사자가 임의로 처분할 수 없는 사항에 관한 것은 그러하지 아니하다.

(3) 당사자가 재정에 불복하여 소송을 제기한 경우 시효의 중단과 제소기간을 산정할 때에는 재정신청을 재판상의 청구로 본다.

(4) 분쟁위원회는 재정신청이 된 사건을 조정에 회부하는 것이 적합하다고 인정하면 직권으로 직접 조정할 수 있다.

해커스 감정평가사
ca.Hackers.com

PART 04
부동산 가격공시에 관한 법률

01 총칙
02 지가의 공시
03 주택가격의 공시
04 비주거용 부동산가격의 공시
05 부동산가격공시위원회

01 총칙

1 부동산 공시가격 개요

부동산 종류		공시가격	결정·공시기관
토지(의무적 공시)		표준지공시지가	국장
		개별공시지가	시, 군, 구청장
주택 (의무적 공시)	단독주택	표준주택가격	국장
		개별주택가격	시, 군, 구청장
	공동주택	공동주택가격	국장(국세청장)
비주거용 부동산 (임의적 공시)	일반부동산	비주거용 표준부동산가격	국장
		비주거용 개별부동산가격	시, 군, 구청장(행장, 청장)
	집합부동산	비주거용 집합부동산가격	국장(행장, 청장)

부동산 종류		공시가격	의뢰	검증	정정
토지		표준지공시지가	2 이상의 평가법인등	×	×
		개별공시지가	×	○	○
주택	단독	표준주택가격	부동산원	×	×
		개별주택가격	×	○	○
	공동	공동주택가격	부동산원	×	○
비주거용	일반	표준부동산가격	법인등 or 부동산원	×	×
		개별부동산가격	×	○	○
	집합	집합부동산가격	법인등 or 부동산원	×	○

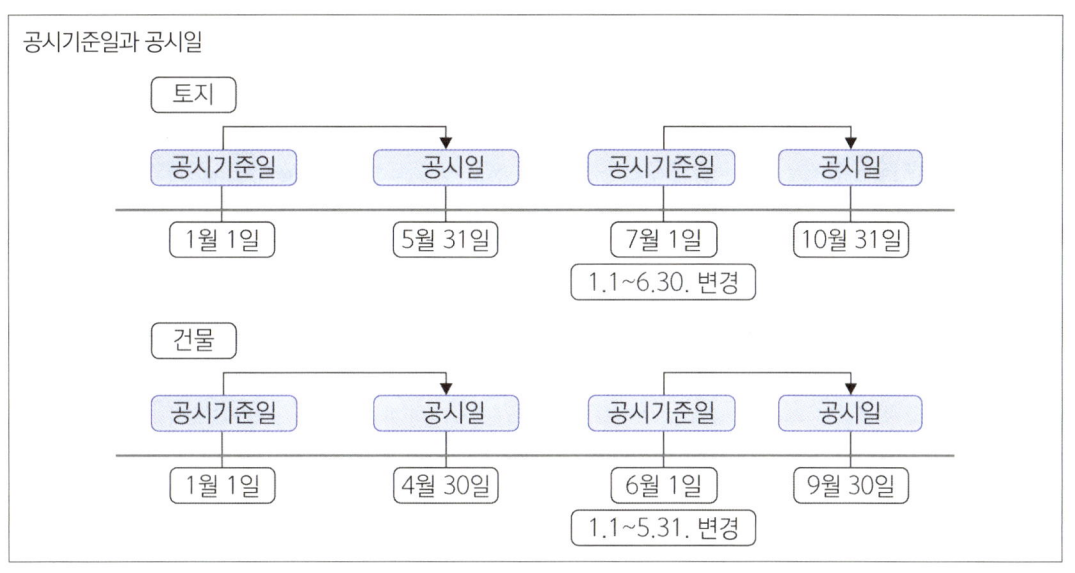

공시사항(개별공시지가 공시사항은 규정 없음)

표준지공시지가	표준주택가격 (비주거용 표준부동산가격)	개별주택가격 (비주거용 개별부동산가격)	공동주택가격 (비주거용 집합부동산가격)
1. 표준지의 지번 2. 표준지의 단위면적당 가격 3. 표준지의 면적 및 형상 4. 표준지 및 주변토지의 이용상황 5. 지목 6. 용도지역 7. 도로 상황 8. 기타 필요한 사항	1. 표준주택의 지번 2. 표준주택가격 3. 표준주택의 대지면적 및 형상 4. 표준주택의 용도, 연면적, 구조 및 사용승인일 (임시사용승인일을 포함) 5. 지목 6. 용도지역 7. 도로 상황 8. 기타 필요한 사항	1. 개별주택의 지번 2. 개별주택가격 3. 개별주택의 용도 및 면적 4. 기타 필요한 사항	1. 공동주택의 소재지·명칭·동·호수 2. 공동주택가격 3. 공동주택의 면적 4. 기타 필요한 사항

2 용어의 정의

(1) "주택"이란 「주택법」 제2조 제1호에 따른 주택을 말한다.

> 「주택법」 제2조 제1호
> "주택"이란 세대(世帶)의 구성원이 장기간 독립된 주거생활을 할 수 있는 구조로 된 건축물의 전부 또는 일부 및 그 부속토지를 말하며, 단독주택과 공동주택으로 구분한다.

(2) "공동주택"이란 「주택법」 제2조 제3호에 따른 공동주택을 말한다.

> 「주택법」 제2조 제3호
> "공동주택"이란 건축물의 벽·복도·계단이나 그 밖의 설비 등의 전부 또는 일부를 공동으로 사용하는 각 세대가 하나의 건축물 안에서 각각 독립된 주거생활을 할 수 있는 구조로 된 주택을 말하며, 그 종류와 범위는 대통령령으로 정한다.

① **아파트**: 주택으로 쓰는 층수가 5개 층 이상인 주택

② **연립주택**: 주택으로 쓰는 1개 동의 바닥면적(2개 이상의 동을 지하주차장으로 연결하는 경우에는 각각의 동으로 본다) 합계가 660㎡를 초과하고, 층수가 4개 층 이하인 주택

③ **다세대주택**: 주택으로 쓰는 1개 동의 바닥면적 합계가 660㎡ 이하이고, 층수가 4개 층 이하인 주택(2개 이상의 동을 지하주차장으로 연결하는 경우에는 각각의 동으로 본다)

(3) "단독주택"이란 공동주택을 제외한 주택을 말한다.

(4) "비주거용 부동산"이란 주택을 제외한 건축물이나 건축물과 그 토지의 전부 또는 일부를 말하며 다음과 같이 구분한다.

① **비주거용 집합부동산**: 「집합건물의 소유 및 관리에 관한 법률」에 따라 구분소유되는 비주거용 부동산

② **비주거용 일반부동산**: 가목을 제외한 비주거용 부동산

(5) "적정가격"이란 토지, 주택 및 비주거용 부동산에 대하여 통상적인 시장에서 정상적인 거래가 이루어지는 경우 성립될 가능성이 가장 높다고 인정되는 가격을 말한다.

02 지가의 공시

1 표준지공시지가

1. 총설

(1) 표준지공시지가의 의의

국토교통부장관은 토지이용상황이나 주변 환경, 그 밖의 자연적·사회적 조건이 일반적으로 유사하다고 인정되는 일단의 토지 중에서 선정한 표준지에 대하여 매년 공시기준일 현재의 단위면적당 적정가격(이하 "표준지공시지가"라 한다)을 조사·평가하고, 중앙부동산가격공시위원회의 심의를 거쳐 이를 공시하여야 한다.

(2) 표준지의 선정

① 국토교통부장관은 표준지를 선정할 때에는 일단(一團)의 토지 중에서 해당 일단의 토지를 대표할 수 있는 필지의 토지를 선정하여야 한다.
② 표준지 선정·관리 세부기준은 중앙부동산가격공시위원회의 심의를 거쳐 국토교통부장관이 정한다(표준지의 선정 및 관리지침).

(3) 공시기준일

① 원칙: 1월 1일
② 예외: 국토교통부장관은 조사·평가인력 등을 고려하여 부득이한 경우 일부 지역을 지정하여 해당 지역에 대한 공시기준일을 따로 정할 수 있다.

2. 표준지공시지가의 조사·평가

(1) 조사·평가의 기준

① 국토교통부장관이 표준지공시지가를 조사·평가하는 경우에는 인근 유사토지의 거래가격·임대료 및 해당 토지와 유사한 이용가치를 지닌다고 인정되는 토지의 조성에 필요한 비용추정액, 인근지역 및 다른 지역과의 형평성·특수성, 표준지공시지가 변동의 예측 가능성 등 제반사항을 종합적으로 참작하여야 한다.
② 인근 유사토지의 거래가격 또는 임대료의 경우: 해당 거래 또는 임대차가 당사자의 특수한 사정에 의하여 이루어지거나 토지거래 또는 임대차에 대한 지식의 부족으로 인하여 이루어진 경우에는 그러한 사정이 없었을 때에 이루어졌을 거래가격 또는 임대료를 기준으로 한다.
③ 해당 토지와 유사한 이용가치를 지닌다고 인정되는 토지의 조성에 필요한 비용추정액의 경우: 공시기준일 현재 해당 토지를 조성하기 위한 표준적인 조성비와 일반적인 부대비용으로 한다.

④ 표준지에 건물 또는 그 밖의 정착물이 있거나 지상권 또는 그 밖의 토지의 사용·수익을 제한하는 권리가 설정되어 있을 때에는 그 정착물 또는 권리가 존재하지 아니하는 것으로 보고 표준지 공시지가를 평가하여야 한다.

(2) 조사·평가의 의뢰
  1) 의뢰 대상
    ① 원칙: 둘 이상의 감정평가법인등에게 의뢰하여야 한다.
    ② 예외: 지가변동이 작은 경우 등 다음의 요건을 모두 갖춘 경우 하나의 감정평가법인등에 의뢰할 수 있다.
      ㉠ 최근 1년간 읍·면·동별 지가변동률이 전국 평균 이하인 지역
      ㉡ 개발사업 시행, 용도지역·지구 변경 등의 사유가 없는 지역
  2) 법인등의 선정기준(개별공시지가의 검증에 있어서도 동일)
    ① 선정기준일(의뢰일부터 30일 이전) 직전 1년간의 업무실적이 표준지 적정가격 조사·평가업무를 수행하기에 적정한 수준일 것
    ② 다음에 해당하지 아니할 것
      ㉠ 선정기준일부터 직전 2년간 업무정지처분을 3회 이상 받은 경우
      ㉡ 선정기준일부터 직전 1년간 과태료처분을 3회 이상 받은 경우
      ㉢ 선정기준일부터 직전 1년간 징계를 받은 소속 감정평가사의 비율이 선정기준일 현재 소속 전체 감정평가사의 10% 이상인 경우
      ㉣ 선정기준일 현재 업무정지기간이 만료된 날부터 1년이 지나지 아니한 경우

(3) 조사·평가의 절차
  ① 시·도지사 및 시·군·구청장의 의견청취
    ㉠ 감정평가법인등은 조사·평가보고서를 작성하는 경우에는 미리 해당 표준지를 관할하는 시·도지사 및 시장·군수·구청장의 의견을 들어야 한다.
    ㉡ 시장·군수 또는 구청장은 시·군·구부동산가격공시위원회의 심의를 거쳐 20일 이내에 의견을 제시해야 한다.
  ② 조사·평가보고서 작성
    ㉠ 의뢰받은 감정평가법인등은 표준지공시지가 등을 조사·평가한 후 조사·평가보고서를 작성하여 국토교통부장관에게 제출해야 한다.

> 표준지공시지가 조사·평가사항(규칙 제3조 제1항)
> 1. 토지의 소재지, 면적 및 공부상 지목
> 2. 지리적 위치
> 3. 토지 이용 상황
> 4. 「국토의 계획 및 이용에 관한 법률」에 따른 용도지역
> 5. 주위 환경

    6. 도로 및 교통 환경
    7. 토지 형상 및 지세(地勢)

- ⓒ 표준지공시지가는 제출된 조사·평가보고서에 따른 조사·평가액의 산술평균치를 기준으로 한다.
- ⓒ 국토교통부장관은 제출된 보고서에 대하여 실거래신고가격 및 감정평가 정보체계등을 활용하여 그 적정성 여부를 검토할 수 있다.
- ⓔ 국토교통부장관은 검토 결과 부적정하다고 판단되거나 조사·평가액 중 최고평가액이 최저평가액의 1.3배를 초과하는 경우에는 해당 감정평가법인등에게 보고서를 시정하여 다시 제출하게 할 수 있다.
- ⓜ 조사·평가가 관계 법령을 위반하여 수행되었다고 인정되는 경우에는 다른 감정평가법인등 2인에게 대상 표준지공시지가의 조사·평가를 다시 의뢰해야 한다.

③ 소유자의 의견청취
- ⓐ 국토교통부장관은 표준지공시지가를 공시하기 위하여 표준지의 가격을 조사·평가할 때에는 해당 토지 소유자의 의견을 들어야 한다.
- ⓑ 국토교통부장관은 표준지 소유자의 의견을 들으려는 경우에는 부동산공시가격시스템에 20일 이상 게시해야 한다.
- ⓒ 국토교통부장관은 게시사실을 표준지 소유자에게 개별 통지해야 한다.

3. 표준지공시지가의 공시(규정은 없으나 매년 2월 말경에 공시)

(1) 공시권자: 국토교통부장관

(2) 공시사항
① 표준지의 지번
② 표준지의 단위면적 당 가격
③ 표준지의 면적 및 형상
④ 표준지 및 주변토지의 이용상황
⑤ 그 밖에 대통령령으로 정하는 사항: 표준지의 지목, 용도지역, 도로상황, 그 밖에 표준지공시지가 공시에 필요한 사항

(3) 공시방법
① 관보에 공고: 공시사항의 개요, 표준지공시지가의 열람방법, 이의신청의 기간·절차 및 방법
② 부동산공시가격시스템에 게시: 표준지공시지가

(4) 개별통지(개별공시지가, 주택가격공시의 경우에도 동일)

㉠ 국토교통부장관은 필요하다고 인정하는 경우에는 표준지공시지가와 이의신청의 기간·절차 및 방법을 표준지 소유자에게 개별 통지할 수 있다.
   ※ 비주거용 개별부동산가격, 비주거용 집합부동산가격의 경우: 개별 통지하여야 한다.

㉡ 개별 통지를 하지 아니하는 경우에는 공고 및 게시사실을 방송·신문 등을 통하여 알려야 한다.

(5) 열람

시·도지사를 거쳐 시장·군수·구청장에게 송부하여 일반으로 하여금 열람하게 하여야 한다.

4. 표준지공시지가의 적용 및 효력

(1) 표준지공시지가의 적용

국가, 지방자치단체, 공공기관, 공공단체 등이 다음의 목적으로 지가를 산정할 때의 기준

① 공공용지의 매수 및 토지의 수용·사용에 대한 보상
② 국유지·공유지의 취득 또는 처분
③ 법령에 따라 조성된 용지 등의 공급 또는 분양
④ 도시개발사업 등을 위한 환지·체비지(替費地)의 매각 또는 환지신청
⑤ 토지의 관리·매입·매각·경매 또는 재평가

(2) 표준지공시지가의 효력

① 토지시장에 지가정보를 제공
② 일반적인 토지거래의 지표
③ 국가·지방자치단체 등이 그 업무와 관련하여 지가를 산정하는 기준
④ 감정평가법인등이 개별적으로 토지를 감정평가하는 기준

5. 표준지공시지가에 대한 이의신청

표준(공동)주택가격, 비주거용 표준(집합)부동산가격의 경우도 동일

(1) 이의신청

표준지공시지가에 이의가 있는 자는 그 공시일부터 30일 이내에 서면(전자문서를 포함)으로 국토교통부장관에게 이의를 신청할 수 있다.

(2) 결과 통지

이의신청 기간이 만료된 날부터 30일 이내에 이의신청을 심사하여 그 결과를 신청인에게 서면으로 통지하여야 한다.

(3) 재공시

국토교통부장관은 이의신청의 내용이 타당하다고 인정될 때에는 해당 표준지공시지가를 조정하여 다시 공시하여야 한다.

2 개별공시지가

1. 의의

① 개별공시지가란 국토교통부장관이 매년 공시하는 표준지공시지가를 기준으로 하여 시장·군수·구청장 등이 조사하여 산정한 후 결정·공시한 개별토지의 단위면적(㎡)당 가격을 말한다.
② 시장·군수 또는 구청장은 국세·지방세 등 각종 세금의 부과, 그 밖의 다른 법령에서 정하는 목적을 위한 지가산정에 사용되도록 하기 위하여 시·군·구부동산가격공시위원회의 심의를 거쳐 매년 개별공시지가를 결정·공시하고, 이를 관계 행정기관 등에 제공하여야 한다.

2. 대상토지

(1) 원칙

매년 공시지가의 공시기준일 현재 관할 구역 안의 개별토지

(2) 제외(개별공시지가를 공시하지 아니할 수 있는 토지)

① 표준지로 선정된 토지(표준지공시지가를 개별공시지가로 본다)
② 농지보전부담금 또는 개발부담금 등의 부과대상이 아닌 토지
③ 국세 또는 지방세 부과대상이 아닌 토지(국공유지의 경우에는 공공용 토지만 해당한다)

3. 공시기준일

(1) 원칙 - 공시지가의 공시기준일(1월 1일)

(2) 예외

① 공시기준일 이후에 다음의 사유가 발생한 토지
  ㉠ 분할, 합병, 신규등록, 지목변경이 된 토지
  ㉡ 국·공유에서 매각 등 사유(私有)로 된 토지로서 개별공시지가가 없는 토지
② 기준일
  ㉠ 1월 1일 ~ 6월 30일 사이에 사유발생: 그 해 7월 1일
  ㉡ 7월 1일 ~ 12월 31일 사이에 사유발생: 다음 해 1월 1일

> ※ 개별(공동)주택가격, 비주거용 개별(집합)부동산가격의 경우
> 1. 1월 1일 ~ 5월 31일 사이에 사유발생: 그 해 6월 1일
> 2. 6월 1일 ~ 12월 31일 사이에 사유발생: 다음 해 1월 1일

4. 개별공시지가의 산정

(1) 개별공시지가 조사·산정 기준
① 국토교통부장관이 기준을 정하여 시장·군수 또는 구청장에게 통보
② 기준에 포함되어야 하는 사항
　㉠ 지가형성에 영향을 미치는 토지 특성조사에 관한 사항
　㉡ 비교표준지의 선정에 관한 사항
　㉢ 토지가격비준표의 사용에 관한 사항

(2) 개별공시지가의 산정
시장·군수 또는 구청장이 하나 또는 둘 이상의 표준지의 공시지가를 기준으로 토지가격비준표를 사용하여 산정하되, 해당 토지의 가격과 표준지공시지가가 균형을 유지하도록 하여야 한다.

(3) 검증
① 감정평가법인등에 검증 의뢰: 지가현황도면 및 지가조사자료를 제공
② 검증내용
　㉠ 비교표준지 선정의 적정성에 관한 사항
　㉡ 개별토지 가격 산정의 적정성에 관한 사항
　㉢ 산정한 개별토지가격과 표준지공시지가의 균형 유지에 관한 사항
　㉣ 산정한 개별토지가격과 인근토지 지가의 균형 유지에 관한 사항
　㉤ 표준주택가격, 개별주택가격, 비주거용 표준부동산가격 및 비주거용 개별부동산가격 산정 시 고려된 토지 특성과 일치하는지 여부
　㉥ 개별토지가격 산정 시 적용된 용도지역, 토지이용상황 등 주요 특성이 공부(公簿)와 일치하는지 여부
③ 검증생략
　㉠ 개별토지의 지가변동률과 해당 읍·면·동의 연평균 지가변동률 간의 차이가 작은 순으로 생략 대상 토지를 선정
　㉡ 검증을 생략할 수 없는 토지: 개발사업 시행, 용도지역·지구 변경

(4) 소유자등 의견청취
① 개별토지의 가격을 산정할 때에는 토지소유자, 그 밖의 이해관계인의 의견을 들어야 한다.
② 의견을 들으려는 경우에는 해당 시·군 또는 구의 게시판 또는 인터넷 홈페이지에 20일 이상 게시하여 개별토지소유자등이 개별토지가격을 열람할 수 있도록 하여야 한다.
③ 시장·군수 또는 구청장은 의견을 제출받은 경우에는 의견제출기간 만료일부터 30일 이내에 심사하여 그 결과를 의견제출인에게 통지하여야 한다.

5. 개별공시지가의 결정 및 공시

(1) **공시권자**: 시장·군수 또는 구청장

(2) **공시시기**

　① 원칙: 매년 5월 31일까지

　② 예외: 분할·합병 등이 발생한 경우

　　㉠ 7월 1일이 공시기준일인 토지(1월 1일 ~ 6월 30일 사이에 사유발생): 그 해 10월 31일까지 결정·공시하여야 한다.

　　㉡ 다음 해 1월 1일이 공시기준일인 토지(7월 1일 ~ 12월 31일 사이에 사유발생): 다음 해 5월 31일까지 결정·공시하여야 한다.

> ※ 개별(공동)주택가격, 비주거용 개별(집합)부동산가격의 경우
> 1. 원칙: 매년 4월 30일까지
> 2. 예외: 분할·합병 등이 발생한 경우
>   ① 1월 1일 ~ 5월 31일 사이에 사유발생: 그 해 9월 30일
>   ② 6월 1일 ~ 12월 31일 사이에 사유발생: 다음 해 4월 30일

(3) **공시방법**

　시장·군수 또는 구청장은 개별공시지가를 공시할 때에는 조사기준일, 공시필지의 수 및 개별공시지가의 열람방법, 이의신청의 방법 등을 해당 시·군 또는 구의 게시판 또는 인터넷 홈페이지에 게시하여야 한다.

(4) **개별통지**(표준지공시지가 준용)

　① 시장·군수 또는 구청장은 필요하다고 인정하는 경우에는 개별공시지가와 이의신청의 기간·절차 및 방법을 소유자에게 개별 통지할 수 있다.

　② 개별 통지를 하지 아니하는 경우에는 공고 및 게시사실을 방송·신문 등을 통하여 알려야 한다.

6. 개별공시지가에 대한 이의신청

개별주택가격, 비주거용 개별부동산가격의 경우에도 동일

(1) **이의신청**

　개별공시지가에 이의가 있는 자는 그 결정·공시일부터 30일 이내에 서면으로 시장·군수 또는 구청장에게 이의를 신청할 수 있다.

(2) 결과 통지
① 이의신청 기간이 만료된 날부터 30일 이내에 이의신청을 심사하여 그 결과를 신청인에게 서면으로 통지하여야 한다.
② 시장·군수 또는 구청장은 제출된 이의신청을 심사하기 위하여 필요할 때에는 감정평가법인등에게 검증을 의뢰할 수 있다.

(3) 재공시
이의신청의 내용이 타당하다고 인정될 때에는 해당 개별공시지가를 조정하여 다시 결정·공시하여야 한다.

7. 개별공시지가의 정정
개별(공동)주택가격, 비주거용 개별(집합)부동산가격의 경우에도 동일

(1) 정정사유(명백한 오류가 있음을 발견한 때에는 지체 없이 정정)
① 틀린 계산
② 오기
③ 표준지 선정의 착오
④ 공시절차를 완전하게 이행하지 아니한 경우
⑤ 용도지역·용도지구 등 토지가격에 영향을 미치는 주요 요인의 조사를 잘못한 경우
⑥ 토지가격비준표의 적용에 오류가 있는 경우

(2) 절차
① 부동산가격공시위원회의 심의
② 심의를 거치지 아니할 수 있는 경우: 틀린 계산, 오기

8. 기타

(1) 지도·감독: 국토교통부장관은 개별공시지가의 결정·공시 등에 관하여 시장·군수 또는 구청장을 지도·감독할 수 있다.

(2) 개별공시지가의 결정·공시 비용의 국고 보조: 50% 이내

(3) 타인토지에의 출입
① 출입권자: 관계 공무원 또는 부동산가격공시업무를 의뢰받은 자
② 출입절차
  ㉠ 허가: 공시업무를 의뢰 받은 자 → 시장·군수 또는 구청장의 허가
  ㉡ 통지: 출입할 날의 3일 전에 그 점유자에게 일시와 장소를 통지
  ㉢ 일출 전·일몰 후: 점유자의 승인 없이 타인의 토지에 출입할 수 없다.

03 주택가격의 공시

1 단독주택가격

1. 표준주택가격

(1) 표준주택의 선정

① 국토교통부장관은 용도지역, 건물구조 등이 일반적으로 유사하다고 인정되는 일단의 단독주택 중에서 선정한 표준주택에 대하여 매년 공시기준일 현재의 적정가격(이하 "표준주택가격")을 조사·산정하고, 중앙부동산가격공시위원회의 심의를 거쳐 이를 공시하여야 한다.

② 표준주택가격의 공시기준일
표준주택가격의 공시기준일은 1월 1일로 한다. 다만, 국토교통부장관은 표준주택가격 조사·산정인력 및 표준주택 수 등을 고려하여 부득이하다고 인정하는 경우에는 일부 지역을 지정하여 해당 지역에 대한 공시기준일을 따로 정할 수 있다.

(2) 표준주택가격 조사·산정

① 조사·산정의 기준

㉠ 국토교통부장관이 표준주택가격을 조사·산정하는 경우에는 인근 유사 단독주택의 거래가격·임대료 및 해당 단독주택과 유사한 이용가치를 지닌다고 인정되는 단독주택의 건설에 필요한 비용추정액, 인근지역 및 다른 지역과의 형평성·특수성, 표준주택가격 변동의 예측가능성 등 제반사항을 종합적으로 참작하여야 한다.

㉡ 인근 유사 단독주택의 거래가격 또는 임대료의 경우: 해당 거래 또는 임대차가 당사자의 특수한 사정에 의하여 이루어지거나 단독주택거래 또는 임대차에 대한 지식의 부족으로 인하여 이루어진 경우에는 그러한 사정이 없었을 때에 이루어졌을 거래가격 또는 임대료를 기준으로 해야 한다.

㉢ 해당 단독주택과 유사한 이용가치를 지닌다고 인정되는 단독주택의 건축에 필요한 비용추정액의 경우에는 공시기준일 현재 해당 단독주택을 건축하기 위한 표준적인 건축비와 일반적인 부대비용으로 해야 한다.

㉣ 표준주택에 전세권 또는 그 밖에 단독주택의 사용·수익을 제한하는 권리가 설정되어 있을 때에는 그 권리가 존재하지 아니하는 것으로 보고 적정가격을 산정하여야 한다.

② 조사·산정의 의뢰
국토교통부장관은 표준주택가격을 조사·산정하고자 할 때에는 한국부동산원에 의뢰한다.

③ 조사 · 산정 절차

⊙ 의뢰받은 부동산원은 표준주택가격 및 다음의 사항을 조사 · 산정한 후 표준주택가격 조사 · 산정보고서를 작성하여 국토교통부장관에게 제출하여야 한다.

> 표준주택가격 조사 · 산정사항(규칙 제11조 제1항)
> 1. 주택의 소재지, 공부상 지목 및 대지면적
> 2. 주택 대지의 용도지역
> 3. 도로접면
> 4. 대지 형상
> 5. 주건물 구조 및 층수
> 6. 「건축법」에 따른 사용승인 연도
> 7. 주위 환경

⊙ 부동산원은 조사 · 산정보고서를 작성하는 경우에는 미리 해당 표준주택 소재지를 관할하는 시 · 도지사 및 시장 · 군수 · 구청장의 의견을 들어야 한다.

⊙ 시 · 도지사 및 시장 · 군수 · 구청장은 의견 제시 요청을 받은 경우에는 요청받은 날부터 20일 이내에 의견을 제시해야 한다. 이 경우 시장 · 군수 또는 구청장은 시 · 군 · 구부동산가격공시위원회의 심의를 거쳐 의견을 제시해야 한다.

⊙ 국토교통부장관은 제출된 보고서에 대하여 실거래신고가격 및 감정평가 정보체계 등을 활용하여 그 적정성 여부를 검토할 수 있다.

⊙ 국토교통부장관은 검토 결과 부적정하다고 판단되거나 표준주택가격의 조사 · 산정이 관계 법령을 위반하여 수행되었다고 인정되는 경우에는 부동산원에 보고서를 시정하여 다시 제출하게 할 수 있다.

④ 주택가격비준표 작성 · 제공

국토교통부장관은 개별주택가격의 산정을 위하여 필요하다고 인정하는 경우에는 표준주택과 산정대상 개별주택의 가격형성요인에 관한 표준적인 비교표(이하 "주택가격비준표")를 작성하여 시장 · 군수 또는 구청장에게 제공하여야 한다.

(3) 표준주택가격의 결정 및 공시(규정은 없으나 매년 1월말 경 공시)

1) 중앙부동산가격공시위원회의 심의

국토교통부장관은 표준주택에 대하여 매년 공시기준일 현재의 표준주택가격을 조사 · 산정하고, 중앙부동산가격공시위원회의 심의를 거쳐 이를 공시하여야 한다.

2) 표준주택가격의 공시사항

① 표준주택의 지번
② 표준주택가격
③ 표준주택의 대지면적 및 형상
④ 표준주택의 용도, 연면적, 구조 및 사용승인일(임시사용승인일을 포함한다)
⑤ 지목

⑥ 용도지역

⑦ 도로 상황

⑧ 그 밖에 표준주택가격 공시에 필요한 사항

3) 공시방법

① 국토교통부장관은 표준주택가격을 공시할 때에는 다음의 사항을 관보에 공고하고, 표준주택가격을 부동산공시가격시스템에 게시하여야 한다.

㉠ 공시사항의 개요

㉡ 표준주택가격의 열람방법

㉢ 이의신청의 기간·절차 및 방법

② 국토교통부장관은 필요하다고 인정하는 경우에는 표준주택가격과 이의신청의 기간·절차 및 방법을 소유자에게 개별 통지할 수 있다.

③ 국토교통부장관은 통지를 하지 아니하는 경우에는 공고 및 게시사실을 방송·신문 등을 통하여 알려 표준주택 소유자가 표준주택가격을 열람하고 필요한 경우에는 이의신청을 할 수 있도록 하여야 한다.

(4) 표준주택가격의 효력

표준주택가격은 국가·지방자치단체 등이 그 업무와 관련하여 개별주택가격을 산정하는 경우에 그 기준이 된다.

2. 개별주택가격

(1) 의의

시장·군수 또는 구청장은 시·군·구부동산가격공시위원회의 심의를 거쳐 매년 표준주택가격의 공시기준일 현재 관할 구역 안의 개별주택가격을 결정·공시하고, 이를 관계 행정기관 등에 제공하여야 한다.

(2) 대상 주택

① 시장·군수 또는 구청장은 매년 표준주택가격의 공시기준일 현재 관할 구역 안의 개별주택의 가격을 결정·공시하여야 한다.

② 제외(개별주택가격을 결정·공시하지 아니할 수 있는 단독주택)

㉠ 표준주택으로 선정된 단독주택(표준주택가격을 개별주택가격으로 본다)

㉡ 국세 또는 지방세 부과대상이 아닌 단독주택

(3) 공시기준일
① 개별주택가격의 공시기준일은 표준주택가격의 공시기준일인 1월 1일이다.
② 예외: 그 대지가 분할 또는 합병, 건축·대수선 또는 용도변경, 국유에서 매각등으로 개별주택가격이 없는 단독주택
　㉠ 1월 1일부터 5월 31일까지의 사이에 위 사유가 발생한 단독주택: 그 해 6월 1일
　㉡ 6월 1일부터 12월 31일까지의 사이에 위 사유가 발생한 단독주택: 다음 해 1월 1일

(4) 개별주택가격의 조사·산정
① 표준주택가격과 균형 유지
　시장·군수 또는 구청장이 표준주택가격을 기준으로 주택가격비준표를 사용하여 가격을 산정하되, 해당 주택의 가격과 표준주택가격이 균형을 유지하도록 하여야 한다.
② 조사·산정의 기준
　국토교통부장관은 개별주택가격 조사·산정의 기준을 정하여 시장·군수 또는 구청장에게 통보하여야 하며, 시장·군수 또는 구청장은 그 기준에 따라 개별주택가격을 조사·산정하여야 한다.

> 조사·산정의 기준에 포함되는 사항
> 1. 주택가격형성에 영향을 미치는 주택특성 조사에 관한 사항
> 2. 개별주택가격의 산정기준이 되는 표준주택(이하 "비교표준주택"이라 한다)의 선정에 관한 사항
> 3. 주택가격비준표의 사용에 관한 사항
> 4. 그 밖에 개별주택가격의 조사·산정에 필요한 사항

③ 개별주택가격의 검증
　㉠ 부동산원에 검증의뢰
　　시장·군수 또는 구청장은 개별주택가격을 결정·공시하기 위하여 부동산원에 개별주택가격의 타당성에 대한 검증을 의뢰하여야 한다.
　㉡ 자료제공
　　시장·군수 또는 구청장은 검증을 의뢰하는 경우에는 산정한 전체 개별주택가격에 대한 가격현황도면 및 가격조사자료를 제공하여야 한다.
　㉢ 검토·확인 및 의견제시
　㉣ 검증의 생략
　　ⓐ 시장·군수 또는 구청장은 부동산원의 검증이 필요 없다고 인정되는 때에는 주택가격의 변동상황 등 대통령령으로 정하는 사항을 고려하여 부동산원의 검증을 생략할 수 있다.
　　ⓑ 검증을 생략할 때에는 개별주택가격의 변동률과 해당 단독주택이 있는 시·군 또는 구의 연평균 주택가격변동률(국토교통부장관이 조사·공표하는 연평균 주택가격변동률을 말한다) 간의 차이가 작은 순으로 대상 주택을 선정하여야 한다. 다만, 개발사업이 시행되거나 용도지역·용도지구가 변경되는 등의 사유가 있는 주택은 검증 생략 대상 주택으로 선정해서는 아니 된다.
　　ⓒ 검증의 생략에 대해서는 관계 중앙행정기관의 장과 미리 협의하여야 한다.

④ 소유자등의 의견청취
  ㉠ 시장·군수 또는 구청장은 개별주택가격을 결정·공시하기 위하여 검증을 받고 토지소유자, 그 밖의 이해관계인의 의견을 들어야 한다.
  ㉡ 의견청취에 관한 사항은 법 제19조(개별토지의 가격 산정에 관한 의견청취규정)를 준용한다 (20일 이상 게시하여 열람, 의견제출만료일부터 30일 이내에 결과 통지).

(5) 개별주택가격의 결정 및 공시

1) 공시의 시기
  ① 원칙
    시장·군수 또는 구청장은 시·군·구부동산가격공시위원회의 심의를 거쳐 매년 4월 30일까지 개별주택가격을 결정·공시하여야 한다.
  ② 예외
    ㉠ 그 해 6월 1일이 공시기준일인 단독주택은 그 해 9월 30일까지 결정·공시하여야 한다.
    ㉡ 다음 해 1월 1일이 공시기준일인 단독주택은 다음 해 4월 30일까지 결정·공시하여야 한다.

2) 개별주택가격의 공시사항
  ① 개별주택의 지번
  ② 개별주택가격
  ③ 개별주택의 용도 및 면적
  ④ 그 밖에 개별주택가격 공시에 필요한 사항

3) 공시사실의 게시
  시장·군수 또는 구청장은 개별주택가격을 공시할 때에는 다음의 사항을 해당 시·군 또는 구의 게시판 또는 인터넷 홈페이지에 게시하여야 한다.
  ① 조사기준일 및 개별주택가격의 열람방법 등 개별주택가격의 결정에 관한 사항
  ② 이의신청의 기간·절차 및 방법

(6) 이의신청 및 정정

개별주택가격에 대한 이의신청 및 개별주택가격의 정정에 대하여는 제11조(개별공시지가의 이의신청) 및 제12조(개별공시지가의 정정)를 각각 준용한다.

(7) 개별주택가격의 결정·공시비용의 보조

개별주택가격의 결정·공시에 소요되는 비용의 50% 이내를 국고에서 보조할 수 있다.

(8) 개별주택가격 공시의 효력

개별주택가격은 주택시장의 가격정보를 제공하고, 국가·지방자치단체 등이 과세 등의 업무와 관련하여 주택의 가격을 산정하는 경우에 그 기준으로 활용될 수 있다.

2 공동주택가격

1. 의의

공동주택가격이란 국토교통부장관이 국가나 지방자치단체 등의 기관이 과세 등의 업무와 관련하여 공동주택(아파트, 연립주택, 다세대주택)의 가격을 산정하는 경우 그 기준으로 활용하도록 하기 위하여 매년 공시기준일 현재 적정가격을 조사·산정하여 공시한 가격을 말한다.

국토교통부장관은 공동주택에 대하여 매년 공시기준일 현재의 적정가격(이하 "공동주택가격"이라 한다)을 조사·산정하여 중앙부동산가격공시위원회의 심의를 거쳐 공시하고, 이를 관계 행정기관 등에 제공하여야 한다. 다만, 대통령령으로 정하는 바에 따라 국세청장이 국토교통부장관과 협의한 경우에는 국세청장이 공동주택가격을 별도로 결정·고시할 수 있다.

2. 공시기준일

(1) 원칙

공동주택가격의 공시기준일은 1월 1일로 한다. 다만, 국토교통부장관은 부득이하다고 인정하는 경우에는 일부 지역을 지정하여 해당 지역에 대한 공시기준일을 따로 정할 수 있다.

(2) 예외

그 대지가 분할 또는 합병, 건축·대수선 또는 용도변경, 매각 등에 따라 공동주택가격이 없는 공동주택

① 1월 1일부터 5월 31일까지의 사이에 위 사유가 발생한 공동주택: 그 해 6월 1일
② 6월 1일부터 12월 31일까지의 사이에 위 사유가 발생한 공동주택: 다음 해 1월 1일

3. 공동주택가격의 조사·산정

(1) 조사·산정의 기준

① 국토교통부장관이 공동주택가격을 조사·산정하는 경우에는 인근 유사 공동주택의 거래가격·임대료 및 해당 공동주택과 유사한 이용가치를 지닌다고 인정되는 공동주택의 건설에 필요한 비용추정액, 인근지역 및 다른 지역과의 형평성·특수성, 공동주택가격 변동의 예측 가능성 등 제반사항을 종합적으로 참작하여야 한다.

② 인근 유사 공동주택의 거래가격 또는 임대료의 경우: 해당 거래 또는 임대차가 당사자의 특수한 사정에 의하여 이루어지거나 공동주택거래 또는 임대차에 대한 지식의 부족으로 인하여 이루어진 경우에는 그러한 사정이 없었을 때에 이루어졌을 거래가격 또는 임대료를 기준으로 해야 한다.

③ 해당 공동주택과 유사한 이용가치를 지닌다고 인정되는 공동주택의 건설에 필요한 비용추정액의 경우: 공시기준일 현재 해당 공동주택을 건축하기 위한 표준적인 건축비와 일반적인 부대비용으로 해야 한다.

④ 공동주택에 전세권 또는 그 밖에 공동주택의 사용·수익을 제한하는 권리가 설정되어 있을 때에는 그 권리가 존재하지 아니하는 것으로 보고 적정가격을 산정하여야 한다.

(2) 조사 · 산정의 의뢰

국토교통부장관이 공동주택가격을 조사 · 산정하고자 할 때에는 부동산원에 의뢰한다.

(3) 조사 · 산정 절차

① 공동주택가격 조사 · 산정을 의뢰받은 부동산원은 공동주택가격 및 그 밖에 국토교통부령으로 정하는 사항을 조사 · 산정한 후 공동주택가격 조사 · 산정보고서를 작성하여 국토교통부장관에게 제출하여야 한다.

> 공동주택가격 조사 · 산정사항(규칙 제19조 제1항)
> 1. 공동주택의 소재지, 단지명, 동명 및 호명
> 2. 공동주택의 면적 및 공시가격
> 3. 그 밖에 공동주택가격 조사 · 산정에 필요한 사항

② 국토교통부장관은 보고서를 제출받으면 행정안전부장관, 국세청장, 시 · 도지사, 시장 · 군수 또는 구청장에게 해당 보고서를 제공해야 한다.

③ 국토교통부장관은 제출된 보고서에 대하여 실거래신고가격 및 감정평가 정보체계 등을 활용하여 그 적정성 여부를 검토할 수 있다.

④ 국토교통부장관은 검토 결과 부적정하다고 판단되거나 공동주택가격의 조사 · 산정이 관계 법령을 위반하여 수행되었다고 인정되는 경우에는 부동산원에 보고서를 시정하여 다시 제출하게 할 수 있다.

(4) 소유자의 의견청취(표준지 소유자의 의견청취 규정 준용)

국토교통부장관은 공동주택가격을 공시하기 위하여 그 가격을 산정할 때에는 대통령령으로 정하는 바에 따라 공동주택소유자와 그 밖의 이해관계인의 의견을 들어야 한다.

4. 공동주택가격의 공시

(1) 공시의 시기

1) 원칙

국토교통부장관은 중앙부동산가격공시위원회의 심의를 거쳐 매년 4월 30일까지 공동주택가격을 산정 · 공시하여야 한다.

2) 예외

① 6월 1일이 공시기준일인 공동주택은 9월 30일까지 공시하여야 한다.

② 다음 해 1월 1일이 공시기준일인 공동주택은 다음 해 4월 30일까지 공시하여야 한다.

(2) 공동주택가격의 공시사항

① 공동주택의 소재지·명칭·동·호수

② 공동주택가격

③ 공동주택의 면적

④ 그 밖에 공동주택가격 공시에 필요한 사항

(3) 공시방법

공동주택가격을 공시할 때에는 다음의 사항을 관보에 공고하고, 공동주택가격을 부동산공시가격시스템에 게시하여야 한다.

① 공시사항의 개요

② 공동주택가격의 열람방법

③ 이의신청의 기간·절차 및 방법

(4) 관계 행정기관 등에 제공

국토교통부장관은 공동주택가격 공시사항을 공고일부터 10일 이내에 행정안전부장관, 국세청장, 시장·군수 또는 구청장에게 제공하여야 한다.

(5) 공시의 효력

공동주택가격은 주택시장의 가격정보를 제공하고, 국가·지방자치단체 등이 과세 등의 업무와 관련하여 주택의 가격을 산정하는 경우에 그 기준으로 활용될 수 있다.

5. 공동주택가격의 정정

(1) 국토교통부장관은 공시한 가격에 틀린 계산 등 명백한 오류가 있음을 발견한 때에는 지체 없이 이를 정정하여야 한다.

(2) 정정사유

① 틀린 계산

② 오기

③ 법 제18조에 따른 공시절차를 완전하게 이행하지 아니한 경우

④ 공동주택가격에 영향을 미치는 동·호수 및 층의 표시 등 주요 요인의 조사를 잘못한 경우

(3) 중앙부동산가격공시위원회의 심의

공동주택가격의 오류를 정정하려는 경우에는 중앙부동산가격공시위원회의 심의를 거쳐 정정사항을 결정·공시하여야 한다. 다만, 틀린 계산 또는 오기의 경우에는 중앙부동산가격공시위원회의 심의를 거치지 아니할 수 있다.

비주거용 부동산가격의 공시

1 비주거용 일반부동산

1. 비주거용 표준부동산가격(기본적으로 표준주택가격의 공시절차 준용)

(1) 국토교통부장관은 용도지역, 이용상황, 건물구조 등이 일반적으로 유사하다고 인정되는 일단의 비주거용 일반부동산 중에서 선정한 비주거용 표준부동산에 대하여 매년 공시기준일 현재의 적정가격(이하 "비주거용 표준부동산가격"이라 한다)을 조사·산정하고, 중앙부동산가격공시위원회의 심의를 거쳐 이를 공시할 수 있다(임의적).

(2) 비주거용 표준부동산가격의 공시사항

> ① 비주거용 표준부동산의 지번
> ② 비주거용 표준부동산가격
> ③ 비주거용 표준부동산의 대지면적 및 형상
> ④ 비주거용 표준부동산의 용도, 연면적, 구조 및 사용승인일(임시사용승인일을 포함한다)
> ⑤ 지목
> ⑥ 용도지역
> ⑦ 도로 상황
> ⑧ 그 밖에 비주거용 표준부동산가격 공시에 필요한 사항

(3) 의뢰

국토교통부장관은 비주거용 표준부동산가격을 조사·산정하려는 경우 감정평가법인등 또는 부동산원에게 의뢰한다.

(4) 비주거용 표준부동산가격 공시의 효력

비주거용 표준부동산가격은 국가·지방자치단체 등이 그 업무와 관련하여 비주거용 개별부동산가격을 산정하는 경우에 그 기준이 된다.

2. 비주거용 개별부동산가격(기본적으로 개별주택가격의 공시절차 준용)

(1) 시장·군수 또는 구청장은 시·군·구부동산가격공시위원회의 심의를 거쳐 매년 비주거용 표준부동산가격의 공시기준일 현재 관할 구역 안의 비주거용 개별부동산의 가격을 결정·공시할 수 있다. 다만, 행정안전부장관 또는 국세청장이 국토교통부장관과 협의하여 비주거용 개별부동산의 가격을 별도로 결정·고시하는 경우는 제외한다.

(2) 비주거용 개별부동산가격의 공시사항

> ① 비주거용 부동산의 지번
> ② 비주거용 부동산가격
> ③ 비주거용 개별부동산의 용도 및 면적
> ④ 그 밖에 비주거용 개별부동산가격 공시에 필요한 사항

2 비주거용 집합부동산가격(기본적으로 공동주택가격의 공시절차 준용)

1. 국토교통부장관은 비주거용 집합부동산에 대하여 매년 공시기준일 현재의 적정가격(이하 "비주거용 집합부동산가격"이라 한다)을 조사·산정하여 법 제24조에 따른 중앙부동산가격공시위원회의 심의를 거쳐 공시할 수 있다. 이 경우 시장·군수 또는 구청장은 비주거용 집합부동산가격을 결정·공시한 경우에는 이를 관계 행정기관 등에 제공하여야 한다.

2. 행정안전부장관 또는 국세청장이 국토교통부장관과 협의하여 비주거용 집합부동산의 가격을 별도로 결정·고시하는 경우에는 해당 비주거용 집합부동산의 비주거용 개별부동산가격을 결정·공시하지 아니한다.

3. 국토교통부장관은 비주거용 집합부동산가격을 조사·산정할 때에는 부동산원 또는 감정평가법인등에게 의뢰한다.

4. 비주거용 개별부동산가격 및 비주거용 집합부동산가격은 비주거용 부동산시장에 가격정보를 제공하고, 국가·지방자치단체 등이 과세 등의 업무와 관련하여 비주거용 부동산의 가격을 산정하는 경우에 그 기준으로 활용될 수 있다.

05 부동산가격공시위원회

1 중앙부동산가격공시위원회

1. 심의사항

다음의 사항을 심의하기 위하여 국토교통부장관 소속으로 중앙부동산가격공시위원회를 둔다.
① 부동산 가격공시 관계 법령의 제정·개정에 관한 사항 중 국토교통부장관이 심의에 부치는 사항
② 표준지의 선정 및 관리지침, 표준지공시지가, 이의신청에 관한 사항
③ 표준주택의 선정 및 관리지침, 표준주택가격, 이의신청에 관한 사항
④ 공동주택의 조사 및 산정지침, 공동주택가격, 이의신청에 관한 사항
⑤ 비주거용 표준부동산의 선정 및 관리지침, 비주거용 표준부동산가격, 이의신청에 관한 사항
⑥ 비주거용 집합부동산의 조사 및 산정 지침, 비주거용 집합부동산가격, 이의신청에 관한 사항
⑦ 적정가격 반영을 위한 계획 수립에 관한 사항
⑧ 그 밖에 부동산정책에 관한 사항 등 국토교통부장관이 심의에 부치는 사항

2. 위원회의 구성 등

(1) 구성

① 위원회는 위원장을 포함한 20명 이내의 위원으로 구성하며, 성별을 고려하여야 한다.
② 위원장은 국토교통부 제1차관이 된다.
③ 부위원장 1명을 두며, 부위원장은 위원 중 위원장이 지명하는 사람이 된다.
④ 위원회의 위원은 대통령령으로 정하는 중앙행정기관의 장이 지명하는 6명 이내의 공무원과 다음의 어느 하나에 해당하는 사람 중 국토교통부장관이 위촉하는 사람이 된다.
  ㉠ 「고등교육법」에 따른 대학에서 토지·주택 등에 관한 이론을 가르치는 조교수 이상으로 재직하고 있거나 재직하였던 사람
  ㉡ 판사, 검사, 변호사 또는 감정평가사의 자격이 있는 사람
  ㉢ 부동산가격공시 또는 감정평가 관련 분야에서 10년 이상 연구 또는 실무경험이 있는 사람

(2) 회의

① 위원장은 중앙부동산가격공시위원회의 회의를 소집할 때에는 개회 3일 전까지 의안을 첨부하여 위원에게 개별 통지하여야 한다.
② 중앙부동산가격공시위원회의 회의는 재적위원 과반수의 출석으로 개의(開議)하고, 출석위원 과반수의 찬성으로 의결한다.

2 시·군·구부동산가격공시위원회

1. 심의사항
다음의 사항을 심의하기 위하여 시장·군수 또는 구청장 소속으로 시·군·구부동산가격공시위원회를 둔다.
① 개별공시지가의 결정, 이의신청에 관한 사항
② 개별주택가격의 결정, 이의신청에 관한 사항
③ 비주거용 개별부동산가격의 결정, 이의신청에 관한 사항
④ 그 밖에 시장·군수 또는 구청장이 심의에 부치는 사항

2. 위원회의 구성 등
① 시·군·구부동산가격공시위원회는 위원장 1명을 포함한 10명 이상 15명 이하의 위원으로 구성하며, 성별을 고려하여야 한다.
② 시·군·구부동산가격공시위원회 위원장은 부시장·부군수 또는 부구청장이 된다.
③ 시·군·구부동산가격공시위원회 위원은 시장·군수 또는 구청장이 지명하는 6명 이내의 공무원과 다음의 어느 하나에 해당하는 사람 중에서 시장·군수 또는 구청장이 위촉하는 사람이 된다.
　㉠ 부동산 가격공시 또는 감정평가에 관한 학식과 경험이 풍부하고 해당 지역의 사정에 정통한 사람
　㉡ 시민단체에서 추천한 사람

ca.Hackers.com

해커스 감정평가사
ca.Hackers.com

PART 05
감정평가 및 감정평가사에 관한 법률

01 총칙
02 감정평가
03 감정평가사
04 징계
05 과징금 및 보칙
06 벌칙

01 총칙

1 개요

합격	자격증 교부	실무수습 (교육연수)	등록	사무소개설 법인설립인가	업무	행정처분
1차+2차 면제+2차	결격사유	1년 (4주)	거부사유 취소사유	사무소개설 제한 법인 설립요건	평가서 성실의무 등	인가취소 등 징계 과징금

「감정평가 및 감정평가사에 관한 법률」

2 용어의 정의

「감정평가 및 감정평가사에 관한 법률」(이하 PART 05에서 법이라 함)에서 사용하는 용어의 뜻은 다음과 같다.

(1) "토지등"이란 토지 및 그 정착물, 동산, 그 밖에 대통령령으로 정하는 재산과 이들에 관한 소유권 외의 권리를 말한다.

> "대통령령으로 정하는 재산"이란 다음 각 호의 재산을 말한다(영 제2조).
> 1. 저작권·산업재산권·어업권·양식업권·광업권 및 그 밖의 물권에 준하는 권리
> 2. 「공장 및 광업재단 저당법」에 따른 공장재단과 광업재단
> 3. 「입목에 관한 법률」에 따른 입목
> 4. 자동차·건설기계·선박·항공기 등 관계 법령에 따라 등기하거나 등록하는 재산
> 5. 유가증권

(2) "감정평가"란 토지등의 경제적 가치를 판정하여 그 결과를 가액(價額)으로 표시하는 것을 말한다.

(3) "감정평가업"이란 타인의 의뢰에 따라 일정한 보수를 받고 토지등의 감정평가를 업(業)으로 행하는 것을 말한다.

(4) "감정평가법인등"이란 법 제21조에 따라 사무소를 개설한 감정평가사와 제29조에 따라 인가를 받은 감정평가법인을 말한다.

1. 감정평가의 기준

(1) 감정평가법인등이 토지를 감정평가하는 경우
① 그 토지와 이용가치가 비슷하다고 인정되는 표준지공시지가를 기준으로 하여야 한다.
② 다만, 적정한 실거래가가 있는 경우에는 이를 기준으로 할 수 있다.

(2) 임대료, 조성비용 등을 고려하여 감정평가를 할 수 있는 경우
① 「자산재평가법」에 따른 토지등의 감정평가
② 법원에 계속 중인 소송 또는 경매를 위한 토지등의 감정평가(보상과 관련된 감정평가는 제외)
③ 금융기관·보험회사·신탁회사 등 타인의 의뢰에 따른 토지등의 감정평가

(3) 세부 기준
① 감정평가법인등이 준수하여야 할 원칙과 기준은 국토교통부령으로 정한다.
② 국토교통부장관은 감정평가법인등이 감정평가를 할 때 필요한 세부적인 기준(이하 "실무기준"이라 한다)의 제정 등에 관한 업무를 수행하기 위하여 전문성을 갖춘 민간법인 또는 단체(이하 "기준제정기관"이라 한다)를 지정할 수 있다.
③ 국토교통부장관은 필요하다고 인정되는 경우 감정평가관리·징계위원회의 심의를 거쳐 기준제정기관에 실무기준의 내용을 변경하도록 요구할 수 있다.

2. 감정평가의 의뢰

(1) 국가등의 의뢰
국가, 지방자치단체, 「공공기관의 운영에 관한 법률」에 따른 공공기관 또는 그 밖에 대통령령으로 정하는 공공단체(신용협동조합, 새마을금고)(이하 "국가등"이라 한다)가 토지등의 관리·매입·매각·경매·재평가 등을 위하여 토지등을 감정평가하려는 경우에는 감정평가법인등에 의뢰하여야 한다.

(2) 금융기관등의 의뢰
금융기관·보험회사·신탁회사 또는 그 밖에 대통령령으로 정하는 기관(지방공사)이 대출, 자산의 매입·매각·관리 또는 「주식회사 등의 외부감사에 관한 법률」에 따른 재무제표 작성을 포함한 기업의 재무제표 작성 등과 관련하여 토지등의 감정평가를 하려는 경우에는 감정평가법인등에 의뢰하여야 한다.

(3) 한국감정평가사협회에 추천 요청

① 감정평가를 의뢰하려는 자는 한국감정평가사협회에 요청하여 추천받은 감정평가법인등에 감정평가를 의뢰할 수 있다.

② 감정평가업자 추천을 요청받은 경우에는 요청을 받은 날부터 7일 이내에 감정평가법인등을 추천해야 한다.

3. 감정평가서

(1) 감정평가서 발급

① 감정평가법인등은 감정평가를 의뢰받은 때에는 지체 없이 감정평가를 실시한 후 수수료 등이 완납되는 즉시 감정평가 의뢰인에게 감정평가서를 발급하여야 한다(국가·지방자치단체, 공공기관이거나 감정평가업자와 감정평가 의뢰인 간에 특약이 있는 경우에는 수수료 등을 완납하기 전에 감정평가서를 발급할 수 있다).

② 감정평가가 금융기관·보험회사·신탁회사 또는 신용협동조합, 새마을금고로부터 대출을 받기 위하여 의뢰된 때에는 대출기관에 직접 감정평가서를 송부할 수 있다. 이 경우 감정평가 의뢰인에게는 그 사본을 송부하여야 한다.

(2) 서명과 날인

감정평가서에는 감정평가법인등의 사무소 또는 법인의 명칭을 적고, 감정평가를 한 감정평가사가 그 자격을 표시한 후 서명과 날인을 하여야 한다. 이 경우 감정평가법인의 경우에는 그 대표사원 또는 대표이사도 서명이나 날인을 하여야 한다.

(3) 보존(위반시 300만원이하의 과태료)

① 감정평가법인등은 감정평가서의 발급일로부터 원본은 5년, 관련 서류는 2년 이상 보존하여야 한다.

② 해산·폐업하는 경우
  ㉠ 원본과 관련 서류를 30일 이내에 국토교통부장관에게 제출
  ㉡ 국토교통부장관은 감정평가서의 발급일로부터 원본은 5년, 관련 서류는 2년 동안 보존하여야 한다.

4. 감정평가서 심사 등

적정성 심사	감정평가법인은 감정평가서를 의뢰인에게 발급하기 전에 감정평가서의 적정성을 같은 법인 소속의 다른 감정평가사에게 심사하게 하고, 그 적정성을 심사한 감정평가사로 하여금 감정평가서에 그 심사사실을 표시하고 서명과 날인을 하게 하여야 한다.
적정성 검토	감정평가 의뢰인 등(다른 권리구제 절차로 구제 받을 수 있는 자는 제외)은 발급된 감정평가서의 적정성에 대한 검토를 다른 감정평가법인등에게 의뢰할 수 있다.
타당성 조사	① 국토교통부장관은 감정평가서가 발급된 후 해당 감정평가가 타당하게 이루어졌는지를 직권으로 또는 관계 기관 등의 요청에 따라 조사할 수 있다. ② 타당성 조사를 할 경우에는 해당 감정평가법인등 및 의뢰인에게 의견진술기회를 주어야 한다. ③ 통지를 받은 날부터 10일 이내에 국토교통부장관에게 의견을 제출할 수 있다.

표본조사	① 국토교통부장관은 감정평가 제도를 개선하기 위하여 발급된 감정평가서에 대한 표본조사를 실시할 수 있다.
	② 무작위추출방식, 우선추출방식
	③ 우선추출방식
	   ㉠ 최근 3년 이내에 실시한 타당성 조사 결과 부실이 발생한 분야
	   ㉡ 무작위추출 표본조사 실시한 결과 법 위반 사례가 다수 발생한 분야
	   ㉢ 협회의 요청을 받아 국토교통부장관이 필요하다고 인정하는 분야
	④ 국토교통부장관은 표본조사 결과 감정평가 제도의 개선이 필요하다고 인정되는 경우에는 기준제정기관에 감정평가의 방법과 절차 등에 관한 개선 의견을 요청할 수 있다.

5. 감정평가 정보체계

① 국토교통부장관은 국가등이 의뢰하는 감정평가와 관련된 정보 및 자료를 효율적이고 체계적으로 관리하기 위하여 감정평가 정보체계를 구축·운영할 수 있다.
② 감정평가 정보체계 등록(위반시 150만원 이하의 과태료)
    감정평가법인등은 감정평가서 발급일부터 40일 이내에 감정평가 결과를 감정평가 정보체계에 등록해야 한다.

03 감정평가사

1 업무와 자격

1. 감정평가법인등의 업무

① 「부동산 가격공시에 관한 법률」에 따라 감정평가법인등이 수행하는 업무
② 「부동산 가격공시에 관한 법률」 제8조 제2호(공공용지의 매수 및 토지의 수용 등)에 따른 목적을 위한 토지등의 감정평가
③ 「자산재평가법」에 따른 토지등의 감정평가
④ 법원에 계속 중인 소송 또는 경매를 위한 토지등의 감정평가
⑤ 금융기관·보험회사·신탁회사 등 타인의 의뢰에 따른 토지등의 감정평가
⑥ 감정평가와 관련된 상담 및 자문
⑦ 토지등의 이용 및 개발 등에 대한 조언이나 정보 등의 제공
⑧ 다른 법령에 따라 감정평가법인등이 할 수 있는 토지등의 감정평가
⑨ ①부터 ⑧까지의 업무에 부수되는 업무

2. 자격

(1) 자격

감정평가사시험에 합격한 사람은 감정평가사의 자격이 있다.

(2) 결격사유 (파금31중 취35)

① 파산자
② 금고 이상의 실형을 선고받고 그 집행이 종료(면제)된 날부터 3년이 지나지 아니한 사람
③ 금고 이상의 형의 집행유예를 받고 그 유예기간이 만료된 날부터 1년이 지나지 아니한 사람
④ 금고 이상의 형의 선고유예를 받고 그 선고유예기간 중에 있는 사람
⑤ 감정평가사 자격이 취소된 후 3년이 지나지 아니한 사람(아래 ⑥에 해당하는 사람은 제외)
⑥ 직무와 관련하여 금고 이상의 형을 선고받아 그 형이 확정된 경우 및 업무정지 1년 이상의 징계처분을 2회 이상 받은 후 다시 징계받아 자격취소 후 5년이 지나지 아니한 사람

(3) 자격취소

　① 자격취소 사유: 국토교통부장관, 취소하여야 한다.
　　㉠ 부정한 방법으로 감정평가사의 자격을 받은 경우
　　㉡ 자격취소에 해당하는 징계를 받은 경우
　② 자격증 반납: 처분일부터 7일 이내에 국토교통부장관에게 반납

2 등록

1. 등록 및 갱신등록

① 등록: 감정평가사 자격이 있는 사람이 감정평가법인등의 업무를 하려는 경우에는 실무수습(1년, 1차 면제자는 4주) 또는 교육연수(25시간, 등록취소 및 업무정지의 징계를 받은 감정평가사)를 마치고 국토교통부장관에게 등록하여야 한다.
② 갱신: 등록한 감정평가사는 5년마다 그 등록을 갱신하여야 한다.

2. 등록 거부사유: 거부하여야 한다(결실취3정미).

① 결격사유에 해당하는 경우
② 실무수습 또는 교육연수를 받지 아니한 경우
③ 등록이 취소된 후 3년이 지나지 아니한 경우
④ 업무정지 기간이 지나지 아니한 경우
⑤ 미성년자 또는 피성년후견인ㆍ피한정후견인

3. 등록 취소사유: 취소하여야 한다(결사신징).

① 결격사유에 해당하는 경우
② 사망한 경우
③ 등록취소를 신청한 경우
④ 등록취소에 해당하는 징계를 받은 경우

4. 외국감정평가사

① 외국의 감정평가사 자격을 가진 사람으로서 결격사유에 해당하지 아니하는 사람은 그 본국에서 대한민국정부가 부여한 감정평가사 자격을 인정하는 경우에 한정하여 국토교통부장관의 인가를 받아 감정평가법인등의 업무를 수행할 수 있다.
② 국토교통부장관은 인가를 하는 경우 필요하다고 인정하는 때에는 그 업무의 일부를 제한할 수 있다.

> 외국감정평가사에게 제한할 수 없는 업무(영 제19조 제3항)
> ㉠ 감정평가와 관련된 상담 및 자문
> ㉡ 토지등의 이용 및 개발 등에 대한 조언이나 정보 등의 제공
> ㉢ 위 업무에 부수되는 업무

3 권리와 의무

1. 감정평가사사무소

① 등록을 한 감정평가사가 감정평가사사무소를 개설할 수 있다.
② **합동사무소**: 2명 이상의 감정평가사를 두어야 한다.
③ 감정평가사는 1개의 사무소만을 설치할 수 있다.
④ 소속 감정평가사가 아닌 사람에게 업무를 하게 하여서는 아니된다.
⑤ **고용관계 종료**: 국토교통부장관에게 신고하여야 한다.

2. 사무직원의 결격사유(미징31중 취153정)

① 미성년자 또는 피성년후견인·피한정후견인
② 이 법 또는 「형법」 등의 법률(뇌물 관련 죄)에 따라 유죄 판결을 받은 사람으로서 다음의 어느 하나에 해당하는 사람
　㉠ 징역 이상의 형을 선고받고 그 집행이 끝나거나 그 집행을 받지 아니하기로 확정된 후 3년이 지나지 아니한 사람
　㉡ 징역형의 집행유예를 선고받고 그 유예기간이 지난 후 1년이 지나지 아니한 사람
　㉢ 징역형의 선고유예를 받고 그 유예기간 중에 있는 사람
③ 감정평가사 자격이 취소된 후 1년이 경과되지 아니한 사람. 다만, ④ 또는 ⑤에 해당하는 사람은 제외한다.
④ 법 제39조 제1항 제11호(직무관련 금고 이상 형의 확정에 의한 징계)에 따라 자격이 취소된 후 5년이 경과되지 아니한 사람
⑤ 법 제39조 제1항 제12호(업무정지 1년 이상의 징계처분을 2회 이상 받은 후 다시 징계)에 따라 자격이 취소된 후 3년이 경과되지 아니한 사람
⑥ 업무가 정지된 감정평가사로서 그 업무정지 기간이 지나지 아니한 사람

3. 감정평가법인등의 의무

① 신의와 성실로써 공정하게 하여야 하며, 고의 또는 중대한 과실로 업무를 잘못하여서는 아니 된다.
② 감정평가법인등은 자기 또는 친족 소유, 그 밖에 불공정하게 업무를 수행할 우려가 있다고 인정되는 토지등에 대해서는 그 업무를 수행하여서는 아니 된다.
③ 감정평가법인등은 토지등의 매매업을 직접 하여서는 아니 된다.
④ 감정평가법인등이나 그 사무직원은 수수료와 실비 외에는 어떠한 명목으로도 그 업무와 관련된 대가를 받아서는 아니 되며, 감정평가 수주의 대가로 금품 또는 재산상의 이익을 제공하거나 제공하기로 약속하여서는 아니 된다.
⑤ 감정평가사, 감정평가사가 아닌 사원 또는 이사 및 사무직원은 둘 이상의 감정평가법인 또는 감정평가사사무소에 소속될 수 없으며, 소속된 감정평가법인 이외의 다른 감정평가법인의 주식을 소유할 수 없다.
⑥ 감정평가법인등이나 사무직원은 부정한 유도 또는 요구에 따라서는 아니 된다.
⑦ 감정평가법인등이나 그 사무직원 또는 감정평가법인등이었거나 그 사무직원이었던 사람은 업무상 알게 된 비밀을 누설하여서는 아니 된다. 다만, 다른 법령에 특별한 규정이 있는 경우에는 그러하지 아니하다.
⑧ 감정평가사 또는 감정평가법인등은 다른 사람에게 자기의 성명 또는 상호를 사용하여 업무를 수행하게 하거나 자격증·등록증 또는 인가증을 양도·대여하거나 이를 부당하게 행사하여서는 아니 되며 위 행위를 알선해서는 아니 된다.

4. 손해배상책임

① 고의 또는 과실로 적정가격과 현저한 차이가 있게 감정평가: 손해를 배상할 책임이 있다.
② 손해배상책임을 위한 보증보험: 감정평가사 1명당 1억원 이상

4 감정평가법인

1. 설립

① 감정평가사의 비율: 전체 사원 또는 이사의 100분의 90 이상
② 감정평가법인의 대표사원 또는 대표이사는 감정평가사여야 한다.
③ • 감정평가법인의 감정평가사의 수: 5명 이상
  • 주재하는 최소 감정평가사의 수: 주사무소 2명, 분사무소 2명
④ 설립인가: 국토교통부장관
⑤ 합병: 사원 전원의 동의 또는 주주총회의 의결이 있는 때에는 국토교통부장관의 인가를 받아 합병할 수 있다.

2. 해산

① **해산사유**: 정관으로 정한 해산 사유의 발생, 사원총회 또는 주주총회의 결의, 합병, 설립인가의 취소, 파산, 법원의 명령 또는 판결
② **해산절차**: 법인이 해산한 때에는 국토교통부장관에게 신고하여야 한다(인가 ×).

3. 자본금

① 감정평가법인의 자본금은 2억원 이상이어야 한다.
② **자본금 미달**: 사업연도가 끝난 후 6개월 이내에 사원의 증여로 보전하거나 증자하여야 한다.

4. 인가취소

① **필요적 취소**: 취소하여야 한다.
    ㉠ 업무정지처분 기간 중에 업무를 한 경우
    ㉡ 감정평가사의 수에 미달한 날부터 3개월 이내에 감정평가사를 보충하지 아니한 경우
② **소멸시효**
    설립인가의 취소 및 업무정지처분은 위반 사유가 발생한 날부터 5년이 지나면 할 수 없다.

04 징계

1. 징계의 종류
① 자격의 취소
② 등록의 취소
③ 2년 이하의 업무정지
④ 견책

2. 자격취소의 징계 사유
① 금고 이상의 형이 확정된 경우
② 업무정지 1년 이상의 징계처분을 2회 이상 받은 후 다시 징계사유가 있는 사람
③ 자격증·등록증 또는 인가증을 양도 또는 대여한 경우

3. 징계절차
① 국토교통부장관은 감정평가관리·징계위원회의 의결에 따라 징계
② 징계의결
　㉠ 국토교통부장관의 요구에 따라 한다.
　㉡ 징계의결의 요구는 위반사유가 발생한 날부터 5년이 지나면 할 수 없다.
　㉢ 감정평가관리·징계위원회는 징계의결을 요구받은 날부터 60일 이내에 징계에 관한 의결을 해야 한다. 다만, 부득이한 사유가 있을 때에는 감정평가관리·징계위원회의 의결로 30일의 범위에서 그 기간을 한 차례만 연장할 수 있다.
③ 징계의 공고
국토교통부장관은 징계를 한 때에는 지체 없이 그 구체적인 사유를 해당 감정평가사, 감정평가법인 등 및 협회에 각각 알리고, 그 내용을 관보 또는 인터넷 홈페이지 등에 게시 또는 공고하여야 한다.
④ 협회
　㉠ 국토교통부장관에게 징계를 요청할 수 있다.
　㉡ 협회는 징계에 관해 통보받은 내용을 협회가 운영하는 인터넷홈페이지에 3개월 이상 게재하는 방법으로 공개하여야 한다.
　㉢ 감정평가를 의뢰하려는 자가 징계 정보의 열람을 신청하는 경우에는 그 정보를 제공하여야 한다.

4. 감정평가관리 · 징계위원회

(1) 심의 · 의결사항

다음의 사항을 심의 또는 의결하기 위하여 국토교통부에 감정평가관리 · 징계위원회를 둔다.

① 감정평가 관계 법령의 제정 · 개정에 관한 사항 중 국토교통부장관이 회의에 부치는 사항

② 법 제3조 제5항에 따른 실무기준의 변경에 관한 사항

③ 법 제14조에 따른 감정평가사시험에 관한 사항

④ 법 제23조에 따른 수수료의 요율 및 실비의 범위에 관한 사항

⑤ 법 제39조에 따른 징계에 관한 사항

⑥ 그 밖에 감정평가와 관련하여 국토교통부장관이 회의에 부치는 사항

(2) 위원회의 구성

① 위원회는 위원장 1명과 부위원장 1명을 포함하여 13명의 위원으로 구성하며, 성별을 고려하여야 한다.

② 위원회의 위원장은 영 제37조 제3항 제2호(변호사) 또는 제3호의 위원(조교수 이상) 중에서, 부위원장은 같은 항 제1호의 위원(4급이상 공무원) 중에서 국토교통부장관이 위촉하거나 지명하는 사람이 된다.

③ 공무원이 아닌 위원의 임기는 2년으로 하며, 한 차례만 연임할 수 있다.

(3) 위원회의 위원

① 국토교통부의 4급 이상 공무원 중에서 국토교통부장관이 지명하는 사람 3명

② 변호사 중에서 국토교통부장관이 위촉하는 사람 2명

③ 「고등교육법」에 따른 대학에서 토지 · 주택 등에 관한 이론을 가르치는 조교수 이상으로 재직하고 있거나 재직하였던 사람 중에서 국토교통부장관이 위촉하는 사람 4명

④ 협회의 장이 소속 상임임원 중에서 추천하여 국토교통부장관이 위촉하는 사람 1명

⑤ 한국부동산원장이 소속 상임이사 중에서 추천하여 국토교통부장관이 위촉하는 사람 1명

⑥ 감정평가사 자격을 취득한 날부터 10년 이상 지난 감정평가사 중에서 국토교통부장관이 위촉하는 사람 2명

(4) 감정평가관리 · 징계위원회의 의결

감정평가관리 · 징계위원회의 회의는 재적위원 과반수의 출석으로 개의(開議)하고, 출석위원 과반수의 찬성으로 의결한다.

05 과징금 및 보칙

1. 과징금

(1) 과징금의 부과

① 부과권자: 국토교통부장관

② 부과사유

㉠ 업무정지처분을 갈음하여 과징금을 부과할 수 있다.

㉡ 합병 후 존속하거나 합병으로 신설된 감정평가법인이 행한 행위로 보아 과징금을 부과·징수할 수 있다.

③ 부과한도

㉠ 감정평가사: 5천만원 이하

㉡ 감정평가법인: 5억원 이하

(2) 부과기준 등

① 과징금의 부과기준

㉠ 업무정지 기간이 1년 이상인 경우

과징금최고액(5천만원 / 5억원)의 100분의 70 이상을 과징금으로 부과

㉡ 업무정지 기간이 6개월 이상 1년 미만인 경우

과징금최고액의 100분의 50 이상 100분의 70 미만을 과징금으로 부과

㉢ 업무정지 기간이 6개월 미만인 경우

과징금최고액의 100분의 20 이상 100분의 50 미만을 과징금으로 부과

② 과징금의 증감

과징금의 부과기준에 따라 산정한 과징금의 금액은 위반행위의 내용과 정도, 위반행위의 기간과 위반횟수, 위반행위로 취득한 이익의 규모를 고려하여 그 금액의 2분의 1 범위에서 늘리거나 줄일 수 있다. 다만, 늘리는 경우에도 과징금의 총액은 과징금최고액을 초과할 수 없다.

③ 과징금 납부

과징금 납부 통지를 받은 자는 통지가 있는 날부터 60일 이내에 국토교통부장관이 정하는 수납기관에 과징금을 납부하여야 한다.

(3) 이의신청
① 30일 이내에 국토교통부장관에게 이의를 신청할 수 있다.
② 국토교통부장관은 이의신청에 대하여 30일 이내에 결정을 하여야 한다. 다만, 30일의 범위에서 기간을 연장할 수 있다.
③ 결정에 이의가 있는 자는「행정심판법」에 따라 행정심판을 청구할 수 있다.

(4) 납부기한 연장 및 분할납부
과징금납부의무자가 과징금 납부기한을 연장받거나 분할납부를 하려면 납부기한 10일 전까지 국토교통부장관에게 신청하여야 한다.

(5) 과징금의 징수와 체납처분
① 납부기한까지 납부하지 아니한 경우 납부기한의 다음 날부터 과징금을 납부한 날의 전날까지의 기간에 대하여 가산금을 징수할 수 있다.
② 체납처분: 기간을 정하여 독촉, 그 지정한 기간 내에 납부하지 아니하였을 때에는 국세 체납처분의 예에 따라 징수할 수 있다.

2. 청문
국토교통부장관은 다음의 어느 하나에 해당하는 처분을 하려는 경우에는 청문을 실시하여야 한다.
① 감정평가사 자격의 취소
② 감정평가법인의 설립인가 취소

3. 업무의 위탁

(1) 국토교통부장관은 다음의 업무를 한국부동산원에 위탁한다.
① 영 제8조 제1항에 따른 타당성 조사를 위한 기초자료 수집 및 감정평가 내용 분석
② 영 제8조의2에 따른 감정평가서에 대한 표본조사
③ 법 제9조에 따른 감정평가 정보체계의 구축·운영

(2) 국토교통부장관은 다음의 업무를 협회에 위탁한다.
① 법 제6조 제3항 및 이 영 제6조에 따른 감정평가서의 원본과 관련 서류의 접수 및 보관
② 법 제17조에 따른 감정평가사의 등록 신청과 갱신등록 신청의 접수 및 이 영 제18조에 따른 갱신등록의 사전통지
③ 법 제21조의2에 따른 소속 감정평가사 또는 사무직원의 고용 및 고용관계 종료 신고의 접수
④ 영 제23조 제2항에 따른 보증보험 가입 통보의 접수
⑤ 국토교통부장관은 감정평가사시험의 관리 업무를「한국산업인력공단법」에 따른 한국산업인력공단에 위탁한다.

06 벌칙

1 행정 형벌

1. 3년 이하의 징역 또는 3천만원 이하의 벌금

(1) 부정한 방법으로 감정평가사의 자격을 취득한 사람

(2) 감정평가법인등이 아닌 자로서 감정평가업을 한 자

(3) 구비서류를 거짓으로 작성하는 등 부정한 방법으로 제17조에 따른 등록이나 갱신등록을 한 사람

(4) 법 제18조에 따라 등록 또는 갱신등록이 거부되거나 제13조, 제19조 또는 제39조에 따라 자격 또는 등록이 취소된 사람으로서 제10조의 업무를 한 사람

(5) 법 제25조 제1항을 위반하여 고의로 업무를 잘못하거나 같은 조 제6항을 위반하여 제28조의2에서 정하는 유도 또는 요구에 따른 자

(6) 법 제25조 제4항을 위반하여 업무와 관련된 대가를 받거나 감정평가 수주의 대가로 금품 또는 재산상의 이익을 제공하거나 제공하기로 약속한 자

(7) 법 제28조의2를 위반하여 특정한 가액으로 감정평가를 유도 또는 요구하는 행위를 한 자

(8) 정관을 거짓으로 작성하는 등 부정한 방법으로 제29조에 따른 인가를 받은 자

2. 1년 이하의 징역 또는 1천만원 이하의 벌금

다음 중 어느 하나에 해당하는 자는 1년 이하의 징역 또는 1천만원 이하의 벌금에 처한다.

(1) 법 제21조 제4항을 위반하여 둘 이상의 사무소를 설치한 사람

(2) 법 제21조 제5항 또는 제29조 제9항을 위반하여 소속 감정평가사 외의 사람에게 제10조의 업무를 하게 한 자

(3) 법 제25조 제3항, 제5항 또는 제26조를 위반한 자

(4) 법 제27조 제1항을 위반하여 감정평가사의 자격증·등록증 또는 감정평가법인의 인가증을 다른 사람에게 양도 또는 대여한 자와 이를 양수 또는 대여받은 자

(5) 법 제27조 제2항을 위반하여 같은 조 제1항의 행위를 알선한 자

3. 몰수·추징

법 제49조 제6호(성실 의무등을 위반하여 업무와 관련된 대가를 받거나 감정평가 수주의 대가로 금품 또는 재산상의 이익을 제공하거나 제공하기로 약속한 자) 및 제50조 제4호(명의대여)의 죄를 지은 자가 받은 금품이나 그 밖의 이익은 몰수한다. 이를 몰수할 수 없을 때에는 그 가액을 추징한다.

4. 양벌규정

법인의 대표자나 법인 또는 개인의 대리인, 사용인, 그 밖의 종업원이 그 법인 또는 개인의 업무에 관하여 법 제49조 또는 제50조의 위반행위를 하면 그 행위자를 벌하는 외에 그 법인 또는 개인에게도 해당 조문의 벌금형을 부과한다. 다만, 법인 또는 개인이 그 위반행위를 방지하기 위하여 해당 업무에 상당한 주의와 감독을 게을리하지 아니한 경우에는 그러하지 아니하다.

2 행정 질서벌(과태료)

1. 500만원 이하의 과태료

법 제24조 제1항(사무직원 결격사유)을 위반하여 사무직원을 둔 자

2. 400만원 이하의 과태료

다음 어느 하나에 해당하는 자에게는 400만원 이하의 과태료를 부과한다.

(1) 법 제28조 제2항을 위반하여 보험 또는 협회가 운영하는 공제사업에의 가입 등 필요한 조치를 하지 아니한 사람

(2) 법 제47조에 따른 업무에 관한 보고, 자료 제출, 명령 또는 검사를 거부·방해 또는 기피하거나 국토교통부장관에게 거짓으로 보고한 자

3. 300만원 이하의 과태료

다음 어느 하나에 해당하는 자에게는 300만원 이하의 과태료를 부과한다.

(1) 법 제6조 제3항을 위반하여 감정평가서의 원본과 그 관련 서류를 보존하지 아니한 자

(2) 법 제22조 제1항을 위반하여 "감정평가사사무소" 또는 "감정평가법인"이라는 용어를 사용하지 아니하거나 같은 조 제2항을 위반하여 "감정평가사", "감정평가사사무소", "감정평가법인" 또는 이와 유사한 명칭을 사용한 자

4. 150만원 이하의 과태료

다음 어느 하나에 해당하는 자에게는 150만원 이하의 과태료를 부과한다.

(1) 법 제9조 제2항을 위반하여 감정평가 결과를 감정평가 정보체계에 등록하지 아니한 자

(2) 법 제13조 제3항, 제19조 제3항 및 제39조 제4항을 위반하여 자격증 또는 등록증을 반납하지 아니한 사람

(3) 법 제28조 제3항을 위반하여 같은 조 제1항에 따른 손해배상사실을 국토교통부장관에게 알리지 아니한 자

감정평가사 결격사유 (파금31중 취35)	① 파산자 ② 금고 이상의 실형을 선고받고 그 집행이 종료(면제)된 날부터 3년이 지나지 아니한 사람 ③ 금고 이상의 형의 집행유예를 받고 그 유예기간이 만료된 날부터 1년이 지나지 아니한 사람 ④ 금고 이상의 형의 선고유예를 받고 그 선고유예기간 중에 있는 사람 ⑤ 감정평가사 자격이 취소된 후 3년이 지나지 아니한 사람(아래 ⑥에 해당하는 사람은 제외) ⑥ 직무와 관련하여 금고 이상의 형을 선고받아 그 형이 확정된 경우 및 업무정지 1년 이상의 징계처분을 2회 이상 받은 후 다시 징계받아 자격취소 후 5년이 지나지 아니한 사람
직원 결격사유 (미징31중 취153정)	① 미성년자, 피성년후견인·피한정후견인 ② 수뢰죄 등으로 유죄 판결을 받은 사람으로서 다음에 해당하는 사람 　㉠ 징역 이상의 형을 선고받고 그 집행이 끝나거나 그 집행을 받지 아니하기로 확정된 후 3년이 지나지 아니한 사람 　㉡ 징역형의 집행유예를 선고받고 그 유예기간이 지난 후 1년이 지나지 아니한 사람 　㉢ 징역형의 선고유예를 받고 그 유예기간 중에 있는 사람 ③ 감정평가사 자격이 취소된 후 1년이 경과되지 아니한 사람(④, ⑤ 제외). ④ 직무와 관련하여 금고 이상의 형을 선고받아 그 형이 확정되어 자격이 취소된 후 5년이 경과되지 아니한 사람 ⑤ 업무정지 1년 이상의 징계처분을 2회 이상 받은 후 다시 징계를 받아 자격이 취소된 후 3년이 경과되지 아니한 사람 ⑥ 업무가 정지된 감정평가사로서 그 업무정지 기간이 지나지 아니한 사람
등록 거부사유 (결실 취3정미)	① 결격사유에 해당하는 경우 ② 실무수습 또는 교육연수를 받지 아니한 경우 ③ 징계로 등록이 취소된 후 3년이 지나지 아니한 경우 ④ 징계로 업무가 정지된 감정평가사로서 그 업무정지 기간이 지나지 아니한 경우 ⑤ 미성년자 또는 피성년후견인·피한정후견인
등록 취소사유 (결사 신징)	① 결격사유에 해당하는 경우 ② 사망한 경우 ③ 등록취소를 신청한 경우 ④ 등록의 취소에 해당하는 징계를 받은 경우

해커스 감정평가사
ca.Hackers.com

PART 06
국유재산법

01 총칙
02 총괄청 등
03 행정재산
04 일반재산
05 보칙

01 총칙

[개요]

구분	행정재산 →용도폐지→	일반재산
시효취득	불가	가능
사권설정 금지	절대적 금지	예외적 가능 ① 법률 또는 확정판결에 따라 설정하는 경우 ② 중앙관서의 장등이 필요하다고 인정하는 경우

사용	1. 사용허가
	2. 기간: 5년 이내
		1. 대부계약
		2. 대부기간
		  ① 조림을 목적: 20년
		  ② 대부 받은 자의 비용으로 시설을 보수하는 건물: 10년
		  ③ 그 외의 토지와 그 정착물: 5년
		  ④ 그 밖의 재산: 1년
		  ⑤ 신탁: 30 + 20년

처분	1. 처분 제한
	2. 예외적 가능
	  ① 교환: 교환받은 재산을 행정재산으로 관리하려는 경우
	  ② 양여: 공용이나 공공용으로 사용하려는 지방자치단체에 양여하는 경우
		처분가능
		① 매각
		② 교환
		③ 양여
		  ㉠ 공용이나 공공용으로 사용하려는 지방자치단체에 양여하는 경우
		  ㉡ 유지·보존비용을 부담한 해당 지방자치단체나 공공단체에 양여하는 경우
		  ㉢ 대체시설을 제공한 자
		  ㉣ 국가가 보존·활용할 필요가 없고 대부·매각이나 교환이 곤란한 경우
		④ 개발
		⑤ 현물출자

1 용어의 정의 등

1. 용어의 정의

(1) "국유재산"이란 국가의 부담, 기부채납이나 법령 또는 조약에 따라 국가 소유로 된 「국유재산법」(이하 PART 06에서 법이라 함) 제5조 제1항 각 호의 재산을 말한다.

> 「국유재산법」 제5조(국유재산의 범위) ① 국유재산의 범위는 다음 각 호와 같다.
> 1. 부동산과 그 종물(從物)
> 2. 선박, 부표(浮標), 부잔교(浮棧橋), 부선거(浮船渠) 및 항공기와 그들의 종물
> 3. 「정부기업예산법」 제2조에 따른 정부기업(이하 "정부기업"이라 한다)이나 정부시설에서 사용하는 기계와 기구 중 대통령령으로 정하는 것
> 4. 지상권, 지역권, 전세권, 광업권, 그 밖에 이에 준하는 권리
> 5. 「자본시장과 금융투자업에 관한 법률」 제4조에 따른 증권(이하 "증권"이라 한다)
> 6. 다음 각 목의 어느 하나에 해당하는 권리(이하 "지식재산"이라 한다)
>   가. 「특허법」・「실용신안법」・「디자인보호법」 및 「상표법」에 따라 등록된 특허권, 실용신안권, 디자인권 및 상표권
>   나. 「저작권법」에 따른 저작권, 저작인접권 및 데이터베이스제작자의 권리 및 그 밖에 같은 법에서 보호되는 권리로서 같은 법 제53조 및 제112조 제1항에 따라 한국저작권위원회에 등록된 권리(이하 "저작권등"이라 한다)
>   다. 「식물신품종 보호법」 제2조 제4호에 따른 품종보호권
>   라. 가목부터 다목까지의 규정에 따른 지식재산 외에 「지식재산 기본법」 제3조 제3호에 따른 지식재산권. 다만, 「저작권법」에 따라 등록되지 아니한 권리는 제외한다.

(2) "기부채납"이란 국가 외의 자가 법 제5조 제1항 각 호에 해당하는 재산의 소유권을 무상으로 국가에 이전하여 국가가 이를 취득하는 것을 말한다.

(3) "관리"란 국유재산의 취득・운용과 유지・보존을 위한 모든 행위를 말한다.

(4) "처분"이란 매각, 교환, 양여, 신탁, 현물출자 등의 방법으로 국유재산의 소유권이 국가 외의 자에게 이전되는 것을 말한다.

(5) "관리전환"이란 일반회계와 특별회계・기금 간 또는 서로 다른 특별회계・기금 간에 국유재산의 관리권을 넘기는 것을 말한다.

(6) "정부출자기업체"란 정부가 출자하였거나 출자할 기업체로서 대통령령으로 정하는 기업체를 말한다.

(7) "사용허가"란 행정재산을 국가 외의 자가 일정 기간 유상이나 무상으로 사용・수익할 수 있도록 허용하는 것을 말한다.

(8) "대부계약"이란 일반재산을 국가 외의 자가 일정 기간 유상이나 무상으로 사용・수익할 수 있도록 체결하는 계약을 말한다.

(9) "변상금"이란 사용허가나 대부계약 없이 국유재산을 사용・수익하거나 점유한 자(사용허가나 대부계약 기간이 끝난 후 다시 사용허가나 대부계약 없이 국유재산을 계속 사용・수익하거나 점유한 자를 포함한다. 이하 "무단점유자"라 한다)에게 부과하는 금액을 말한다.

(10) "총괄청"이란 기획재정부장관을 말한다.

(11) "중앙관서의 장등"이란 「국가재정법」 제6조에 따른 중앙관서의 장(이하 "중앙관서의 장"이라 한다)과 법 제42조 제1항에 따라 일반재산의 관리·처분에 관한 사무를 위임·위탁받은 자를 말한다.

2. 국유재산 관리·처분의 기본원칙

국가는 국유재산을 관리·처분할 때에는 다음의 원칙을 지켜야 한다.
① 국가전체의 이익에 부합되도록 할 것
② 취득과 처분이 균형을 이룰 것
③ 공공가치와 활용가치를 고려할 것
④ 경제적 비용을 고려할 것
⑤ 투명하고 효율적인 절차를 따를 것

2 국유재산의 범위 및 종류

1. 국유재산의 범위

(1) 부동산과 그 종물(從物)

(2) 선박, 부표(浮標), 부잔교(浮棧橋), 부선거(浮船渠) 및 항공기와 그들의 종물

(3) 「정부기업예산법」 제2조에 따른 정부기업(이하 "정부기업"이라 한다)이나 정부시설에서 사용하는 기계와 기구 중 기관차·전차·객차(客車)·화차(貨車)·기동차(汽動車) 등 궤도차량(해당 기업이나 시설의 폐지와 함께 포괄적으로 용도폐지된 것은 해당 기업이나 시설이 폐지된 후에도 국유재산으로 한다)

(4) 지상권, 지역권, 전세권, 광업권, 그 밖에 이에 준하는 권리

(5) 「자본시장과 금융투자업에 관한 법률」 제4조에 따른 증권(이하 "증권"이라 한다)

(6) 다음 각 목의 어느 하나에 해당하는 권리(이하 "지식재산"이라 한다)

① 「특허법」·「실용신안법」·「디자인보호법」 및 「상표법」에 따라 등록된 특허권, 실용신안권, 디자인권 및 상표권

② 「저작권법」에 따른 저작권, 저작인접권 및 데이터베이스제작자의 권리 및 그 밖에 같은 법에서 보호되는 권리로서 같은 법 제53조 및 제112조 제1항에 따라 한국저작권위원회에 등록된 권리(이하 "저작권등"이라 한다)

③ 「식물신품종 보호법」 제2조 제4호에 따른 품종보호권

④ 가목부터 다목까지의 규정에 따른 지식재산 외에 「지식재산 기본법」 제3조 제3호에 따른 지식재산권. 다만, 「저작권법」에 따라 등록되지 아니한 권리는 제외한다.

2. 국유재산의 구분과 종류

구분	종류	
행정재산	공용재산	국가가 직접 사무용·사업용 또는 공무원의 주거용으로 사용하거나 대통령령으로 정하는 기한(행정재산으로 사용하기로 결정한 날부터 5년)까지 사용하기로 결정한 재산을 말한다. 청사나, 학교, 교도소, 관저, 공관 등이 있다.
	공공용재산	국가가 직접 공공용으로 사용하거나 대통령령으로 정하는 기한(5년)까지 사용하기로 결정한 재산을 말한다. 도로, 하천, 공원, 운하, 제방, 교량, 광장 등이 이에 속한다.
	기업용재산	정부기업이 직접 사무용·사업용 또는 그 기업에 종사하는 직원의 주거용(직무 수행을 위하여 필요한 경우로서 대통령령으로 정하는 경우로 한정한다)으로 사용하거나 대통령령으로 정하는 기한(5년)까지 사용하기로 결정한 재산
	보존용재산	법령이나 그 밖의 필요에 따라 국가가 보존하는 재산을 말한다. 문화재나 국유림 등이 이에 속한다.
일반재산	행정재산 외의 모든 국유재산을 말한다.	

3. 행정재산의 결정

행정재산의 사용 또는 보존 여부는 총괄청이 중앙관서의 장의 의견을 들어 결정한다.

3 국유재산의 보호 및 관리

1. 국유재산의 보호

(1) 누구든지 이 법 또는 다른 법률에서 정하는 절차와 방법에 따르지 아니하고는 국유재산을 사용하거나 수익하지 못한다.

(2) 행정재산은 시효취득(時效取得)의 대상이 되지 아니한다.

(3) 국가 외의 자는 국유재산에 건물, 교량 등 구조물과 그 밖의 영구시설물을 축조하지 못한다.

> **예외**
>
> 다음의 어느 하나에 해당하는 경우에는 축조할 수 있다.
> ① 기부를 조건으로 축조하는 경우
> ② 다른 법률에 따라 국가에 소유권이 귀속되는 공공시설을 축조하는 경우
> ③ 매각대금을 나누어 내고 있는 일반재산으로서 대통령령으로 정하는 경우
> ④ 지방자치단체나 지방공기업이 기획재정부령으로 정하는 사회기반시설을 해당 국유재산 소관 중앙관서의 장과 협의를 거쳐 총괄청의 승인을 받아 축조하는 경우

> ⑤ 총괄청이 민간사업자와 공동으로 개발하는 경우
> ⑥ 「지방교육자치에 관한 법률」 시행 전에 설립한 학교시설을 증축 또는 개축하는 경우(총괄청 및 관련 중앙관서의 장과 협의를 거쳐 교육부장관의 승인받아야 한다)
> ⑦ 그 밖에 국유재산의 사용 및 이용에 지장이 없고 국유재산의 활용가치를 높일 수 있는 경우로서 대부계약의 사용목적을 달성하기 위하여 중앙관서의 장등이 필요하다고 인정하는 경우

(4) 사권(私權)이 설정된 재산은 그 사권이 소멸된 후가 아니면 국유재산으로 취득하지 못한다. 다만, 판결에 따라 취득하는 경우에는 그러하지 아니하다.

(5) 국유재산에는 사권을 설정하지 못한다.

> 예외적으로 일반재산으로서 다음의 경우에는 사권설정이 가능하다(영 제6조).
> ① 다른 법률 또는 확정판결(재판상 화해 등 확정판결과 같은 효력을 갖는 것을 포함한다)에 따라 일반재산에 사권(私權)을 설정하는 경우
> ② 일반재산의 사용 및 이용에 지장이 없고 재산의 활용가치를 높일 수 있는 경우로서 중앙관서의 장등이 필요하다고 인정하는 경우

(6) 국유재산에 관한 사무에 종사하는 직원은 그 처리하는 국유재산을 취득하거나 자기의 소유재산과 교환하지 못한다. 다만, 해당 총괄청이나 중앙관서의 장의 허가를 받은 경우에는 그러하지 아니하다. 이를 위반한 행위는 무효로 한다.

(7) 각 중앙관서의 장은 국유재산의 관리·처분에 관련된 법령을 제정·개정하거나 폐지하려면 그 내용에 관하여 총괄청 및 감사원과 협의하여야 한다.

2. 국유재산 사무의 총괄과 관리

총괄청 관리	중앙관서의 장 관리
① 총괄청은 국유재산에 관한 사무를 총괄하고 그 국유재산(중앙관서의 장이 관리·처분하는 국유재산은 제외한다)을 관리·처분한다. ② 총괄청은 일반재산을 보존용재산으로 전환하여 관리할 수 있다.	① 특별회계 및 기금에 속하는 국유재산 ② 관리전환, 교환 또는 양여의 목적으로 용도를 폐지한 재산 ③ 선박, 부표(浮標), 부잔교(浮棧橋), 부선거(浮船渠) 및 항공기와 그들의 종물 ④ 공항·항만 또는 산업단지에 있는 재산으로서 그 시설운영에 필요한 재산 ⑤ 총괄청이 그 중앙관서의 장에게 관리·처분하도록 하거나 다른 중앙관서의 장에게 인계하도록 지정한 재산

① 중앙관서의 장은 그 관리·처분 권한에 속하는 재산 외의 국유재산을 행정재산으로 사용하려는 경우에는 총괄청의 승인을 받아야 한다.

② 총괄청은 위에 따른 사용승인을 할 때 우선사용예약을 고려하여야 한다.

③ 총괄청의 행정재산의 관리·처분에 관한 사무는 그 일부를 대통령령으로 정하는 바에 따라 중앙관서의 장에게 위임할 수 있다.

3. 사용 승인 철회

(1) 총괄청은 사용을 승인한 행정재산에 대하여 다음 각 호의 어느 하나에 해당하는 경우에는 국유재산정책심의위원회의 심의를 거쳐 그 사용 승인을 철회할 수 있다.

① 다른 국가기관의 행정목적을 달성하기 위하여 우선적으로 필요한 경우

② 총괄청의 감사 등의 결과 위법하거나 부당한 재산관리가 인정되는 경우

③ 감사원의 감사 결과 위법하거나 부당한 재산관리가 인정되는 등 사용 승인의 철회가 불가피하다고 인정되는 경우

(2) 중앙관서의 장은 사용 승인이 철회된 경우에는 해당 행정재산을 지체 없이 총괄청에 인계하여야 한다. 이 경우 인계된 재산은 용도가 폐지된 것으로 본다.

4. 국유재산종합계획

(1) 총괄청은 다음 연도의 국유재산의 관리·처분에 관한 계획의 작성을 위한 지침을 매년 4월 30일까지 중앙관서의 장에게 통보하여야 한다.

(2) 중앙관서의 장은 지침에 따라 국유재산의 관리·처분에 관한 다음 연도의 계획을 작성하여 매년 6월 30일까지 총괄청에 제출하여야 한다.

(3) 총괄청은 중앙관서의 장이 제출한 계획을 종합조정하여 수립한 국유재산종합계획을 국무회의의 심의를 거쳐 대통령의 승인을 받아 확정하고, 회계연도 개시 120일 전까지 국회에 제출하여야 한다.

(4) **국유재산종합계획의 내용**

국유재산종합계획에는 다음 각 호의 사항이 포함되어야 한다.

① 국유재산을 효율적으로 관리·처분하기 위한 중장기적인 국유재산 정책방향

② 대통령령으로 정하는 국유재산 관리·처분의 총괄 계획

③ 국유재산 처분의 기준에 관한 사항

④ 「국유재산특례제한법」 제8조에 따른 국유재산특례 종합계획에 관한 사항

⑤ 그 밖에 국유재산의 관리·처분에 관한 중요한 사항

5. 국유재산의 취득

(1) 재원확보
국가는 국유재산의 매각대금과 비축 필요성 등을 고려하여 국유재산의 취득을 위한 재원을 확보하도록 노력하여야 한다.

(2) 소유자 없는 부동산의 처리(법 제12조)
① 총괄청이나 중앙관서의 장은 소유자 없는 부동산을 국유재산으로 취득한다.
② 총괄청이나 중앙관서의 장은 소유자 없는 부동산을 국유재산으로 취득할 경우에는 대통령령으로 정하는 바에 따라 6개월 이상의 기간을 정하여 그 기간에 정당한 권리자나 그 밖의 이해관계인이 이의를 제기할 수 있다는 뜻을 공고하여야 한다.
③ 위의 규정에 따라 취득한 국유재산은 그 등기일부터 10년간은 처분을 하여서는 아니 된다. 다만, 공익사업에 필요하게 된 경우, 불가피한 사유가 있는 경우에는 처분할 수 있다

(3) 기부채납(법 제13조)
① 총괄청이나 중앙관서의 장(특별회계나 기금에 속하는 국유재산으로 기부받으려는 경우)은 재산을 국가에 기부하려는 자가 있으면 대통령령으로 정하는 바에 따라 받을 수 있다.
② 총괄청이나 중앙관서의 장은 국가에 기부하려는 재산이 국가가 관리하기 곤란하거나 필요하지 아니한 것인 경우 또는 기부에 조건이 붙은 경우에는 받아서는 아니 된다.
③ 다만, 다음에 해당하는 경우에는 기부에 조건이 수반된 것으로 보지 않아 채납이 가능하다.
  ㉠ 행정재산으로 기부하는 재산에 대하여 기부자, 그 상속인, 그 밖의 포괄승계인에게 무상으로 사용허가하여 줄 것을 조건으로 그 재산을 기부하는 경우
  ㉡ 행정재산의 용도를 폐지하는 경우 그 용도에 사용될 대체시설을 제공한 자, 그 상속인, 그 밖의 포괄승계인이 그 부담한 비용의 범위에서 용도폐지된 재산을 양여할 것을 조건으로 그 대체시설을 기부하는 경우

(4) 등기·등록 등
① 총괄청이나 중앙관서의 장은 국유재산을 취득한 후 그 소관에 속하게 된 날부터 60일 이내에 등기·등록, 명의개서, 그 밖에 권리보전에 필요한 조치를 하여야 한다.
② 등기·등록이나 명의개서가 필요한 국유재산인 경우 그 권리자의 명의는 국(國)으로 하되 소관 중앙관서의 명칭을 함께 적어야 한다. 다만, 대통령령으로 정하는 법인(한국예탁결제원)에 증권을 예탁(預託)하는 경우에는 권리자의 명의를 그 법인으로 할 수 있다.

(5) 증권의 보관·취급
총괄청이나 중앙관서의 장등은 증권을 한국은행이나 대통령령으로 정하는 법인(은행법에 따른 은행, 한국예탁결제원)으로 하여금 보관·취급하게 하여야 한다.

6. 국유재산의 관리전환

(1) 관리전환 방법
① 일반회계와 특별회계·기금 간에 관리전환을 하려는 경우: 총괄청과 해당 특별회계·기금의 소관 중앙관서의 장 간의 협의

② 서로 다른 특별회계·기금 간에 관리전환을 하려는 경우: 해당 특별회계·기금의 소관 중앙관서의 장 간의 협의

(2) 유상 관리전환 원칙
① 유상 원칙

국유재산을 관리전환하거나 서로 다른 회계·기금 간에 그 사용을 하도록 하는 경우에는 유상으로 하여야 한다.

② 예외: 무상으로 할 수 있는 경우

㉠ 직접 도로, 하천, 항만, 공항, 철도, 공유수면, 그 밖의 공공용으로 사용하기 위하여 필요한 경우

㉡ 다음의 어느 하나에 해당하는 사유로 총괄청과 중앙관서의 장 또는 중앙관서의 장 간에 무상으로 관리전환하기로 합의하는 경우

ⓐ 관리전환하려는 국유재산의 감정평가에 드는 비용이 해당 재산의 가액(價額)에 비하여 과다할 것으로 예상되는 경우

ⓑ 상호교환의 형식으로 관리전환하는 경우로서 유상으로 관리전환하는 데에 드는 예산을 확보하기가 곤란한 경우

ⓒ 특별회계 및 기금에 속하는 일반재산의 효율적인 활용을 위하여 필요한 경우로서 국유재산정책심의위원회의 심의를 거친 경우

02 총괄청 등

1. 총괄청의 감사

총괄청은 중앙관서의 장등에 해당 국유재산의 관리상황에 관하여 보고하게 하거나 자료를 제출하게 할 수 있다.

2. 총괄청의 용도폐지 요구

① 총괄청은 중앙관서의 장에게 그 소관에 속하는 국유재산의 용도를 폐지하거나 변경할 것을 요구할 수 있으며 그 국유재산을 관리전환하게 하거나 총괄청에 인계하게 할 수 있다.
② 총괄청은 중앙관서의 장이 정당한 사유 없이 용도폐지 등을 이행하지 아니하는 경우에는 직권으로 용도폐지 등을 할 수 있다.
③ 직권으로 용도폐지된 재산은 행정재산의 사용 승인이 철회된 것으로 본다.
④ 총괄청은 용도를 폐지함으로써 일반재산으로 된 국유재산에 대하여 필요하다고 인정하는 경우에는 그 처리방법을 지정하거나 이를 인계받아 직접 처리할 수 있다.

3. 중앙관서의 장의 지정

총괄청은 국유재산의 관리·처분에 관한 소관 중앙관서의 장이 없거나 분명하지 아니한 국유재산에 대하여 그 소관 중앙관서의 장을 지정한다.

4. 총괄사무의 위임 및 위탁

총괄청은 대통령령으로 정하는 바에 따라 이 법에서 규정하는 총괄에 관한 사무의 일부를 조달청장 또는 지방자치단체의 장에게 위임하거나 정부출자기업체 또는 한국자산관리공사에게 위탁할 수 있다.

5. 국유재산관리기금

(1) 국유재산관리기금의 조성

국유재산관리기금은 다음 각 호의 재원으로 조성한다.

① 정부의 출연금 또는 출연재산

② 다른 회계 또는 다른 기금으로부터의 전입금

③ 법 제26조의4에 따른 차입금

④ 다음 각 목의 어느 하나에 해당하는 총괄청 소관 일반재산(증권은 제외한다)과 관련된 수입금

    ㉠ 대부료, 변상금 등 재산관리에 따른 수입금

    ㉡ 매각, 교환 등 처분에 따른 수입금

⑤ 총괄청 소관 일반재산에 대한 제57조의 개발에 따른 관리·처분 수입금

⑥ 법 제1호부터 제5호까지의 규정에 따른 재원 외에 국유재산관리기금의 관리·운용에 따른 수입금

(2) 자금의 차입

① 총괄청은 국유재산관리기금의 관리·운용을 위하여 필요한 경우에는 위원회의 심의를 거쳐 국유재산관리기금의 부담으로 금융회사 등이나 다른 회계 또는 다른 기금으로부터 자금을 차입할 수 있다.

② 총괄청은 국유재산관리기금의 운용을 위하여 필요할 때에는 국유재산관리기금의 부담으로 자금을 일시차입할 수 있다.

③ 일시차입금은 해당 회계연도 내에 상환하여야 한다.

(3) 국유재산관리기금의 용도

① 국유재산의 취득에 필요한 비용의 지출

② 총괄청 소관 일반재산의 관리·처분에 필요한 비용의 지출

③ 차입금의 원리금 상환

④ 국유재산관리기금의 관리·운용에 필요한 위탁료. 비용의 지출 등

(4) 국유재산관리기금에서 취득한 재산은 일반회계 소속으로 한다.

(5) 국유재산관리기금은 총괄청이 관리·운용한다.

03 행정재산

1 처분의 제한 등

1. 행정재산의 처분제한

① 원칙: 행정재산은 처분하지 못한다.
② 예외: 교환이나 양여가 가능한 경우
  ㉠ 공유(公有) 또는 사유재산과 교환하여 행정재산으로 관리하려는 경우
  ㉡ 직접 공용이나 공공용으로 사용하려는 지방자치단체에 양여하는 경우

2. 행정재산의 관리기관

① 국유재산책임관
  ㉠ 중앙관서의 장은 국유재산책임관을 임명한다.
  ㉡ 직위를 지정하는 것으로 갈음할 수 있다.
② 관리사무의 위임
  ㉠ 중앙관서의 장은 소속 공무원(다른 중앙관서 소속 공무원, 지자체장 등)에게 행정재산의 관리에 관한 사무를 위임할 수 있다.
  ㉡ 사무를 위임하거나 분장하게 한 경우에는 그 뜻을 감사원에 통지하여야 한다.
  ㉢ 직위를 지정함으로써 갈음할 수 있다.
③ 관리위탁
  ㉠ 중앙관서의 장은 국가기관 외의 자에게 행정재산의 관리를 위탁할 수 있다.
  ㉡ 관리위탁 기간: 5년 이내, 5년 범위에서 갱신가능하다.
  ㉢ 중앙관서의 장의 승인을 받아 위탁받은 재산의 일부를 사용·수익하거나 다른 사람에게 사용·수익하게 할 수 있다.
  ㉣ 관리현황 보고: 다음 연도 1월 31일까지 해당 중앙관서의 장에게 보고하여야 한다.

2 행정재산의 사용허가

1. 사용허가의 범위

① 공용·공공용·기업용재산: 그 용도나 목적에 장애가 되지 아니하는 범위
② 보존용재산: 보존목적의 수행에 필요한 범위

2. 다른 사람의 사용·수익 금지

(1) 원칙

사용허가를 받은 자는 그 재산을 다른 사람에게 사용·수익하게 하여서는 아니 된다.

(2) 예외

다만, 다음의 어느 하나에 해당하는 경우에는 중앙관서의 장의 승인을 받아 다른 사람에게 사용·수익하게 할 수 있다.
① 기부를 받은 재산에 대하여 사용허가를 받은 자가 그 재산의 기부자이거나 그 상속인, 그 밖의 포괄승계인인 경우
② 지방자치단체나 지방공기업이 행정재산에 대하여 사회기반시설로 사용·수익하기 위한 사용허가를 받은 후 이를 지방공기업 등 대통령령으로 정하는 기관으로 하여금 사용·수익하게 하는 경우

3. 사용허가의 방법

① 원칙: 일반경쟁
  ㉠ 1개 이상의 유효한 입찰이 있는 경우 최고가격으로 응찰한 자를 낙찰자로 한다.
  ㉡ 예정가격의 조정: 일반경쟁입찰을 두 번 실시하여도 낙찰자가 없는 재산에 대하여는 세 번째 입찰부터
    ⓐ 최저한도: 최초 사용료 예정가격의 100분의 20
    ⓑ 조정방법: 매회 100분의 10의 금액만큼 낮추는 방법
② 수의의 방법으로 결정할 수 있는 경우: 주거용, 경작용, 6개월 미만의 사용허가, 두 번에 걸쳐 유찰 등
③ 준용: 「국가를 당사자로 하는 계약에 관한 법률」

4. 사용료

① 행정재산을 사용허가한 때에는 매년 사용료를 징수한다.
② 사용료는 선납하여야 한다(**납부기한**: 60일 이내, 사용시작 전).
③ 일시에 통합 징수할 수 있는 경우: 연간 사용료 20만원 이하
④ 경쟁입찰로 사용허가를 하는 경우 첫해의 사용료는 최고입찰가로 결정한다.

⑤ • 분납: 사용료가 50만원을 초과하는 경우, 연 12회 이내
　• 보증금 예치: 연간 사용료가 1천만원 이상인 경우, 연간 사용료의 100분의 50에 해당하는 금액을 예치
⑥ 사용료의 면제: 다음의 경우 사용료를 면제할 수 있다.
　㉠ • 기부재산을 기부자, 상속인 등에게 사용허가하는 경우
　　• 기부재산의 사용료 면제: 사용료 총액이 기부재산의 가액이 될 때까지 면제, 20년 넘을 수 없다.
　㉡ 건물 등을 신축하여 기부채납: 신축기간 중 부지 사용
　㉢ 공용·공공용 또는 비영리 공익사업용으로 사용하려는 지방자치단체에 사용허가하는 경우
　㉣ 비영리 공익사업용으로 사용하려는 공공단체(국가가 전액 출자)
　㉤ 천재지변이나 등으로 사용하지 못하게 된 기간
⑦ 가산금
　㉠ 행정재산의 사용허가를 받은 자가 그 행정재산의 관리를 소홀히 하여 재산상의 손해를 발생하게 한 경우에는 사용료 외에 그 사용료를 넘지 아니하는 범위에서 가산금을 징수할 수 있다.
　㉡ 가산금은 사용허가할 때에 정하여야 한다.

5. 사용허가기간

① • 행정재산의 사용허가기간은 5년 이내로 한다.
　• 기부재산의 경우에는 사용료의 총액이 기부를 받은 재산의 가액에 이르는 기간 이내로 한다.
② 갱신
　㉠ 5년 범위에서 종전의 사용허가를 갱신할 수 있다.
　㉡ 갱신할 수 없는 경우: 사용허가 취소 또는 철회 사유에 해당, 국가 등의 직접 사용, 사용허가 조건 위반 등
　㉢ 갱신 횟수: 1회만
　㉣ 수의의 방법으로 사용허가를 할 수 있는 경우: 갱신 횟수의 제한이 없다.
　㉤ 갱신 신청: 허가기간이 끝나기 1개월 전

6. 사용허가의 취소와 철회

① 사용허가를 받은 자가 귀책사유(부정한 방법으로 사용허가, 승인 없이 상태 변경 등: 허가를 취소하거나 철회할 수 있다.
② 국가나 지방자치단체가 직접 공용이나 공공용으로 사용하기 위하여 필요하게 된 경우에는 그 허가를 철회할 수 있다.
③ 청문: 중앙관서의 장은 행정재산의 사용허가를 취소하거나 철회하려는 경우에는 청문을 하여야 한다.

3 용도폐지

1. 사유

중앙관서의 장은 행정재산이 다음 어느 하나에 해당하는 경우에는 지체 없이 그 용도를 폐지하여야 한다.

① 행정목적으로 사용되지 아니하게 된 경우
② 행정재산으로 사용하기로 결정한 날부터 5년이 지난 날까지 행정재산으로 사용되지 아니한 경우
③ 개발하기 위하여 필요한 경우

2. 총괄청에 인계

① 원칙: 중앙관서의 장은 용도폐지를 한 때에는 그 재산을 지체 없이 총괄청에 인계하여야 한다.
② 예외 – 총괄청에 인계하지 아니할 수 있는 경우
　㉠ 관리전환, 교환 또는 양여의 목적으로 용도를 폐지한 재산
　㉡ 선박, 부표(浮標), 부잔교(浮棧橋), 부선거(浮船渠) 및 항공기와 그들의 종물
　㉢ 공항·항만 또는 산업단지에 있는 재산으로서 그 시설운영에 필요한 재산
　㉣ 총괄청이 그 중앙관서의 장에게 관리·처분하도록 하거나 다른 중앙관서의 장에게 인계하도록 지정한 재산

3. 우선사용예약

① 중앙관서의 장은 행정재산이 용도폐지된 경우 장래의 행정수요에 대비하기 위하여 해당 재산에 대하여 법 제8조 제4항에 따른 사용승인을 우선적으로 해 줄 것(이하 "우선사용예약"이라 한다)을 용도폐지된 날부터 1개월 이내에 총괄청에 신청할 수 있다. 이 경우 우선사용예약 신청서에 사업계획서를 첨부하여 총괄청에 제출해야 한다.
② 총괄청은 신청을 받은 경우 중앙관서의 장이 제출한 사업계획 및 다른 기관의 행정수요 등을 고려하여 우선사용예약을 승인할 수 있다.
③ 중앙관서의 장이 우선사용예약을 승인받은 날부터 3년 이내에 총괄청으로부터 법 제8조 제4항에 따른 사용승인을 받지 아니한 경우에는 그 우선사용예약은 효력을 잃는다.

04 일반재산

1 통칙

1. 처분 등

① 일반재산은 대부 또는 처분할 수 있다.
② 중앙관서의 장등은 국가의 활용계획이 없는 건물이나 그 밖의 시설물이 다음에 해당하는 경우에는 철거할 수 있다.
　㉠ 구조상 공중의 안전에 미치는 위험이 중대한 경우
　㉡ 재산가액에 비하여 유지·보수 비용이 과다한 경우 등

2. 관리·처분 사무의 위임·위탁

① 위임: 소속 공무원 등에게 위임
② 위탁: 정부출자기업체, 금융기관 등에게 위탁
③ 총괄청은 일반재산의 관리·처분에 관한 사무의 일부를 위탁받을 수 있다.

3. 처분 계약의 방법

① 경쟁입찰
　경쟁입찰은 1개 이상의 유효한 입찰이 있는 경우 최고가격으로 응찰한 자를 낙찰자로 한다.
② 제한경쟁 또는 지명경쟁
　㉠ 토지의 용도 등을 고려할 때 해당 재산에 인접한 토지의 소유자를 지명하여 경쟁에 부칠 필요가 있는 경우
　㉡ 농경지의 경우에 특별자치시장·특별자치도지사·시장·군수 또는 구청장(자치구의 구청장을 말한다. 이하 같다)이 인정하는 실경작자를 지명하거나 이들을 입찰에 참가할 수 있는 자로 제한하여 경쟁에 부칠 필요가 있는 경우
　㉢ 용도를 지정하여 매각하는 경우
　㉣ 수의계약 신청이 경합하는 경우
③ 수의계약(처분가격은 예정가격 이상으로 한다)
　㉠ 외교상 또는 국방상의 이유로 비밀리에 처분할 필요가 있는 경우
　㉡ 천재지변이나 그 밖의 부득이한 사유가 발생하여 재해 복구나 구호의 목적으로 재산을 처분하는 경우
　㉢ 해당 재산을 양여받거나 무상으로 대부받을 수 있는 자에게 그 재산을 매각하는 경우

ⓔ 지방자치단체가 직접 공용 또는 공공용으로 사용하는 데에 필요한 재산을 해당 지방자치단체에 처분하는 경우

ⓜ 「농지법」에 따른 농지로서 국유지를 대부(사용허가를 포함한다) 받아 직접 5년 이상 계속하여 경작하고 있는 자에게 매각하는 경우

ⓗ 정부출자기업체의 주주 등 출자자에게 해당 기업체의 지분증권을 매각하는 경우

ⓢ 두 번에 걸쳐 유효한 입찰이 성립되지 아니하거나 뚜렷하게 국가에 유리한 가격으로 계약할 수 있는 경우 등

4. 처분재산의 가격결정

(1) 증권을 제외한 일반재산

① 시가를 고려하여 해당 재산의 예정가격을 결정하여야 한다(상장증권은 최근에 거래된 30일간의 증권시장에서의 최종 시세가액을 가중산술평균하여 산출한 가액).

㉠ 예정가격의 결정방법
- 대장가격이 3천만원 이상: 두 개의 감정평가법인등의 평가액을 산술평균한 금액
- 대장가격이 3천만원 미만, 지방자치단체·공공기관에 처분하는 경우: 하나의 감정평가법인등의 평가액

㉡ 감정평가법인등의 평가액은 평가일부터 1년이 지나면 적용할 수 없다.

② 예정가격의 조정: 중앙관서의 장등은 일반재산에 대하여 일반경쟁입찰을 두 번 실시하여도 낙찰자가 없는 경우에는 세 번째 입찰부터 최초 매각 예정가격의 100분의 50을 최저한도로 하여 매회 100분의 10의 금액만큼 그 예정가격을 낮출 수 있다.

③ 양여하는 경우에는 대장가격을 재산가격으로 한다.

④ 개별공시지가를 예정가격으로 할 수 있는 국유지

㉠ 일단(一團)의 토지면적이 100㎡ 이하인 국유지

㉡ 일단의 토지 대장가격이 1천만원 이하인 국유지

(2) 지식재산의 처분에 관한 예정가격

지식재산을 처분할 때의 예정가격은 다음의 방법으로 결정한 금액으로 한다.

① 해당 지식재산 존속기간 중의 사용료 또는 대부료 추정 총액

② 감정평가법인등이 평가한 금액(예정가격을 결정할 수 없는 경우로 한정한다)

5. 일반재산의 대부등 예약

① 일반재산은 개척·매립·간척 또는 조림 사업을 시행하기 위하여 그 사업의 완성을 조건으로 대부·매각 또는 양여를 예약할 수 있다.

② 예약기간은 계약일부터 10년 이내로 정하여야 한다. 다만, 해당 중앙관서의 장은 천재지변이나 그 밖의 부득이한 사유가 있는 경우에만 총괄청과 협의하여 5년의 범위에서 예약기간을 연장할 수 있다.
③ 예약을 한 자는 계약일부터 1년 이내에 그 사업을 시작하여야 한다.
④ 중앙관서의 장등이 그 재산의 매각이나 양여를 예약하려는 경우에는 총괄청과 협의하여야 한다.

2 일반재산의 대부

1. 대부기간

① 일반재산의 대부기간은 다음의 기간 이내로 한다. 다만, 영구시설물을 축조하는 경우에는 10년 이내로 한다.
  ㉠ 조림을 목적으로 하는 토지와 그 정착물: 20년
  ㉡ 대부 받은 자의 비용으로 시설을 보수하는 건물: 10년
  ㉢ ㉠ 및 ㉡ 외의 토지와 그 정착물: 5년
  ㉣ 그 밖의 재산: 1년
② 신탁 개발 및 민간참여로 개발된 일반재산: 30년 이내, 20년의 범위에서 한 차례만 연장

2. 갱신

① 수의계약의 방법으로 대부할 수 있는 경우가 아니면 1회만 갱신할 수 있다.
② 갱신 신청: 1개월 전에 중앙관서의 장등에 신청하여야 한다.

3. 대부료

① 연간 대부료의 전부 또는 일부를 대부보증금으로 환산하여 받을 수 있다.
② **대부료의 감면**
  중앙관서의 장은 국가가 타인의 재산을 점유하는 동시에 해당 재산 소유자는 일반재산을 점유(상호점유)하는 경우 해당 재산 소유자에게 점유 중인 일반재산의 대부료를 감면할 수 있다.

3 일반재산의 매각

1. 매각할 수 없는 경우

① 행정재산의 사용 승인이나 관리전환을 신청한 경우
② 법률에 따라 그 처분이 제한되는 경우 등

2. 총괄청의 협의

중앙관서의 장이 소관 특별회계나 기금에 속하는 다음의 일반재산을 매각하려는 경우에는 총괄청과 협의하여야 한다.
① 공용재산으로 사용 후 용도폐지된 토지나 건물
② 일단의 토지 면적이 3천㎡를 초과하는 재산

3. 용도를 지정한 매각

① 매수자에게 그 재산의 용도와 그 용도에 사용하여야 할 기간을 정하여 매각할 수 있다.
② 매각일부터 10년 이상 지정된 용도로 활용하여야 한다.
③ 용도를 지정하여 매각하는 경우에는 해제 사유가 발생하면 해당 매매계약을 해제한다는 내용의 특약등기를 하여야 한다.

4. 소유권 이전

① 원칙: 매각대금이 완납된 후에 하여야 한다.
② 예외: 매각대금을 나누어 내게 하는 경우로서 공익사업의 원활한 시행 등을 위하여 소유권의 이전이 불가피하여 대통령령으로 정하는 경우에는 매각대금이 완납되기 전에 소유권을 이전할 수 있다. 이 경우 저당권 설정 등 채권의 확보를 위하여 필요한 조치를 취하여야 한다.

심화

분할 납부	사유
3년 이내	매각대금이 500만원을 초과하고 3천만원 이하
5년 이내	① 매각대금이 3천만원을 초과하는 경우 ② 사유건물로 점유·사용되고 있는 토지를 재개발사업 사업시행계획인가 당시의 점유·사용자로부터 그 권리·의무를 승계한 자에게 매각하는 경우 ③ 시장정비사업 시행구역의 토지 중 사유건물로 점유·사용되고 있는 토지를 그 점유·사용자에게 매각하는 경우 ④ 벤처기업집적시설을 위해 필요한 토지를 벤처기업집적시설의 설치·운영자에게 매각하는 경우 ⑤ 산업기술단지의 조성에 필요한 토지를 사업시행자에게 매각하는 경우 등
10년 이내	① 농지인 국유지를 실경작자에게 매각하는 경우 ② 도시개발사업에 필요한 토지를 해당 사업의 시행자에게 매각하는 경우 ③ 직접 공용 또는 공공용으로 사용하려는 지방자치단체에 매각하는 경우 등
20년 이내	① 사유건물로 점유·사용되고 있는 토지를 재개발사업 시행인가 당시의 점유·사용자에게 매각하는 경우 ② 인구의 분산을 위한 정착사업이나 재난으로 인하여 일반재산의 매각이 부득이하다고 인정되는 경우로서 대통령의 승인을 받은 경우

5. 매각계약의 해제

① 매수자가 매각대금을 체납한 경우 등의 사유가 있으면 그 계약을 해제할 수 있다.
② 일반재산의 매각계약이 해제된 경우 그 재산에 설치된 건물이나 그 밖의 물건을 중앙관서의 장이 매수할 것을 알린 경우 그 소유자는 정당한 사유 없이 그 매수를 거절하지 못한다.

4 일반재산의 교환 및 양여

1. 교환

① 일반재산을 공유 또는 사유재산과 교환할 수 있는 경우
- ㉠ 국가가 직접 행정재산으로 사용
- ㉡ 소규모 일반재산을 한 곳에 모아 관리
- ㉢ 매각 등 다른 방법으로 해당 재산의 처분이 곤란한 경우
- ㉣ 상호 점유를 하고 있고 해당 재산 소유자가 사유토지만으로는 진입·출입이 곤란한 경우 등 불가피한 사유

② 교환할 때 쌍방의 가격이 같지 아니하면 그 차액을 금전으로 대신 납부하여야 한다.
③ 공유재산과 교환하려는 경우에는 영 제42조 제1항(처분재산의 예정가격)에도 불구하고 중앙관서의 장등과 지방자치단체가 협의하여 개별공시지가로 산출된 금액이나 하나 이상의 감정평가법인등의 평가액을 기준으로 하여 교환할 수 있다.
④ 중앙관서의 장등은 일반재산을 교환하려면 그 내용을 감사원에 보고하여야 한다.

2. 양여

① 양여할 수 있는 경우
- ㉠ 일반재산을 직접 공용이나 공공용으로 사용하려는 지방자치단체에 양여하는 경우
- ㉡ 지방자치단체나 공공단체가 유지·보존비용을 부담한 공공용재산이 용도폐지됨으로써 일반재산이 되는 경우에 해당 재산을 그 부담한 비용의 범위에서 해당 지방자치단체나 공공단체에 양여하는 경우
- ㉢ 행정재산을 용도폐지하는 경우 그 용도에 사용될 대체시설을 제공한 자 또는 그 상속인, 그 밖의 포괄승계인에게 그 부담한 비용의 범위에서 용도폐지된 재산을 양여하는 경우
- ㉣ 국가가 보존·활용할 필요가 없고 대부·매각이나 교환이 곤란해 다음 중 어느 하나에 해당하는 재산을 양여하는 경우

② 양여의 취소

양여한 재산이 10년 내에 양여목적과 달리 사용된 때에는 그 양여를 취소할 수 있다.

③ 양여의 협의 및 승인

중앙관서의 장등은 일반재산을 양여하려면 총괄청과 협의하여야 한다. 다만, 500억원 이하의 일반재산을 대체시설을 제공한 자 등 에게 용도폐지된 재산을 양여(법 제55조 제1항 제3호)하는 경우에는 협의하지 않아도 된다.

5 일반재산의 개발 및 현물출자

1. 개발

① 일반재산은 국유재산관리기금의 운용계획에 따라 국유재산관리기금의 재원으로 개발하거나 신탁개발·위탁개발 및 민간참여개발에 따라 개발하여 대부·분양할 수 있다.

② 민간참여 개발

㉠ 총괄청은 5년 이상 활용되지 아니한 일반재산을 민간사업자와 공동으로 개발할 수 있다.

㉡ 총괄청은 민간참여 개발을 위하여 설립하는 국유지개발목적회사와 자산관리회사에 국유재산관리기금운용계획에 따라 출자할 수 있다. 이 경우 국유지개발목적회사에 대한 국가의 출자규모는 자본금의 100분의 30을 초과할 수 없다.

㉢ 총괄청은 국유재산관리기금운용계획에서 정한 범위 외에 국가에 부담이 되는 계약을 체결하려는 경우에는 미리 국회의 의결을 얻어야 한다.

2. 현물출자

① 현물출자의 요건

정부는 다음 중 어느 하나에 해당하는 경우에는 일반재산을 현물출자할 수 있다.

㉠ 정부출자기업체를 새로 설립하려는 경우

㉡ 정부출자기업체의 고유목적사업을 원활히 수행하기 위하여 자본의 확충이 필요한 경우

㉢ 정부출자기업체의 운영체제와 경영구조의 개편을 위하여 필요한 경우

② 출자가액 산정

현물출자하는 경우에 일반재산의 출자가액은 제44조(처분재산의 가격결정)에 따라 산정한다. 다만, 지분증권의 산정가액이 액면가에 미달하는 경우에는 그 지분증권의 액면가에 따른다.

6 지식재산의 관리처분의 특례

1. 지식재산의 사용허가등
① 중앙관서의 장등의 승인을 받아 그 지식재산을 다른 사람에게 사용·수익하게 할 수 있다.
② 중앙관서의 장등의 승인을 받아 그 저작물의 변형, 변경 또는 개작을 할 수 있다.

2. 사용허가등의 방법
① 수의의 방법으로 하되, 다수에게 일시에 또는 여러 차례에 걸쳐 할 수 있다.
② 특정인에 대하여만 사용허가등을 할 수 있다(사용허가등의 방법은 일반경쟁입찰).

3. 사용허가등 기간: 5년 이내에서 대통령령으로 정한다.
① 지식재산(상표권 제외)의 사용허가등의 기간은 3년 이내
② **연장**: 최초의 사용허가등의 기간과 연장된 사용허가등의 기간을 합산한 기간은 5년을 초과하지 못한다.
③ 상표권의 사용허가등의 기간은 5년 이내

05 보칙

1. 변상금

① 변상금의 징수
  ㉠ 중앙관서의 장등은 무단점유자에 대하여 그 재산에 대한 사용료나 대부료의 100분의 120에 상당하는 변상금을 징수한다.
  ㉡ 징수유예(1년 범위)
    ① 재해나 도난으로 재산에 심한 손실을 입은 경우
    ② 무단점유자 또는 그 동거 가족의 질병이나 중상해로 장기 치료가 필요한 경우
    ③ 「국민기초생활 보장법」 제2조 제2호에 따른 수급자인 경우
  ㉢ 변상금의 분할 납부
    변상금이 50만원을 초과하는 경우에는 이자를 붙이는 조건으로 3년 이내의 기간에 걸쳐 나누어 내게 할 수 있다.
② 연체료: 부과대상 연체기간은 납기일부터 60개월을 초과할 수 없다.

2. 소멸시효

① 이 법에 따라 금전의 급부를 목적으로 하는 국가의 권리는 5년간 행사하지 아니하면 시효의 완성으로 소멸한다.
② 시효중단사유
  ㉠ 납부고지   ㉡ 독촉
  ㉢ 교부청구   ㉣ 압류

3. 불법시설물의 철거
중앙관서의 장등은 「행정대집행법」을 준용하여 철거하거나 그 밖에 필요한 조치를 할 수 있다.

4. 은닉재산 등의 신고

① 지방자치단체가 신고한 경우: 재산가격의 2분의 1의 범위에서 그 지방자치단체에 국유재산을 양여하거나 보상금을 지급할 수 있다.
② 국가에 자진 반환한 자에게 같은 재산을 매각하는 경우에는 그 매각대금을 이자 없이 12년 이하에 걸쳐 나누어 내게 할 수 있다.

5. 변상책임
국유재산의 관리사무를 위임받은 자가 고의나 중대한 과실로 그 임무를 위반한 행위를 함으로써 그 재산에 대하여 손해를 끼친 경우에는 변상의 책임이 있다.

해커스 감정평가사
ca.Hackers.com

PART 07
공간정보의 구축 및 관리 등에 관한 법률

01 용어의 정의
02 토지의 등록
03 지적공부
04 토지의 이동 및 지적정리

01 용어의 정의

1. 지적소관청

지적소관청이란 지적공부를 관리하는 특별자치시장, 시장(「제주특별자치도 설치 및 국제자유도시 조성을 위한 특별법」 제15조 제2항에 따른 행정시의 시장을 포함하며, 「지방자치법」 제3조 제3항에 따라 자치구가 아닌 구를 두는 시의 시장은 제외한다)·군수 또는 구청장(자치구가 아닌 구의 구청장을 포함한다)을 말한다.

2. 지적공부

지적공부란 '토지대장, 임야대장, 공유지연명부, 대지권등록부, 지적도, 임야도 및 경계점좌표등록부 등 지적측량 등을 통하여 조사된 토지의 표시와 해당 토지의 소유자 등을 기록한 대장 및 도면(정보처리시스템을 통하여 기록·저장된 것을 포함한다)'을 말한다.

3. 연속지적도

연속지적도란 지적측량을 하지 아니하고 전산화된 지적도 및 임야도 파일을 이용하여, 도면상 경계점들을 연결하여 작성한 도면으로서 측량에 활용할 수 없는 도면을 말한다.

4. 부동산종합공부

부동산종합공부란 토지의 표시와 소유자에 관한 사항, 건축물의 표시와 소유자에 관한 사항, 토지의 이용 및 규제에 관한 사항, 부동산의 가격에 관한 사항 등 부동산에 관한 종합정보를 정보관리체계를 통하여 기록·저장한 것을 말한다.

5. 필지

필지(筆地)란 '지번부여지역의 토지로서 소유자와 용도가 같고 지반이 연속된 토지를 기준으로(영 제5조 제1항) 구획되는 토지의 등록단위'를 말한다.

6. 지번부여지역

지번부여지역이란 '지번을 부여하는 단위지역으로서 동·리 또는 이에 준하는 지역'을 말한다.

7. 경계점

경계점이란 '필지를 구획하는 선의 굴곡점으로서 지적도나 임야도에 도해(圖解) 형태로 등록하거나, 경계점좌표등록부에 좌표 형태로 등록하는 점'을 말한다.

8. 토지의 표시

토지의 표시란 '지적공부에 토지의 소재·지번·지목·면적·경계 또는 좌표를 등록한 것'을 말한다.

9. 지번

지번이란 '필지에 부여하여 지적공부에 등록한 번호'를 말한다.

10. 지목

지목이란 '토지의 주된 용도에 따라 토지의 종류를 구분하여 지적공부에 등록한 것'을 말한다.

11. 경계

경계란 '필지별로 경계점들을 직선으로 연결하여 지적공부에 등록한 선'을 말한다.

12. 면적

면적이란 '지적공부에 등록한 필지의 수평면상 넓이'를 말한다.

13. 토지의 이동(異動)

토지의 이동이란 '토지의 표시를 새로 정하거나 변경 또는 말소하는 것'을 말한다.

14. 신규등록

신규등록이란 '새로 조성된 토지와 지적공부에 등록되어 있지 아니한 토지를 지적공부에 등록하는 것'을 말한다.

15. 등록전환

등록전환이란 '임야대장 및 임야도에 등록된 토지를 토지대장 및 지적도에 옮겨 등록하는 것'을 말한다.

16. 분할

분할이란 '지적공부에 등록된 1필지를 2필지 이상으로 나누어 등록하는 것'을 말한다.

17. 합병

합병이란 '지적공부에 등록된 2필지 이상을 1필지로 합하여 등록하는 것'을 말한다.

18. 지목변경

지목변경이란 '지적공부에 등록된 지목을 다른 지목으로 바꾸어 등록하는 것'을 말한다.

19. 축척변경

축척변경이란 '지적도에 등록된 경계점의 정밀도를 높이기 위하여 작은 축척을 큰 축척으로 변경하여 등록하는 것'을 말한다.

20. 지적측량

지적측량이란 토지를 지적공부에 등록하거나 지적공부에 등록된 경계점을 지상에 복원하기 위하여 「공간정보의 구축 및 관리 등에 관한 법률」(이하 PART 07에서 법이라 함) 제2조 제21호에 따른 필지의 경계 또는 좌표와 면적을 정하는 측량을 말하며, 지적확정측량 및 지적재조사측량을 포함한다.

> **참고**
> 1. "기본측량"이란 모든 측량의 기초가 되는 공간정보를 제공하기 위하여 국토교통부장관이 실시하는 측량을 말한다.
> 2. "공공측량"이란 다음의 측량을 말한다.
>   ① 국가, 지방자치단체, 그 밖에 대통령령으로 정하는 기관이 관계 법령에 따른 사업 등을 시행하기 위하여 기본측량을 기초로 실시하는 측량
>   ② 가목 외의 자가 시행하는 측량 중 공공의 이해 또는 안전과 밀접한 관련이 있는 측량으로서 대통령령으로 정하는 측량
> 3. "일반측량"이란 기본측량, 공공측량 및 지적측량 외의 측량을 말한다.

21. 지적확정측량

지적확정측량이란 도시개발사업 등의 사업이 끝나 토지의 표시를 새로 정하기 위하여 실시하는 지적측량을 말한다.

22. 지적재조사측량

지적재조사측량이란 「지적재조사에 관한 특별법」에 따른 지적재조사사업에 따라 토지의 표시를 새로 정하기 위하여 실시하는 지적측량을 말한다.

23. 지적기준점

지적기준점이란 '특별시장·광역시장·도지사 또는 특별자치도지사나 지적소관청이 지적측량을 정확하고 효율적으로 시행하기 위하여 국가기준점을 기준으로 하여 따로 정하는 측량기준점'을 말한다. 지적기준점에는 '지적삼각점·지적삼각보조점·지적도근점'이 있다.

24. 지적측량수행자

지적측량수행자란 법 제44조 제1항 제2호의 지적측량업의 등록을 한 자와 「국가공간정보 기본법」 제12조에 따라 설립된 한국국토정보공사를 말한다.

02 토지의 등록

1 서설

① 국토교통부장관은 모든 토지에 대하여 필지별로 소재·지번·지목·면적·경계 또는 좌표 등을 조사·측량하여 지적공부에 등록하여야 한다.
② 지적공부에 등록하는 지번·지목·면적·경계 또는 좌표는 토지의 이동이 있을 때 토지소유자(법인이 아닌 사단이나 재단의 경우에는 그 대표자나 관리인)의 신청을 받아 지적소관청이 결정한다. 다만, 신청이 없으면 지적소관청이 직권으로 조사·측량하여 결정할 수 있다.

2 지번

1. 지번의 표시

① 지번(地番)은 아라비아숫자로 표기하되, 임야대장 및 임야도에 등록하는 토지의 지번은 숫자 앞에 "산"자를 붙인다.
② 지번은 본번(本番)과 부번(副番)으로 구성하되, 본번과 부번 사이에 "-" 표시로 연결한다. 이 경우 "-" 표시는 "의"라고 읽는다.

2. 법령상 지번의 부여 방법

(1) 기본원칙(북서기번법)

지번은 지적소관청이 지번부여지역별로 북서에서 남동으로 순차적으로 부여한다.

(2) 신규등록 및 등록전환

① 원칙: 그 지번부여지역에서 인접토지의 본번에 부번을 붙여서 지번을 부여한다.
② 예외: 다음의 경우에는 그 지번부여지역의 최종 본번의 다음 순번부터 본번으로 하여 순차적으로 지번을 부여할 수 있다.
  ㉠ 대상 토지가 최종 지번 토지에 인접한 경우
  ㉡ 대상 토지가 여러 필지로 된 경우
  ㉢ 대상 토지가 이미 등록된 토지와 멀리 떨어져 있어 부번을 붙이는 것이 불합리한 경우

(3) 분할

① 원칙: 분할 후의 필지 중 1필지의 지번을 분할 전의 지번으로 하고 나머지 필지의 지번은 본번의 최종 부번 다음 순번으로 부번을 부여한다.

② 예외: 분할 후의 필지 중 주거, 사무실 등의 건축물이 있는 필지에 대하여는 분할 전의 지번을 우선하여 부여하여야 한다.

※ 주의: 신청 없이 당연히 부여된다.

(4) 합병

① 원칙: 합병대상 지번 중 선순위의 지번을 그 지번으로 하되, 본번으로 된 지번이 있을 때에는 본번 중 선순위의 지번을 합병 후의 지번으로 한다.

② 예외: 합병 전의 필지에 주거 또는 사무실 등의 건축물이 있어서 소유자가 그 건축물이 위치하는 지번을 합병 후의 지번으로 신청한 때에는 그 지번을 합병 후의 지번으로 부여하여야 한다.

(5) 지적확정측량 실시지역(도시개발사업 등의 시행지역)

① 원칙: 당해 사업시행지역 안에 있는 종전의 지번 중 본번으로만 부여한다(단, 지적확정측량을 실시한 지역 안의 종전의 지번과 지적확정측량을 실시한 지역 밖에 있는 본번이 같은 지번이 있을 때의 그 지번 또는 지적확정측량을 실시한 지역의 경계에 걸쳐 있는 지번은 제외).

② 예외: 부여할 수 있는 종전의 지번의 수가 새로이 부여할 지번의 수보다 적은 경우

㉠ 당해 지번부여지역의 최종 본번의 다음 순번부터 본번으로 하여 순차적으로 지번을 부여한다.

㉡ 블록 단위로 하나의 본번을 부여한 후 필지별로 부번을 부여할 수 있다.

③ 지적확정측량 실시지역의 지번부여 규정을 준용하는 경우

㉠ 지번변경을 한 때

㉡ 행정구역 개편에 따른 새로운 지번부여시

㉢ 축척변경 시행시

(6) 도시개발사업 등의 준공 전 지번부여

도시개발사업 등의 준공 전에 사업시행자가 지번부여 신청을 한 때에는 지번을 부여할 수 있다. 이 경우 사업의 착수변경신청시 제출한 사업계획도(지번별 조서 ×)에 의한다.

3. 지번의 변경

지적소관청은 지적공부에 등록된 지번을 변경할 필요가 있다고 인정하면 시·도지사나 대도시 시장의 승인을 받아 지번부여지역의 전부 또는 일부에 대하여 지번을 새로 부여할 수 있다.

4. 결번

(1) 의의

지적소관청은 행정구역의 변경, 도시개발사업의 시행, 지번변경, 축척변경, 지번정정 등의 사유로 지번에 결번이 생긴 때에는 지체 없이 그 사유를 결번대장에 적어 영구히 보존하여야 한다.

(2) 결번발생 사유(분할, 신규등록의 경우는 결번이 생기지 않음)

① 합병
② 행정구역변경
③ 도시개발사업
④ 지번변경
⑤ 축척변경

3 지목

1. 지목 설정의 원칙

① 지목법정주의
② 1필1목의 원칙(필지마다 하나의 지목을 설정할 것)
③ 주지목추종의 원칙(1필지가 둘 이상의 용도로 활용되는 경우에는 주된 용도에 따라 지목을 설정할 것)
④ 영속성의 원칙(토지가 일시적 또는 임시적인 용도로 사용될 때에는 지목을 변경하지 아니함)

2. 지목의 구분

지목	용도	제외 등
전	• 물을 상시적으로 이용하지 않고, 곡물·원예작물, 식용의 죽순 등 재배	• 과수류 제외
답	• 물을 상시적으로 직접 이용, 벼·연·미나리·왕골 등 재배	
과수원	• 사과 등의 과수류를 집단 재배 • 접속된 저장고 등 부속시설물 부지	• 주거용 건축물 부지: 대
목장용지	• 축산업, 낙농업을 위한 초지 • 축사 등의 부지 • 접속된 부속시설물의 부지	• 주거용 건축물 부지: 대
임야	• 수림지·죽림지·암석지·습지·황무지 등	
광천지	• 온수·약수·석유류 등이 용출되는 용출구와 그 유지에 사용되는 부지	• 송수관·송유관 및 저장시설의 부지는 제외

염전	• 바닷물을 끌어들여 소금을 채취하기 위하여 조성된 토지와 접속된 제염장 등 부속시설물의 부지	• 소금을 제조하는 공장시설물의 부지는 제외
대	• 주거·사무실·점포와 박물관·극장·미술관 등 문화시설 • 접속된 정원 및 부속시설물의 부지 • 택지조성공사가 준공된 토지	
공장용지	• 제조업을 하는 공장시설물의 부지 • 공장부지 조성공사가 준공된 토지 • 의료시설 등 부속시설물의 부지	
학교용지	• 학교의 교사와 이에 접속된 체육장 등 부속시설물의 부지	
주차장	• 주차에 필요한 독립적인 시설을 갖춘 부지와 주차전용 건축물 및 이에 접속된 부속시설물의 부지	• 노상주차장·부설주차장, 자동차 판매 목적의 물류장·야외전시장은 제외
주유소용지	• 석유, 액화석유가스, 전기, 수소 등의 판매를 위한 시설물의 부지 • 저유소·원유저장소 부지와 이에 접속된 부속시설물의 부지	
창고용지	• 물건 보관·저장을 위한 보관시설물의 부지와 이에 접속된 부속시설물의 부지	
도로	• 고속도로의 휴게소 부지 • 2필지 이상에 진입하는 통로	
철도용지	• 궤도 등, 접속된 역사, 차고 등	
제방	• 방조제·방수제·방사제·방파제	
하천	• 자연의 유수가 있거나 예상되는 토지	
구거	• 용수·배수를 위한 인공적인 수로·둑 • 소규모 수로부지	
유지	• 댐·저수지·소류지·호수·연못 • 연·왕골 등이 자생하는 배수가 잘 되지 아니하는 토지	
양어장	• 육상에 인공으로 조성된 수산생물의 번식 또는 양식을 위한 시설을 갖춘 부지와 이에 접속된 부속시설물의 부지	
수도용지	• 물을 정수하여 공급하기 위한 취수·저수·도수·정수·송수·배수 시설의 부지 및 이에 접속된 부속시설물의 부지	
공원	• 공원 또는 녹지로 결정·고시된 토지	
체육용지	• 체육활동에 적합한 시설과 형태를 갖춘 종합운동장·실내체육관·야구장·골프장·스키장·승마장·경륜장 등	• 체육시설로서의 영속성과 독립성이 미흡한 토지는 제외
유원지	• 일반 공중의 위락·휴양 등에 적합한 시설물을 종합적으로 갖춘 수영장·유선장 등	• 독립적인 숙식시설 및 유기장의 부지 등은 제외

종교용지	• 교회·사찰·향교 등 건축물의 부지와 이에 접속된 부속 시설물의 부지	
사적지	• 국가유산으로 지정된 역사적인 유적·고적·기념물 등을 보존하기 위하여 구획된 토지	• 학교용지 등 다른 지목의 토지에 있는 유적 등을 보호를 위한 토지는 제외
묘지	• 묘지공원, 봉안시설 등의 부지	• 묘지의 관리를 위한 건축물의 부지: 대
잡종지	• 갈대밭, 돌을 캐내는 곳 등 • 변전소, 송신소, 송유시설 등의 부지 • 여객자동차터미널, 공항시설, 항만시설 • 도축장, 쓰레기처리장 등	• 원상회복을 조건으로 돌을 캐내는 곳 또는 흙을 파내는 곳으로 허가된 토지는 제외

3. 지목의 표기방법

① 토지(임야)대장에는 정식명칭과 코드번호를 기재하는 반면, 지목을 지적도 및 임야도(이하 "지적도면"이라 한다)에 등록하는 때에는 부호(첫글자)로 표기하여야 한다.

② 예외적 도면에 두 번째 글자를 표기: 주차장(차), 공장용지(장), 하천(천), 유원지(원)

4 경계

1. 의의

① 경계란 필지별로 경계점간을 직선으로 연결하여 지적공부에 등록한 선이다.
② 토지의 지상경계는 둑, 담장이나 그 밖에 구획의 목표가 될 만한 구조물 및 경계점표지 등으로 구분한다.

2. 지상경계점등록부

(1) 지적소관청은 토지의 이동에 따라 지상경계를 새로 정한 경우에는 지상경계점등록부를 작성·관리하여야 한다.

(2) 등록사항

① 토지의 소재
② 지번
③ 경계점 좌표(경계점좌표등록부 시행지역에 한정)
④ 경계점 위치 설명도
⑤ 공부상 지목과 실제 토지이용 지목
⑥ 경계점의 사진 파일
⑦ 경계점표지의 종류 및 경계점 위치

3. 경계설정기준

지상경계를 새로이 결정하고자 하는 경우에는 다음의 기준에 의한다. 다만, 지상경계의 구획을 형성하는 구조물 등의 소유자가 다른 경우에는 아래 ①, ②, ③의 규정에도 불구하고 그 소유권에 의하여 지상경계를 정한다.

> ① 연접되는 토지 사이에 고저가 없는 경우: 그 구조물 등의 중앙
> ② 연접되는 토지 사이에 고저가 있는 경우: 그 구조물 등의 하단부
> ③ 도로, 구거 등의 토지에 절토된 부분이 있는 경우: 그 경사면의 상단부
> ④ 토지가 해면 또는 수면에 접하는 경우: 최대만조위 또는 최대만수위 되는 선
> ⑤ 공유수면매립지의 토지 중 제방 등을 토지에 편입하여 등록하는 경우: 바깥쪽 어깨부분

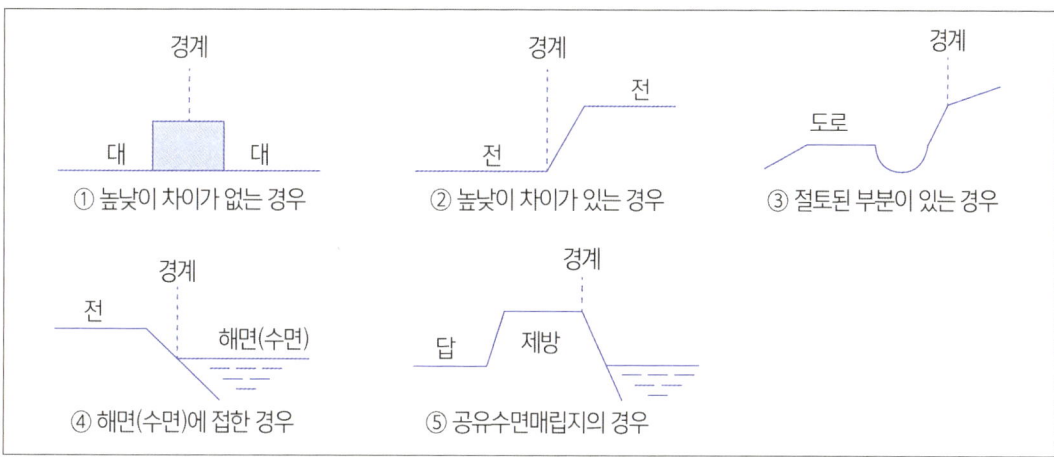

5 면적

1. 의의

① 면적이란 지적공부에 등록한 필지의 수평면상의 넓이를 말한다.
② 면적은 토지대장이나 임야대장에만 등록한다.

2. 면적측정

합병, 지번변경, 지목변경은 면적측정이 불필요하다.

3. 면적의 등록단위

① 면적의 단위는 ㎡다.
② 일반지역: 1㎡까지 등록. 1필지의 면적이 1㎡ 미만일 때에는 1㎡로 한다.
③ 1/600 축척 및 좌표등록지: 0.1㎡까지 등록. 1필지의 면적이 0.1㎡ 미만일 때에는 0.1㎡로 한다.

4. 끝수 처리

① 토지의 면적에 1㎡ 미만의 끝수가 있는 경우 0.5㎡ 미만일 때에는 버리고 0.5㎡를 초과하는 때에는 올리며, 0.5㎡일 때에는 구하려는 끝자리의 숫자가 0 또는 짝수이면 버리고 홀수이면 올린다.

② 지적도의 축척이 600분의 1인 지역과 경계점좌표등록부에 등록하는 지역의 토지 면적은 ㎡ 이하 한 자리 단위로 하되, 0.1㎡ 미만의 끝수가 있는 경우 0.05㎡ 미만일 때에는 버리고 0.05㎡를 초과할 때에는 올리며, 0.05㎡일 때에는 구하려는 끝자리의 숫자가 0 또는 짝수이면 버리고 홀수이면 올린다.

03 지적공부

1 의의

1. 지적공부(정보처리시스템을 통하여 기록·저장된 것 포함)

(1) **대장**: 토지대장, 임야대장, 공유지연명부, 대지권등록부
(2) **도면**: 지적도, 임야도
(3) 경계점좌표등록부

2. 지적공부의 일체성

(1) 토지대장 + 지적도
(2) 임야대장 + 임야도
(3) 경계점좌표등록부 + 토지대장 + 지적도(안내도 역할)

2 지적공부의 종류 및 등록사항

1. 토지대장, 임야대장

(1) 필요적 등록사항

① 토지의 소재: 리, 동 단위까지 행정구역을 기재
② 지번
③ 지목: 공장용지, 과수원 등의 정식명칭을 기재
④ 면적: ㎡로 표시
⑤ 소유자의 성명(명칭), 주소, 주민등록번호(부동산등기용 등록번호)
⑥ 토지의 이동사유
⑦ 토지소유자가 변경된 날과 그 원인(등기접수일자 및 등기원인)
⑧ 토지의 고유번호
⑨ 도면번호와 필지별 대장의 장번호 및 축척
⑩ 토지등급 또는 기준수확등급과 그 설정, 수정 연월일
⑪ 개별공시지가와 그 기준일
⑫ 기타 국토교통부장관이 정하는 사항

(2) 임의적 등록사항

용도지역에 관한 사항이다.

고유번호			토지대장		도면번호		장번호	
토지소재				지번		축척		비고
토지표시					소유자			
지목	면적 m²		사유	변동일자 변동원인		주소		등록번호 성명 또는 명칭
				연월일				
				연월일				
등급수정 연월일								
토지등급 (기준수확량등급)		( )	( )	( )	( )	( )	( )	( )
개별공시지가 기준일								용도 지역 등
개별공시지가(원/m²)								

2. 공유지연명부

(1) 의의
1필지의 토지를 2인 이상이 공동으로 소유하는 경우에 이에 대한 지적 사항을 등록하는 지적공부이다.

(2) 등록사항
① 토지의 소재
② 지번
③ 소유권 지분
④ 소유자의 성명, 주소, 주민등록번호
⑤ 고유번호
⑥ 필지별 공유지연명부의 장번호
⑦ 토지소유자가 변경된 날과 그 원인

고유번호		공유지연명부		장번호	
토지소재		지번		비고	
변동일	소유권 지분	소유자		변동일	소유권 지분	소유자	
변동원인		주소	등록번호	변동원인		주소	등록번호
			성명 또는 명칭				성명 또는 명칭
연월일				연월일			
연월일				연월일			

3. 대지권등록부

(1) 의의
「부동산등기법」에 의하여 대지권등기가 된 토지에 대하여 작성하는 대장이다.

(2) 등록사항
① 토지의 소재
② 지번
③ 대지권비율
④ 소유자의 성명(명칭), 주소, 주민등록번호(부동산등기용 등록번호)
⑤ 토지의 고유번호
⑥ 전유부분의 건물표시
⑦ 건물명칭
⑧ 집합건물별 대지권등록부의 장번호
⑨ 토지소유자가 변경된 날과 그 원인
⑩ 소유권 지분

고유번호		대지권등록부		전유부분의 건물표시		건물 명칭	
토지소재		지번		대지권 비율		장번호	
지번							
대지권 비율							
변동일	소유권 지분	소유자		변동일	소유권 지분	소유자	
변동원인		주소	등록번호	변동원인		주소	등록번호
			성명 또는 명칭				성명 또는 명칭
연월일				연월일			
연월일				연월일			

4. 지적도, 임야도

(1) 의의
도면이란 지적도와 임야도로서 토지의 경계를 도면에 도해적으로 표시해 놓은 지적공도이다.

(2) 도면의 축척

1) 지적도의 법정축척
   ① 1/500, 1/600, 1/1000, 1/1200, 1/2400, 1/3000, 1/6000
   ② 가장 일반적인 축척: 1/1200
   ③ 도시개발사업 등이 완료된 지역: 1/500(시·도지사의 승인 시 1/3000, 1/6000 가능)

2) 임야도의 법정축척: 1/3000, 1/6000

(3) 등록사항
① 토지의 소재
② 지번
③ 지목: 지번 오른쪽 옆에 부호로 기재
④ 경계
⑤ 도면의 색인도
⑥ 도면의 제명 및 축척
⑦ 도곽선 및 도곽선 수치
⑧ 좌표에 의하여 계산된 경계점간의 거리: 경계점좌표등록부 시행지역에 한함
⑨ 삼각점 및 지적기준점의 위치
⑩ 건축물 및 구조물 등의 위치
⑪ 그 밖에 국토교통부장관이 정하는 사항

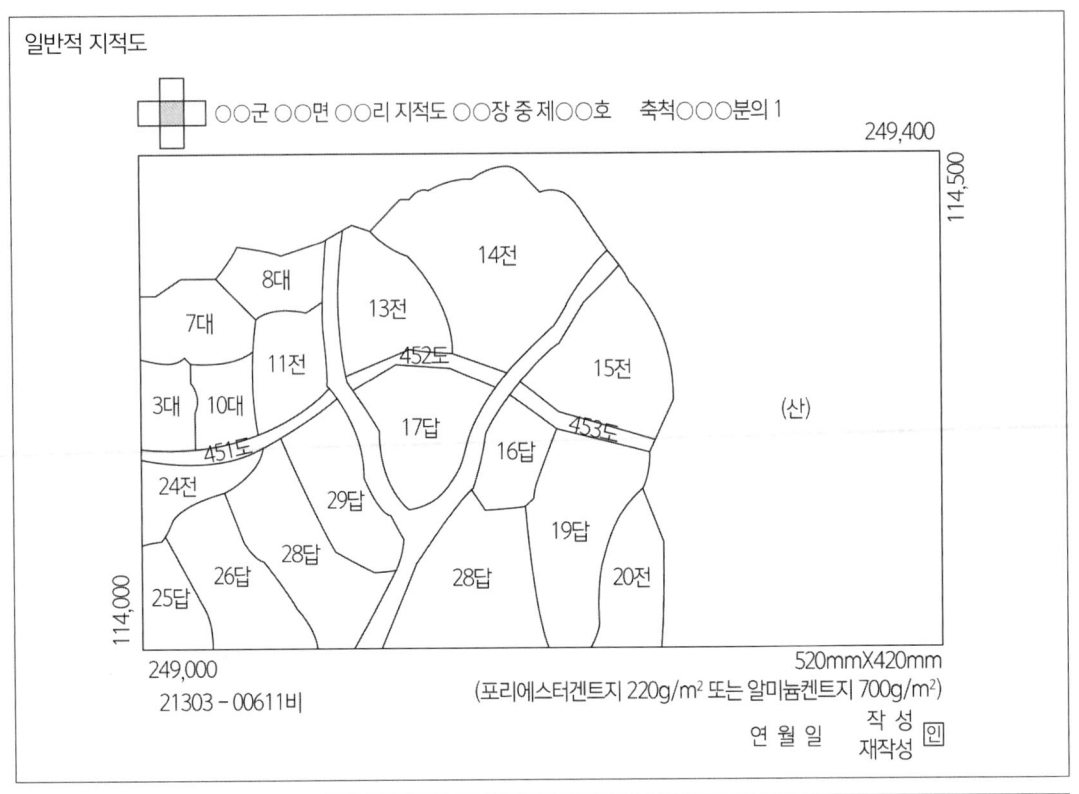

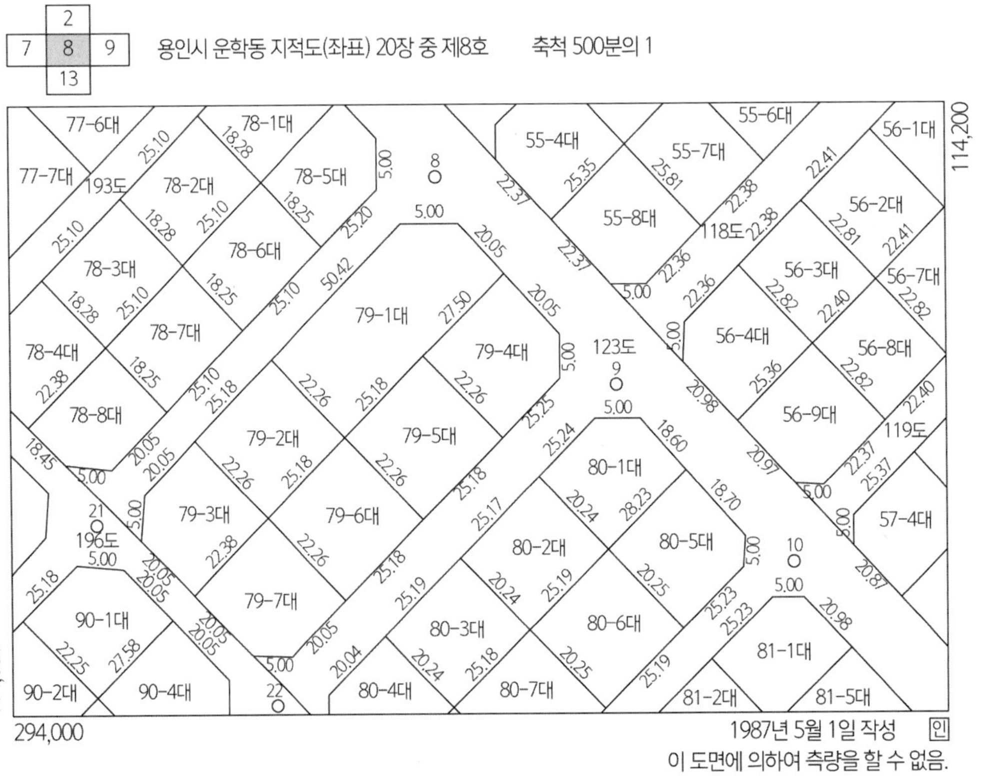

> **핵심정리** 경계점좌표등록부를 비치하는 지역의 지적도 특징
>
> 1. 도면의 제명 끝에 '(좌표)'라고 표시
> 2. 좌표에 의하여 계산된 경계점 간의 거리(cm단위까지)를 표시
> 3. 도곽선의 오른쪽 아래 끝에 "이 도면에 의하여 측량할 수 없음."이라고 기재

5. 경계점좌표등록부

(1) 의의

① 경계점좌표등록부란 토지의 경계점의 위치를 평면직각종횡선 수치인 X, Y 좌표로 등록·공시하는 지적공부를 말한다.
② 정밀성이 높다는 장점이 있으나 비용이 많이 들고 일반인이 이해하기 곤란하다는 단점이 있다.

(2) 작성, 비치 지역

① 도시개발사업 등의 시행지역으로 지적확정측량을 실시하는 지역
② 시가지지역의 축척변경측량을 실시하여 경계점을 좌표로 등록한 지역

(3) 등록사항

① 토지의 소재
② 지번
③ 좌표: 평면직각종횡선 수치(X, Y)
④ 고유번호
⑤ 도면부호 및 필지별 경계점좌표등록부의 장번호
⑥ 부호 및 부호도

고유번호		경계점좌표등록부		도면번호		장번호	
토지소재		지번		비고			
부호도		부호	좌표		부호	좌표	
			X	Y		X	Y
			m	m		m	m

핵심정리 등록사항 정리					
등록사항	대장			대장형식의 도면	도면
	토지대장 임야대장	공유지연명부	대지권등록부	경계점좌표등록부	지적도 임야도
소재ㆍ지번	O	O	O	O	O
지목(축척)	O	×	×	×	O
면적(토지이동사유)	O	×	×	×	×
경계	×	×	×	×	O
좌표	×	×	×	O	×
고유번호	O	O	O	O	×
소유권	O	O	O	×	×
도면번호	O	×	×	O	O

6. 부동산종합공부

(1) 부동산종합공부의 관리 및 운영

① 지적소관청은 부동산의 효율적 이용과 부동산과 관련된 정보의 종합적 관리ㆍ운영을 위하여 부동산종합공부를 관리ㆍ운영한다.

② 지적소관청은 부동산종합공부를 영구히 보존하여야 하며, 부동산종합공부의 멸실 또는 훼손에 대비하여 이를 별도로 복제하여 관리하는 정보관리체계를 구축하여야 한다.

③ 부동산종합공부의 등록사항을 관리하는 기관의 장은 지적소관청에 상시적으로 관련 정보를 제공하여야 한다.

④ 지적소관청은 부동산종합공부의 정확한 등록 및 관리를 위하여 필요한 경우에는 부동산종합공부의 등록사항을 관리하는 기관의 장에게 관련 자료의 제출을 요구할 수 있다. 이 경우 자료의 제출을 요구받은 기관의 장은 특별한 사유가 없으면 자료를 제공하여야 한다.

(2) 부동산종합공부의 등록사항

① 토지의 표시와 소유자에 관한 사항

② 건축물의 표시와 소유자에 관한 사항(토지에 건축물이 있는 경우만 해당한다)

③ 토지의 이용 및 규제에 관한 사항

④ 부동산의 가격에 관한 사항

⑤ 「부동산등기법」 제48조에 따른 부동산의 권리에 관한 사항(영 제62조의2)

(3) 부동산종합공부의 열람 및 증명서발급

부동산종합공부를 열람하거나 부동산종합공부 기록사항의 전부 또는 일부에 관한 증명서(이하 "부동산종합증명서"라 한다)를 발급받으려는 자는 지적소관청이나 읍·면·동의 장에게 신청할 수 있다.

3 지적공부의 복구

1. 지적공부의 복구

지적소관청(전산지적공부는 시·도지사, 시장·군수 또는 구청장)은 지적공부가 멸실되거나 훼손된 경우에는 지체 없이 이를 복구하여야 한다(시·도지사의 승인 불요).

2. 지적공부의 복구자료

토지의 표시에 관한 사항	소유자에 관한 사항
① 지적공부의 등본 ② 측량 결과도(측량준비자료 ×) ③ 토지이동정리 결의서(소유자정리 결의서 ×, 토지이용계획확인서 ×) ④ 토지(건물)등기사항증명서 등 등기사실을 증명하는 서류 ⑤ 지적소관청이 작성, 발행한 지적공부의 등록내용을 증명하는 서류 ⑥ 법 제69조 제3항에 따라 복제된 지적공부 ⑦ 법원의 확정판결서 정본 또는 사본	① 부동산등기부 ② 법원의 확정판결

3. 지적공부의 복구절차

복구자료조사	-
자료작성	지적소관청은 조사된 복구자료 중 토지대장·임야대장 및 공유지연명부의 등록 내용을 증명하는 서류 등에 따라 지적 복구자료 조사서를 작성하고, 지적도면의 등록 내용을 증명하는 서류 등에 따라 복구자료도를 작성하여야 한다.
복구측량	① 기존의 면적과 복구자료에 의하여 측량한 면적이 허용오차 범위를 초과하거나 복구자료가 없는 경우는 복구측량을 하여야 한다. ② 복구측량을 한 결과가 복구자료와 부합하지 아니하는 때에는 토지소유자 및 이해관계인의 동의를 얻어 경계 또는 면적 등을 조정
게시 및 이의신청	① 복구하려는 토지의 표시 등을 시·군·구 게시판 및 인터넷 홈페이지에 15일 이상 게시하여야 한다. ② 이의가 있는 자는 게시기간 내에 지적소관청에 이의신청을 할 수 있다.
지적공부의 복구	토지대장·임야대장 또는 공유지연명부는 복구되고 지적도면이 복구되지 아니한 토지가 축척변경 시행지역이나 도시개발사업 등의 시행지역에 편입된 때에는 지적도면을 복구하지 아니할 수 있다.

4 지적공부의 보관 및 공개

1. (일반적) 지적공부

(1) 지적소관청은 해당 청사에 지적서고를 설치하고 그곳에 지적공부를 영구히 보존

(2) 예외적 반출

① 천재지변이나 그 밖에 이에 준하는 재난을 피하기 위하여 필요한 경우

② 관할 시·도지사 또는 대도시 시장의 승인을 받은 경우

(3) 지적공부를 열람하거나 그 등본을 발급받으려는 자는 해당 지적소관청에 그 열람 또는 발급을 신청하여야 한다.

2. 정보처리시스템에 기록 저장된 지적공부

(1) 관할 시·도지사, 시장·군수 또는 구청장은 그 지적공부를 지적정보관리체계에 영구히 보존하여야 한다(반출 규정 없음).

(2) 국토교통부장관은 정보처리시스템을 통하여 기록·저장한 지적공부가 멸실되거나 훼손될 경우를 대비하여 지적공부를 복제하여 관리하는 정보관리체계를 구축하여야 한다.

(3) 전산지적공부를 열람하거나 그 등본을 발급받으려는 경우에는 특별자치시장, 시장·군수 또는 구청장이나 읍·면·동의 장에게 신청할 수 있다.

3. 지적정보 전담 관리기구

(1) 국토교통부장관은 지적공부의 효율적인 관리 및 활용을 위하여 지적정보 전담 관리기구를 설치·운영한다.

(2) 국토교통부장관은 지적공부를 과세나 부동산정책자료 등으로 활용하기 위하여 주민등록전산자료, 가족관계등록전산자료, 부동산등기전산자료 또는 공시지가전산자료 등을 관리하는 기관에 그 자료를 요청할 수 있으며 요청을 받은 관리기관의 장은 특별한 사정이 없는 한 이에 응하여야 한다.

4. 지적전산자료의 이용

(1) 지적전산자료의 이용의 심사

지적전산자료를 신청하려는 자는 자료의 이용 또는 활용목적 등에 관하여 미리 관계중앙행정기관의 심사를 받아야 한다. 다만, 중앙행정기관의 장이나 그 소속기관의 장 또는 지방자치단체의 장이 신청하는 때에는 관계 중앙행정기관의 장의 심사를 받지 않는다.

(2) 심사를 받지 않는 경우

① 토지소유자가 자기 토지에 대한 지적전산자료를 신청하는 경우
② 토지소유자가 사망하여 그 상속인이 피상속인의 토지에 대한 지적전산자료를 신청하는 경우
③ 「개인정보보호법」 제2조 제1호에 따른 개인정보를 제외한 지적전산자료를 신청하는 경우

(3) 지적전산자료의 이용 신청(승인 불요)

지적공부에 관한 전산자료(지적전산정보자료)를 이용 또는 활용하고자 하는 자는 다음 구분에 따라 국토교통부장관, 시·도지사 또는 지적소관청에 지적전산자료를 신청하여야 한다.

① 전국 단위의 지적전산자료: 국토교통부장관 시·도지사 또는 지적소관청
② 시·도 단위의 지적전산자료: 시·도지사 또는 지적소관청
③ 시·군·구 단위의 지적전산자료: 지적소관청

04 토지의 이동 및 지적정리

1 토지이동의 의의와 종류

1. 의의

토지의 이동이란 토지의 표시(토지의 소재, 지번, 지목, 면적, 경계 또는 좌표)를 새로이 정하거나 변경 또는 말소하는 것을 말한다.

2. 종류

토지이동의 사유	토지이동이 아닌 것
신규등록, 등록전환, 분할, 합병, 지목변경, 지번변경, 축척변경, 행정구역의 변경, 바다로 된 토지의 등록말소 등	① 개별공시지가의 변동 ② 토지소유권의 변동 ③ 토지소유자의 주소 변동

구분	신청의무	측량	변경등기촉탁	특징
신규등록	60일	○	×	① 등기촉탁하지 않음 ② 소유권증빙서류첨부
등록전환	60일	○	○	지목변경과 무관
분할	60일(△)	○	○	예외적 신청 의무(1필지 일부의 형질 변경)
합병	60일(△)	×	○	① 예외적 신청의무(공동주택부지 / 공공용도 + 공공체 지목) ② 합병 제한 사유
지목변경	60일	×	○	-
해면성 말소	90일	○	○	하천편입 시 말소 ×
토지의 회복	×	○	○	신청의무 없음
행정구역 변경	×	×	○	신청의무 없음
축척변경	×	○	○	신청의무 없음

2 토지이동

1. 신규등록

(1) 의의

신규등록이란 새롭게 조성된 토지 및 등록이 누락되어 있는 토지를 지적공부에 등록하는 것을 말한다.

(2) 신청 방법

토지소유자는 신규등록할 토지가 있으면 그 사유가 발생한 날부터 60일 이내에 지적소관청에 신규등록을 신청하여야 한다.

(3) 특징

① 아직 미등기 상태이므로 등기촉탁하지 않는다.
② 소유자는 지적소관청이 조사, 확인하여 등록한다.

2. 등록전환

(1) 의의

등록전환이란 임야대장 또는 임야도에 등록된 토지를 토지대장 또는 지적도에 옮겨 등록하는 것을 말한다.

(2) 대상토지

① 「산지관리법」에 따른 산지전용허가·신고, 산지일시사용허가·신고, 「건축법」에 따른 건축허가·신고 또는 그 밖의 관계 법령에 따른 개발행위 허가 등을 받은 경우
② 대부분의 토지가 등록전환되어 나머지 토지를 임야도에 계속 존치하는 것이 불합리한 경우
③ 임야도에 등록된 토지가 사실상 형질변경되었으나 지목변경을 할 수 없는 경우
④ 도시·군관리계획선에 따라 토지를 분할하는 경우

(3) 절차

① 토지소유자는 등록전환할 토지가 있으면 그 사유가 발생한 날부터 60일 이내에 지적소관청에 등록전환을 신청하여야 한다.
② 등록전환 시 경계를 정하기 위해 측량(등록전환측량)을 하고 이에 따라 면적을 새로이 측정한다.
③ 등록전환 후 임야대장과 임야도를 말소한다.

3. 토지의 분할

(1) 분할 대상
① 1필지의 일부가 형질변경 등으로 용도가 다르게 된 경우
② 소유권이전, 매매 등을 위하여 필요한 경우
③ 토지 이용상 불합리한 지상경계를 시정하기 위한 경우

(2) 절차
① 토지소유자는 토지를 분할하려면 대통령령으로 정하는 바에 따라 지적소관청에 분할을 신청하여야 한다(임의신청 원칙).
② 토지소유자는 지적공부에 등록된 1필지의 일부가 형질변경 등으로 용도가 변경된 경우에는 용도가 변경된 날부터 60일 이내에 지적소관청에 토지의 분할을 신청하여야 한다(이 경우 지목변경 신청서를 함께 제출하여야 한다)(신청의무).
③ 관계 법령에 따라 해당 토지에 대한 분할이 개발행위 허가 등의 대상인 경우에는 개발행위 허가 등을 받은 이후에 분할을 신청할 수 있다.

4. 토지의 합병

(1) 합병신청
① 토지소유자는 토지를 합병하려면 대통령령으로 정하는 바에 따라 지적소관청에 합병을 신청하여야 한다(임의신청 원칙).
② 토지소유자는 「주택법」에 따른 공동주택의 부지, 도로, 제방, 하천, 구거, 유지, 공장용지·학교용지·철도용지·수도용지·공원·체육용지의 토지로서 합병하여야 할 토지가 있으면 그 사유가 발생한 날부터 60일 이내에 지적소관청에 합병을 신청하여야 한다(신청의무).

(2) 합병의 제한
① 합병하려는 토지의 지번부여지역, 지목 또는 소유자가 서로 다른 경우
② 합병하려는 토지에 다음의 등기 외의 등기가 있는 경우
    ㉠ 소유권·지상권·전세권 또는 임차권의 등기
    ㉡ 승역지에 대한 지역권의 등기
    ㉢ 합병하려는 토지 전부에 등기원인 및 그 연월일과 접수번호가 같은 저당권등기
    ㉣ 합병하려는 토지 전부에 등기사항이 동일한 신탁등기
③ 합병하려는 토지의 지적도 및 임야도의 축척이 서로 다른 경우
④ 합병하려는 각 필지가 서로 연접하지 않은 경우
⑤ 합병하려는 토지가 등기된 토지와 등기되지 아니한 토지인 경우

⑥ 합병하려는 각 필지의 지목은 같으나 일부 토지의 용도가 다르게 되어 법 제79조 제2항에 따른 분할대상 토지인 경우. 다만, 합병 신청과 동시에 토지의 용도에 따라 분할 신청을 하는 경우는 제외한다.

⑦ 합병하려는 토지의 소유자별 공유지분이 다른 경우

⑧ 합병하려는 토지가 구획정리, 경지정리 또는 축척변경을 시행하고 있는 지역의 토지와 그 지역 밖의 토지인 경우

⑨ 합병하려는 토지 소유자의 주소가 서로 다른 경우. 다만, 지적소관청이 「전자정부법」 제36조 제1항에 따른 행정정보의 공동이용을 통하여 확인한 결과 토지소유자가 동일인임을 확인할 수 있는 경우는 제외한다.

(3) 특징(측량 불요)

① 합병 후 필지의 경계 또는 좌표: 합병 전 각 필지의 경계 또는 좌표 중 합병으로 필요 없게 된 부분을 말소하여 결정

② 합병 후 필지의 면적: 합병 전 각 필지의 면적을 합산하여 결정

5. 지목변경

(1) 토지소유자는 지목변경을 할 토지가 있으면 대통령령으로 정하는 바에 따라 그 사유가 발생한 날부터 60일 이내에 지적소관청에 지목변경을 신청하여야 한다.

(2) 대상

① 「국토의 계획 및 이용에 관한 법률」 등 관계 법령에 따른 토지의 형질변경 등의 공사가 준공된 경우

② 토지 또는 건축물의 용도가 변경된 경우

③ 도시개발사업 등의 원활한 사업 등을 추진하기 위하여 사업시행자가 공사 준공 전에 토지의 합병을 신청하는 경우

(3) 첨부서류

① 토지의 형질변경 등의 공사가 준공되었음을 증명하는 서류의 사본 또는 토지 또는 건축물의 용도가 변경되었음을 증명하는 서류의 사본

② 개발행위허가·농지전용허가·보전산지전용허가 등 지목변경과 관련된 규제를 받지 아니하는 토지의 지목변경이거나, 전·답·과수원 상호간의 지목변경인 경우에는 위 ①의 서류의 첨부를 생략할 수 있다.

③ 위 ①에 해당하는 서류를 해당 지적소관청이 관리하는 경우에는 지적소관청의 확인으로 그 서류의 제출을 갈음할 수 있다.

6. 바다로 된 토지의 등록말소

(1) 지적소관청은 지적공부에 등록된 토지가 지형의 변화 등으로 바다로 된 경우로서 원상으로 회복될 수 없거나 다른 지목의 토지로 될 가능성이 없는 경우에는 지적공부에 등록된 토지소유자에게 지적공부의 등록말소 신청을 하도록 통지하여야 한다.

(2) 지적소관청은 토지소유자가 통지를 받은 날부터 90일 이내에 등록말소 신청을 하지 아니하면 직권으로 그 지적공부의 등록사항을 말소하여야 한다.

(3) 지적소관청은 말소한 토지가 지형의 변화 등으로 다시 토지가 된 경우에는 토지로 회복등록을 할 수 있다(신청의무 없음).

(4) 지적공부의 등록사항을 직권으로 말소하거나 회복등록하였을 때에는 그 정리 결과를 토지소유자 및 해당 공유수면의 관리청에 통지하여야 한다.

7. 행정구역의 명칭변경 등

① 행정구역의 명칭이 변경되었으면 지적공부에 등록된 토지의 소재는 새로운 행정구역의 명칭으로 변경된 것으로 본다.

② 지번부여지역의 일부가 행정구역의 개편으로 다른 지번부여지역에 속하게 되었으면 지적소관청은 새로 속하게 된 지번부여지역의 지번을 부여하여야 한다.

3 축척변경

1. 의의

축척변경이란 지적도에 등록된 경계점의 정밀도를 높이기 위하여 작은 축척을 큰 축척으로 변경하여 등록하는 것을 말한다.

2. 축척변경의 대상

(1) 지적소관청은 지적도가 다음 어느 하나에 해당하는 경우에는 토지소유자의 신청 또는 지적소관청의 직권으로 일정한 지역을 정하여 그 지역의 축척을 변경할 수 있다.

① 잦은 토지의 이동으로 1필지의 규모가 작아서 소축척으로는 지적측량성과의 결정이나 토지의 이동에 따른 정리를 하기가 곤란한 경우

② 동일한 지번부여지역 안에 서로 다른 축척의 지적도가 있는 때

③ 그 밖에 지적공부를 관리하기 위하여 필요하다고 인정되는 경우

(2) 절차적 요건

① 축척변경시행지역 안의 토지소유자의 3분의 2 이상의 동의를 얻을 것

② 축척변경위원회의 의결을 거칠 것

③ 시·도지사 또는 대도시 시장의 승인을 얻을 것

(3) 의결 및 승인 없이 축척변경할 수 있는 경우(이 경우 면적만 새로 정함)
① 합병하려는 토지가 축척이 다른 지적도에 각각 등록되어 있어 축척변경을 하는 경우
② 도시개발사업 등의 시행지역에 있는 토지로서 그 사업에서 제외된 토지의 축척변경을 하는 경우

3. 절차

토지 소유자 2/3 이상의 동의	-
축척변경위원회의 의결	-
시·도지사(대도시 시장) 승인	-
시행공고	지적소관청은 승인을 받았을 때에는 지체 없이 다음 사항을 20일 이상 공고하여야 한다. ① 축척변경의 목적, 시행지역 및 시행기간 ② 축척변경의 시행에 관한 세부계획 ③ 축척변경의 시행에 따른 청산방법 ④ 축척변경의 시행에 따른 토지소유자 등의 협조에 관한 사항
경계표시	토지 소유자 또는 점유자는 시행 공고일로부터 30일 이내에 현재의 점유 상태를 표시하는 경계점표지를 설치
지적측량 및 토지표시 결정	소관청은 축척변경시행지역 안의 각 필지별 지번, 지목, 경계 또는 좌표를 새로이 정한다. 이 경우 측량은 소유자가 설치한 경계점표지(점유경계)를 기준으로 한다.
지번별조서 작성	소관청은 측량을 완료한 때에는 시행 공고일 현재의 지적공부상 면적과 측량 후의 면적을 비교하여 변동사항을 표시한 지번별 조서를 작성한다.
청산 절차	① m²당 가격 산출: 지적소관청은 시행공고일 현재를 기준으로 그 축척변경시행지역 안의 토지에 대하여 지번별 m²당 가격을 미리 조사하여 축척변경위원회에 제출 ② 청산금의 공고(15일 이상) 및 열람 ③ 공고 후 20일 이내에 수령고지서, 납부통지서 발부 ④ 납부 고지 통지를 받은 자는 6개월 내에 납부, 수령 통지를 한 날부터 6개월 내에 지급 ⑤ 이의신청은 통지 받은 날부터 1개월 이내, 심의·의결 1개월 이내 ⑥ 차액 처리: 지방자치단체의 수입 또는 비용으로 처리한다.
확정공고	① 청산금의 납부 및 지급이 완료되었을 때에는 지적소관청은 지체 없이 축척변경의 확정공고를 하여야 한다. ② 축척변경 확정공고일에 토지이동이 있는 것으로 본다.
지적정리	-
등기촉탁, 소유자에게 통지	-

4. 축척변경위원회

(1) 축척변경에 관한 사항을 심의·의결하기 위하여 지적소관청에 축척변경위원회를 둔다.

(2) 축척위원회의 구성

① 축척변경위원회는 5명 이상 10명 이하의 위원으로 구성하되, 위원의 '2분의 1 이상'을 토지소유자로 하여야 한다. 이 경우 그 시행지역의 토지소유자가 5명 이하일 때에는 토지소유자 전원을 위원으로 위촉하여야 한다.

② 위원은 지적소관청이 위촉하며, 위원장은 위원 중에서 지적소관청이 지명한다.

(3) 축척변경위원회의 심의·의결사항

① 축척변경 시행계획에 관한 사항

② 지번별 ㎡당 금액의 결정과 청산금의 산정에 관한 사항

③ 청산금의 이의신청에 관한 사항

④ 그 밖에 축척변경과 관련하여 지적소관청이 회의에 부치는 사항

(4) 위원회의 회의

① 축척변경위원회의 회의는 지적소관청이 그 기능의 어느 하나에 해당하는 사항을 축척변경위원회에 회부하거나 위원장이 필요하다고 인정할 때에 위원장이 소집하고, 그 회의는 위원장을 포함한 재적위원 과반수의 출석으로 개의하고 출석위원 과반수의 찬성으로 의결한다.

② 위원장은 축척변경위원회의 회의를 소집할 때에는 회의일시·장소 및 심의안건을 회의 개최 5일 전까지 각 위원에게 서면으로 통지하여야 한다.

4 토지이동정리 개시

1. 토지의 이동이 있을 때 토지소유자의 신청을 받아 지적소관청이 결정한다. 다만, 신청이 없으면 지적소관청이 직권으로 조사·측량하여 결정할 수 있다.

2. 신청의 대위

다음에 해당하는 자는 이 법에 따라 토지소유자가 하여야 하는 신청을 대신할 수 있다. 다만, 법 제84조에 따른 등록사항 정정 대상토지는 제외한다.

① **해당사업시행자**: 공공사업 등에 따라 학교용지·도로·철도용지·제방·하천·구거·유지·수도용지 등의 지목으로 되는 토지인 경우

② **행정기관의 장 또는 지방자치단체장**: 국가나 지방자치단체가 취득하는 토지인 경우

③ 「집합건물의 소유 및 관리에 관한 법률」에 따른 관리인 또는 해당 사업의 시행자: 「주택법」에 따른 공동주택의 부지인 경우

④ 채권자(「민법」 제404조)

3. 토지이동신청의 특례

① 「도시개발법」에 따른 도시개발사업, 「농어촌정비법」에 따른 농어촌정비사업, 그 밖에 대통령령으로 정하는 토지개발사업(주택건설사업, 택지개발사업, 산업단지개발사업, 정비사업 등)의 시행자는 그 사업의 착수·변경 및 완료 사실을 그 사유가 발생한 날부터 15일 이내에 지적소관청에 신고하여야 한다.
② 사업과 관련하여 토지의 이동이 필요한 경우에는 해당 사업의 시행자가 지적소관청에 토지의 이동을 신청하여야 한다.
③ 「주택법」에 따른 주택건설사업의 시행자가 파산 등의 이유로 토지의 이동 신청을 할 수 없을 때에는 그 주택의 시공을 보증한 자 또는 입주예정자 등이 신청할 수 있다.
④ 사업의 착수 또는 변경의 신고가 된 토지의 소유자가 해당 토지의 이동을 원하는 경우에는 해당 사업의 시행자에게 그 토지의 이동을 신청하도록 요청하여야 하며, 요청을 받은 시행자는 해당 사업에 지장이 없다고 판단되면 지적소관청에 그 이동을 신청하여야 한다.
⑤ 토지의 이동은 토지의 형질변경 등의 공사가 준공된 때에 이루어진 것으로 본다.

5 등록사항의 정정

1. 토지표시에 관한 사항의 정정

(1) 의의

① 지적소관청은 토지의 표시가 잘못되었음을 발견하였을 때에는 지체 없이 등록사항 정정에 필요한 서류와 등록사항 정정 측량성과도를 작성하고, 토지이동정리 결의서를 작성한 후 대장의 사유란에 "등록사항 정정 대상토지"라고 적고, 토지소유자에게 등록사항 정정 신청을 할 수 있도록 그 사유를 통지하여야 한다. 다만, 지적소관청이 직권으로 정정할 수 있는 경우에는 토지소유자에게 통지를 하지 아니할 수 있다.
② 등록사항 정정 대상토지에 대한 대장을 열람하게 하거나 등본을 발급하는 때에는 "등록사항 정정 대상토지"라고 적은 부분을 흑백의 반전(反轉)으로 표시하거나 붉은색으로 적어야 한다.

(2) 지적소관청의 직권에 의한 정정

① 의의: 소관청이 지적공부의 등록사항에 오류를 발견한 때에는 지체 없이 직권으로 조사, 측량하여 이를 정정한 후에 소유권 또는 이해관계인에게 정정사유와 정정내용을 통지하여야 한다. 다만, 직권정정사유가 있더라도 당사자가 신청하여 정정할 수 있다.

② 직권정정 사유

㉠ 토지이동정리결의서의 내용과 다르게 정리된 때

㉡ 도면에 등록된 필지가 면적의 증감 없이 경계의 위치만 잘못 등록된 경우

㉢ 1필지가 각각 다른 지적도 또는 임야도에 등록되어 있는 경우로서 지적공부에 등록된 면적과 측량한 실제면적은 일치하지만 지적도 또는 임야도에 등록된 경계를 지상의 경계에 맞추어 정정하여야 하는 토지가 발견된 경우

㉣ 지적공부의 작성 또는 재작성 당시 잘못된 경우

㉤ 지적측량 성과와 다르게 정리된 경우

㉥ 지적측량적부심사 또는 재심사 의결서의 사본을 송부받은 지적소관청이 지적공부의 등록사항을 정정하여야 하는 경우

㉦ 지적공부의 등록사항이 잘못 입력된 경우

㉧ 「부동산등기법」 제90조의3 제2항(토지의 합필제한)의 규정에 등기신청을 각하하고 등기관이 그 사유를 지적소관청에 통지한 경우(지적소관청의 착오로 인한 경우로 한정)

㉨ 면적환산이 잘못된 경우

(3) 토지소유자의 신청에 의한 정정

① 의의

㉠ 토지소유자는 등록사항의 오류를 발견한 때에는 지적소관청에 정정을 신청할 수 있다. 정정사유에는 제한이 없다.

㉡ 오류정정으로 경계·면적이 변경될 경우 인접지 소유자의 승낙서나 이에 대항할 수 있는 확정판결서 정본에 의하여 정정하여야 한다.

② 첨부서류

㉠ 경계 또는 면적의 변경을 수반: 등록사항 정정 측량성과도 첨부

㉡ 기타 등록사항 정정: 변경사항을 증명하는 서류 첨부

2. 토지소유자에 관한 사항의 오류 정정

(1) 정정사항이 토지소유자에 관한 사항인 경우에는 등기필증, 등기완료통지서, 등기사항증명서 또는 등기관서에서 제공한 등기전산정보자료에 따라 정정하여야 한다.

(2) 미등기토지의 소유자에 관한 등록사항의 오류가 있을 때에는 가족관계 기록사항에 관한 증명서에 따라 정정하여야 한다. 이 경우 직권정정은 불가능하다.

6 지적정리

1. 지적공부의 정리방법

신규등록 등의 토지이동으로 지적공부를 정리하고자 하는 경우에는 토지이동정리결의서를 소유권의 변동을 정리하고자 하는 경우에는 소유자정리결의서를 작성한다.

2. 토지소유자의 정리

(1) 소유자의 정리

지적공부에 등록된 토지소유자의 변경사항은 등기관서에서 등기한 것을 증명하는 등기필증, 등기완료통지서, 등기사항증명서 또는 등기관서에서 제공한 등기전산정보자료에 따라 정리한다. 다만, 신규등록하는 토지의 소유자는 지적소관청이 직접 조사하여 등록한다.

(2) 불일치통지

등기부에 적혀 있는 토지의 표시가 지적공부와 일치하지 아니하면 토지소유자를 정리할 수 없다. 이 경우 토지의 표시와 지적공부가 일치하지 아니하다는 사실을 관할 등기관서에 통지하여야 한다.

(3) 지적소관청의 직권정리

① 지적소관청은 필요하다고 인정하는 때에는 관할 등기관서의 등기부를 열람하여 지적공부와 부동산등기부의 일치 여부를 조사·확인하여야 한다.

② 확인 후 일치하지 아니하는 사항을 발견하면 등기사항증명서 또는 등기관서에서 제공한 등기전산정보자료에 따라 지적공부를 직권으로 정리하거나, 토지소유자나 그 밖의 이해관계인에게 그 지적공부와 부동산등기부가 일치하게 하는 데에 필요한 신청 등을 하도록 요구할 수 있다.

3. 등기촉탁(토지이동정리 시)

(1) 토지의 표시가 일정한 사유로 인하여 토지표시의 변경에 관한 등기를 할 필요가 있는 경우에는 지적소관청은 지체 없이 관할 등기관서에 그 등기를 촉탁하여야 한다. 이 경우 그 등기촉탁은 국가가 자기를 위하여 하는 등기로 본다.

(2) **촉탁대상**(등기촉탁 불요 – 신규등록, 소유자정리 시)

① 토지이동에 따른 지적공부를 정리한 때
② 지번변경 시
③ 축척변경 시
④ 행정구역의 개편으로 새로이 지번을 정한 때
⑤ 등록사항의 오류를 직권으로 조사, 측량하여 정정한 때
⑥ 바다로 된 토지의 등록말소 시

4. 지적정리 등의 통지

(1) 통지의 대상

다음의 사항을 지적소관청이 지적공부에 등록하거나 지적공부를 복구·말소 또는 등기촉탁을 한 때에는 당해 토지소유자에게 통지하여야 한다.

① 지적소관청이 직권으로 조사·측량하여 지번, 지목, 면적, 경계, 좌표를 결정하여 지적공부를 정리한 때
② 지번변경을 한 때
③ 지적공부를 복구한 때
④ 직권으로 등록된 토지를 해면성 말소등록한 때
⑤ 직권으로 등록사항의 오류를 정정한 때
⑥ 지번부여지역이 변경되어 새로이 그 지번을 부여한 때
⑦ 토지개발사업 등에 의하여 지적공부를 정리한 때
⑧ 대위신청에 의하여 지적공부를 정리한 때
⑨ 지적소관청이 관할 등기관서에 등기를 촉탁한 때

> **참고** 통지할 필요가 없는 경우
>
> 소유자의 정리, 소유자의 신청에 의한 토지이동정리

(2) 통지의 시기

① 토지표시의 변경등기가 필요하지 아니한 경우: 지적공부에 등록한 날부터 7일 이내
② 토지표시의 변경등기가 필요한 경우: 그 등기완료의 통지서를 접수한 날부터 15일 이내

ca.Hackers.com

해커스 감정평가사
ca.Hackers.com

PART 08
부동산등기법

01 총설
02 등기기관과 설비
03 등기절차 총론
04 표시에 관한 등기
05 권리에 관한 등기
06 각종 등기
07 이의 신청

01 총설

1 부동산등기

1. 등기의 의의
① 부동산등기란 등기관이 전산정보처리조직에 의하여 등기부라는 공적 장부에 부동산의 표시 및 권리관계를 법정절차에 따라 기록하는 것 또는 기록 그 자체를 말한다.
② 등기관이 등기를 마친 경우 그 등기는 접수한 때부터 효력을 발생한다.
③ 등기신청은 신청정보가 전산정보처리조직에 저장된 때 접수된 것으로 본다.

2. 용어의 정의
① "등기부"란 전산정보처리조직에 의하여 입력·처리된 등기정보자료를 대법원규칙으로 정하는 바에 따라 편성한 것을 말한다.
② "등기부부본자료"(登記簿副本資料)란 등기부와 동일한 내용으로 보조기억장치에 기록된 자료를 말한다.
③ "등기기록"이란 1필의 토지 또는 1개의 건물에 관한 등기정보자료를 말한다.
④ "등기필정보"(登記畢情報)란 등기부에 새로운 권리자가 기록되는 경우에 그 권리자를 확인하기 위하여 제11조제1항에 따른 등기관이 작성한 정보를 말한다.

2 등기사항

1. 등기할 사항인 물건
등기의 대상이 되는 부동산은 사권의 목적이 될 수 있는 토지와 건물에 한한다. 따라서 사권의 목적이 될 수 없는 공유수면하의 토지는 등기할 수 없다. 다만, 「하천법」상의 하천이나 「도로법」상의 도로는 공용제한은 있지만 사권의 목적이 되므로 등기가 가능하다.

> **심화** 하천의 등기능력인정(등기예규 제1244호)
> 1. 「하천법」상 하천에 대하여 소유권·저당권·권리질권에 관한 등기를 할 수 있다.
> 2. 지상권·지역권·전세권 또는 임차권에 대한 권리의 설정, 이전 또는 변경의 등기는 「하천법」상의 하천에 대하여는 이를 할 수 없다.

등기할 수 있는 물건	등기할 수 없는 물건
① 「하천법」의 하천	① 공유수면토지
② 「도로법」상의 도로	② 터널, 교량
③ 방조제	③ 방조제 부대시설
④ 농업용 고정식 유리온실	④ 옥외풀장, 양어장
⑤ 유류저장탱크, 사일로(silo), 비각	⑤ 견본주택, 비닐하우스
⑥ 경량철골조 경량패널지붕 건축물	⑥ 경량철골조 혹은 조립식 패널 구조의 건축물, 주유소 캐노피
⑦ 조적조 및 컨테이너구조의 슬레이트지붕주택	⑦ 컨테이너
⑧ 개방형 축사	⑧ 구조상 공용부분
⑨ 규약상 공용부분	

※ 「축사의 부동산등기에 관한 특례법」 제정으로 소의 질병을 예방하고 통기성을 확보할 수 있도록 둘레에 벽을 갖추지 아니하고 소를 사육하는 용도로 사용할 수 있는 건축물(개방형 축사)도 등기할 수 있게 되었다.

2. 등기할 사항인 권리

등기할 수 있는 권리		등기할 수 없는 권리	
① 소유권	② 지상권	① 점유권	② 유치권
③ 지역권	④ 전세권	③ 동산질권	④ 주위토지통행권
⑤ 저당권	⑥ 권리질권	⑤ 분묘기지권	⑥ 구분임차권
⑦ 채권담보권	⑧ 임차권	⑦ 사용대차권	

3. 등기할 사항인 권리변동

(1) 절차법상 등기하여야 할 권리변동

① 보존: 소유권을 최초로 공시하는 등기이다.
② 설정: 설정이란 당사자의 계약에 의하여 물권 위에 새로이 소유권 이외의 권리를 창설하는 것을 말한다. 따라서 소유권에는 설정이라는 개념이 있을 수 없다.
③ 이전: 권리주체가 바뀌는 것이다.
④ 변경: 기존의 등기사항 중 권리주체를 제외한 권리의 내용을 변경하는 것과 부동산의 표시와 등기명의인의 표시를 변경하는 것을 말한다.
⑤ 소멸
⑥ 처분의 제한
　㉠ 압류, 가압류, 가처분, 경매기입등기, 공유물분할 금지약정
　㉡ 처분제한의 등기가 있다 하더라도 법률적으로 처분이 금지되는 것은 아니다.

(2) 등기하여야 효력이 발생하는 물권변동(「민법」 제186조)

법률행위(단독행위 · 계약 · 합동행위)에 의한 물권의 변동

(3) 등기 없이 효력이 발생하는 물권변동(「민법」제187조)

다음의 경우에는 등기가 없어도 물권의 변동이 발생한다. 다만, 처분하기 위해서는 등기를 하여야 한다.

① 상속(사망시): 상속과 같이 포괄적 승계가 발생하는 포괄 유증, 합병의 경우에도 등기를 요하지 않는다. 단, 특정유증의 경우에는 특정승계이기 때문에 등기를 하여야 물권의 변동이 발생한다.
② 공용징수(수용한 날)
③ 판결(판결확정시): 형성판결만을 의미한다. 확인판결 ×, 이행판결 ×
④ 경매(매각대금을 완납한 때)
⑤ 기타 법률의 규정: 건물신축, 공유수면매립 소유권취득, 존속기간만료 시 용익물권소멸, 채권소멸 시 담보물권소멸, 원인행위실효로 인한 물권복귀, 재단법인설립 시 출연재산의 귀속 등(단, 점유취득시효로 인한 소유권의 취득은 법률에 규정에 의한 물권취득이지만 예외적으로 등기를 하여야 권리를 취득한다)

3 종국 등기의 효력

1. 권리변동적 효력(「민법」제186조)

법률행위, 점유시효취득을 원인으로 하는 등기에는 물권변동의 효력이 발생한다. 단, 「민법」제187조에 의한 물권의 변동(법률의 규정에 의한 물권변동)시 하는 등기는 권리변동의 효력이 없다.

2. 대항력

(1) 등기함으로써 그 내용을 제3자에게 주장할 수 있는 효력을 의미한다.
(2) 환매권, 임차권 등기

3. 순위확정의 효력

(1) 동일한 부동산에 관하여 등기한 권리의 순위는 법률에 다른 규정이 없으면 등기한 순서에 따른다.
(2) 등기의 순서는 등기기록 중 같은 구에서 한 등기는 순위번호에 따르고, 다른 구에서 한 등기는 접수번호에 따른다.
(3) 부기등기의 순위는 주등기의 순위에 따른다. 다만, 같은 주등기에 관한 부기등기 상호간의 순위는 그 등기 순서에 따른다.
(4) 가등기를 한 경우에 본등기의 순위는 가등기의 순위에 따른다.
(5) 말소(멸실)회복 등기의 순위는 종전의 순위를 보유한다.
(6) 대지권에 대한 등기로서의 효력이 있는 등기와 대지권의 목적인 토지의 등기기록 중 해당 구에 한 등기의 순서는 접수번호에 따른다.

4. 점유적 효력(시효기간 단축의 효력)

점유시효취득(「민법」 제245조 제1항)은 20년의 점유를, 등기부시효취득(동조 제2항)은 10년의 점유를 필요로 하는 바 그 차이 10년을 점유적 효력이라고 한다.

5. 후등기 저지력(형식적 확정력)

현재 등기부상에 기록된 등기가 무효라 하더라도 그 등기를 말소하지 않고는 그 등기와 양립할 수 없는 등기를 할 수 없는 것을 후등기 저지력이라 한다.

6. 권리의 추정적 효력

(1) 효과

반대증거에 의하여 추정은 뒤집을 수 있다. 이 경우 반대 주장하는 자가 입증책임을 진다.

(2) 범위

어느 등기가 되어 있으면 등기된 권리가 그 명의인에게 귀속(권리의 귀속 추정)하고, 그 등기는 적법한 절차에 의하여 적법한 등기원인으로 인하여 경료된 등기로 추정한다. 이러한 추정력은 그 등기의 당사자 사이에서도 발생한다.

(3) 점유의 추정력

「민법」 제200조의 점유의 추정력은 등기된 부동산에는 인정하지 않는다.

(4) 소유권보존등기의 추정력

소유권이 진실하게 보존되어 있다는 것만 추정력이 있고, 권리이전에 관하여는 추정력이 미치지 아니한다(판례). 다만, (구)「부동산소유권 이전등기 등에 관한 특별조치법」에 의한 소유권이전등기는 보통의 등기보다 더 강한 추정력을 인정한다.

(5) 추정력이 발생하지 않는 등기

부동산의 표시등기, 가등기, 사망자명의 신청등기

02 등기기관과 설비

1 등기소

1. 관할 등기소

① 등기사무는 부동산의 소재지를 관할하는 지방법원, 그 지원(支院) 또는 등기소(이하 "등기소"라 한다)에서 담당한다.
② 부동산이 여러 등기소의 관할구역에 걸쳐 있을 때에는 대법원규칙으로 정하는 바에 따라 각 등기소를 관할하는 상급법원의 장이 관할 등기소를 지정한다.

2. 관련 사건의 관할에 관한 특례

① 관할 등기소가 다른 여러 개의 부동산과 관련하여 등기목적과 등기원인이 동일하거나 그 밖에 대법원규칙으로 정하는 등기신청이 있는 경우에는 그 중 하나의 관할 등기소에서 해당 신청에 따른 등기사무를 담당할 수 있다.
② 등기관이 당사자의 신청이나 직권에 의한 등기를 하고 다른 부동산에 대하여 등기를 하여야 하는 경우에는 그 부동산의 관할 등기소가 다른 때에도 해당 등기를 할 수 있다.

3. 상속·유증 사건의 관할에 관한 특례

상속 또는 유증으로 인한 등기신청의 경우에는 부동산의 관할 등기소가 아닌 등기소도 그 신청에 따른 등기사무를 담당할 수 있다.

4. 관할의 위임

대법원장은 어느 등기소의 관할에 속하는 사무를 다른 등기소에 위임하게 할 수 있다.

5. 등기사무의 정지

① 대법원장은 다음 어느 하나에 해당하는 경우로서 등기소에서 정상적인 등기사무의 처리가 어려운 경우에는 기간을 정하여 등기사무의 정지를 명령하거나 대법원규칙으로 정하는 바에 따라 등기사무의 처리를 위하여 필요한 처분을 명령할 수 있다.
  ㉠ 「재난 및 안전관리 기본법」 제3조 제1호의 재난이 발생한 경우
  ㉡ 정전 또는 정보통신망의 장애가 발생한 경우
  ㉢ 그 밖에 위에 준하는 사유가 발생한 경우

② 대법원장은 대법원규칙으로 정하는 바에 따라 정지명령에 관한 권한을 법원행정처장에게, 처분명령에 관한 권한을 법원행정처장 또는 지방법원장에게 위임할 수 있다.

2 등기관

1. 등기관의 의의

등기관은 등기소에 근무하는 법원서기관·등기사무관·등기주사 또는 등기주사보(법원사무관·법원주사 또는 법원주사보 중 2001년 12월 31일 이전에 시행한 채용시험에 합격하여 임용된 사람을 포함한다) 중에서 지방법원장(지원장)이 지정한다.

2. 등기관의 업무처리 제한

① 등기관은 자기, 배우자 또는 4촌 이내의 친족(이하 "배우자등"이라 한다)이 등기신청인인 때에는 그 등기소에서 소유권등기를 한 성년자로서 등기관의 배우자등이 아닌 자 2명 이상의 참여가 없으면 등기를 할 수 없다. 배우자등의 관계가 끝난 후에도 같다.
② 등기관은 위의 경우에 조서를 작성하여 참여인과 같이 기명날인 또는 서명을 하여야 한다.
③ **위반의 효과**: 실체관계에 부합하면 유효인 등기가 된다. 따라서 이의신청도 할 수 없다.

3. 등기관의 책임

① 등기관의 법령에 위반한 부당한 처분으로 사인의 재산에 손해를 가한 경우 국가는 「국가배상법」에 의거하여 배상책임을 진다(「국가배상법」 제2조).
② **구상권 행사**: 공무원의 고의, 중과실의 경우

3 등기부

1. 등기부의 종류

토지등기부와 건물등기부로 구분한다.

2. 등기부의 보존: 영구 보존 ※ 폐쇄 등기부도 영구 보존

① 신탁원부, 공동담보(전세)목록, 도면, 매매목록: 영구
② 신청정보 및 첨부정보와 취하정보: 5년

3. 등기부 등의 보관·관리

종류 \ 사유	전쟁, 천재지변, 기타 이에 준하는 사변을 피하기 위해	법원의 명령, 촉탁	압수, 수색영장
등기부	중앙관리소 밖으로 반출 ○	반출 ×	반출 ×
등기부의 부속서류	등기소 밖으로 반출 ○	반출 ×	반출 ×
신청서나 그 밖의 부속서류	등기소 밖으로 반출 ○	반출 ○	반출 ○

4. 물적 편성주의

① 등기부의 편성
  ㉠ 원칙: 1필의 토지 또는 1개의 건물에 대하여 1개의 등기기록
  ㉡ 예외: 1동의 건물을 구분한 건물에 있어서는 1동의 건물에 속하는 전부에 대하여 1개의 등기기록을 사용
② 등기기록: 표제부(부동산의 표시), 갑구(소유권), 을구(소유권 외의 권리)

5. 등기사항의 열람과 증명(폐쇄한 등기기록도 동일)

구분	등기사항증명서	열람
등기기록	누구든지 신청	누구든지 신청
등기기록의 부속서류	×	이해관계부분

토지등기기록 양식

서울특별시 서대문구 대신동 107-18 　　　　　　　　　　　　고유번호 1135-1982-067211

【표제부】　(토지의 표시)

표시번호	접수	소재지번	지목	면적	등기원인 및 기타사항
1 (전2)	1982년 9월 9일	서울특별시 서대문구 대신동 107-18	대	432.6㎡	「부동산등기법」 제177조의6 제1항의 규정에 의하여 2001년 7월 9일 전산이기

【갑구】　(소유권에 관한 사항)

순위번호	등기목적	접수	등기원인	권리자 및 기타사항
1 (전3)	소유권 이전	1997년 2월 19일 제6782호	1997년 2월 5일 매매	소유자 김명자　550228-2067890　서울 서대문구 대신동 107-18
				「부동산등기법」 제177조의6 제1항의 규정에 의하여 2001년 7월 9일 전산이기

【을구】　(소유권 외의 권리에 관한 사항)

순위번호	등기목적	접수	등기원인	권리자 및 기타사항
1 (전10)	근저당권 설정	2001년 5월 4일 제21099호	2001년 5월 3일 설정계약	채권최고액 금45,600,000원　채무자 김명자　서울 서대문구 대신동 107-18　근저당권자 주식회사 우리은행　110111-0023393　서울특별시 중구 회현동1가 203 (평창동지점)　공동담보 동소 동번지 건물
				「부동산등기법」 제177조의6 제1항의 규정에 의하여 2001년 7월 11일 전산이기

건물등기기록 양식

서울특별시 서대문구 대신동 107-18　　　　　　　　　　　　고유번호 1135-1993-167211

【표제부】 (건물의 표시)

표시번호	접수	소재지번, 건물명칭 및 번호	건물내역	등기원인 및 기타사항
1 (전2)	1993년 5월 20일	서울특별시 서대문구 대신동 107-18	벽돌조 슬래브지붕 단층주택 83.49㎡ 지하실 22.15㎡	「부동산등기법」 제177조의6 제1항의 규정에 의하여 2001년 7월 11일 전산이기

【갑구】 (소유권에 관한 사항)

순위번호	등기목적	접수	등기원인	권리자 및 기타사항
1 (전3)	소유권 이전	1997년 2월 19일 제6782호	1997년 2월 5일 매매	소유자 김명자　550228-2067890　서울 서대문구 대신동 107-18
				「부동산등기법」 제177조의6 제1항의 규정에 의하여 2001년 7월 9일 전산이기

【을구】 (소유권 이외의 권리에 관한 사항)

순위번호	등기목적	접수	등기원인	권리자 및 기타사항
1 (전1)	근저당권 설정	2001년 5월 4일 제21099호	2001년 5월 3일 설정계약	채권최고액 금45,600,000원 채무자 김명자　서울 서대문구 대신동 107-18 근저당권자 주식회사 우리은행　110111-0023393 서울특별시 중구 회현동1가 203 (평창동지점) 공동담보 동소 동번지 토지
				「부동산등기법」 제177조의6 제1항의 규정에 의하여 2001년 7월 11일 전산이기

구분건물등기기록 양식

고유번호 1313-1998-004323

【표제부】			(1동의 건물의 표시)		
표시번호	접수	소재지번, 건물명칭 및 번호		건물내역	등기원인 및 기타사항
1	1998년 4월 15일	서울특별시 강남구 대치동 29,32,46 현대아파트 가동		5층 아파트 철근콘크리트조 슬래브지붕 1층 637㎡ 2층 637㎡ 3층 637㎡ 4층 637㎡ 5층 637㎡	도면편철장 제5책 제75면
(대지권의 목적인 토지의 표시)					
표시번호	소재지번		지목	면적	등기원인 및 기타사항
1	1. 서울특별시 강남구 대치동 29 2. 서울특별시 강남구 대치동 32 3. 서울특별시 강남구 대치동 46		대 대 대	1759㎡ 745㎡ 674㎡	1998년 4월 15일

【표제부】			(전유부분의 건물의 표시)		
표시번호	접수	건물번호	건물내역		등기원인 및 기타사항
1	1998년 4월 15일	1층 제101호	철근콘크리트조 96㎡		도면편철장 제5책 75면
(대지권의 표시)					
표시번호	대지권종류		대지권비율	등기원인 및 기타사항	
1	1. 소유권대지권 2. 소유권대지권 3. 임차권대지권		1759분의 47 745분의 47 674분의 18	1998년 4월 5일 대지권 1998년 4월 5일 대지권 1998년 4월 5일 대지권 1998년 4월 15일 등기	

※ 구분건물등기기록의 갑구와 을구는 일반등기기록의 갑, 을구와 동일함

03 등기절차 총론

1 등기신청의 당사자능력

1. 의의
등기신청의 당사자능력이란 등기부상 권리자(등기명의인)가 될 수 있는 자격을 뜻한다.

2. 자연인
(1) **원칙**: 의사능력, 행위능력 불문하고 누구나 인정된다.
(2) **태아**: 태아의 권리능력 취득시기에 대한 정지조건설(판례)에 의하면 태아의 등기신청의 당사자능력이 부정, 해제조건설에 의하면 태아의 등기신청의 당사자 능력이 인정된다.
(3) **외국인**
   상호주의에 의해 긍정된다.

3. 법인
(1) 사법인·공법인 불문하고 인정된다.
(2) **국가, 지방자치단체**: 공법인으로서 등기신청의 당사자능력이 긍정된다. 단, 지방자치단체는 시·군·구까지이므로 읍·면·동은 등기신청의 당사자능력이 인정되지 않는다.

4. 권리능력 없는 사단·재단
(1) 종중, 문중, 그 밖에 대표자나 관리인이 있는 법인 아닌 사단이나 재단에 속하는 부동산의 등기에 관하여는 그 사단이나 재단을 등기권리자 또는 등기의무자로 한다.
(2) 위 등기는 그 사단이나 재단의 명의로 그 대표자나 관리인이 신청한다.

5. 「민법」상 조합
법인으로서 실질이 인정되지 않으므로 등기신청의 당사자능력이 부정된다. 이 경우 조합원 전원 명의로 등기(합유등기)를 하여야 한다.

6. 학교

학교 자체는 법인이 될 수 없으므로 등기신청의 당사자능력이 부정된다(사립학교는 학교재단명의로, 공립학교는 그 지방자치단체명의로 등기한다).

> **핵심정리** 등기당사자능력이 없는 자
> 1. 태아
> 2. 행정기관으로서 읍·면·동
> 3. 학교
> 4. 「민법」상 조합
> 5. 읍·면·동은 독립한 지방자치단체가 아니므로 등기신청적격이 없다. 다만, 법인 아닌 사단, 재단도 대표자 또는 관리인이 있으면 당사자가 될 수 있으므로, 자연부락(동, 리)이 그 부락주민을 구성원으로 하여 의사결정기관과 대표자를 두어 독자적으로 활동하는 조직체라면 비법인사단으로서 당사자능력을 가진다(대판 1999.1.29, 98다33512).

2 등기신청

1. 공동신청 원칙

등기권리자와 등기의무자의 공동신청이 원칙

2. 단독신청 예외

① 소유권보존등기(말소등기): 등기명의인(또는 될 자)이 단독 신청
② 상속, 법인의 합병, 포괄승계: 등기권리자가 단독 신청
③ • 판결에 의한 등기: 승소한 등기권리자 또는 등기의무자가 단독 신청
   • 공유물을 분할하는 판결: 등기권리자 또는 등기의무자가 단독 신청
④ 부동산표시의 변경·경정 등기: 소유권 등기명의인이 단독 신청
⑤ 등기명의인표시의 변경·경정 등기: 등기명의인이 단독 신청
⑥ 신탁등기: 수탁자가 단독 신청

3. 법인 아닌 사단·재단의 등기

① 종중, 문중, 그 밖에 대표자나 관리인이 있는 법인 아닌 사단이나 재단에 속하는 부동산의 등기에 관하여는 그 사단이나 재단을 등기권리자 또는 등기의무자로 한다.
② 그 사단이나 재단의 명의로 그 대표자나 관리인이 신청한다.

4. 포괄승계인에 의한 등기신청

등기원인이 발생한 후에 등기권리자 또는 등기의무자에 대하여 상속이나 그 밖의 포괄승계가 있는 경우에는 상속인이나 그 밖의 포괄승계인이 그 등기를 신청할 수 있다.

5. 대위 등기신청

(1) 채권자 대위 신청
① 채권자는 「민법」 제404조에 따라 채무자를 대위(代位)하여 등기를 신청할 수 있다.
② 등기관이 ① 또는 다른 법령에 따른 대위신청에 의하여 등기를 할 때에는 대위자의 성명 또는 명칭, 주소 또는 사무소 소재지 및 대위원인을 기록하여야 한다.

(2) 구분건물소유자의 대위신청
① 구분건물로서 그 대지권의 변경이나 소멸이 있는 경우에는 구분건물의 소유권의 등기명의인은 1동의 건물에 속하는 다른 구분건물의 소유권의 등기명의인을 대위하여 그 등기를 신청할 수 있다.
② 구분건물의 표시등기의 대위: 구분건물 소유자 중 일부가 보존등기를 신청하는 경우 나머지 구분건물의 표시등기를 대위하여 신청할 수 있다(보존등기와 표시등기 동시신청).
③ 건물의 신축으로 인하여 비구분건물이 구분건물로 된 경우에 신축건물의 소유권보존등기는 다른 건물의 표시변경등기와 동시에 신청하여야 하며, 이 경우 건물소유자는 다른 건물의 소유자를 대위하여 건물의 표시변경등기를 신청할 수 있다.

(3) 건물멸실등기의 대위신청: 대지소유자가 건물멸실등기를 대위하여 신청할 수 있다.

(4) 토지수용에 의한 등기신청시의 대위: 사업시행자가 등기명의인의 표시변경 또는 상속으로 인한 소유권이전등기를 대위하여 신청할 수 있다.

(5) 신탁에 의한 대위신청: 위탁자 또는 수익자가 수탁자를 대위하여 신탁등기를 신청할 수 있다.

3 등기신청에 필요한 정보

1. 신청정보

① 1건 1신청주의 원칙: 등기의 신청은 1건당 1개의 부동산에 관한 신청정보를 제공하는 방법으로 하여야 한다.
② 예외(일괄신청)
등기목적과 등기원인이 동일하거나 그 밖에 대법원규칙으로 정하는 경우에는 여러 개의 부동산에 관한 신청정보를 일괄하여 제공하는 방법으로 할 수 있다.

2. 첨부정보

등기를 신청하는 경우에는 다음의 정보를 그 신청정보와 함께 첨부정보로서 등기소에 제공하여야 한다.

① 등기원인을 증명하는 정보
② 등기원인에 대하여 제3자의 허가, 동의 또는 승낙이 필요한 경우에는 이를 증명하는 정보
③ 등기상 이해관계 있는 제3자의 승낙이 필요한 경우에는 이를 증명하는 정보 또는 이에 대항할 수 있는 재판이 있음을 증명하는 정보
④ 신청인이 법인인 경우에는 그 대표자의 자격을 증명하는 정보
⑤ 대리인에 의하여 등기를 신청하는 경우에는 그 권한을 증명하는 정보
⑥ 등기권리자(새로 등기명의인이 되는 경우로 한정한다)의 주소(또는 사무소 소재지) 및 주민등록번호(또는 부동산등기용등록번호)를 증명하는 정보. 다만, 소유권이전등기를 신청하는 경우에는 등기의무자의 주소(또는 사무소 소재지)를 증명하는 정보도 제공하여야 한다.
⑦ 소유권이전등기를 신청하는 경우에는 토지대장·임야대장·건축물대장 정보나 그 밖에 부동산의 표시를 증명하는 정보

3. 등기신청의 접수

① 등기신청은 대법원규칙으로 정하는 등기신청정보가 전산정보처리조직에 저장된 때 접수된 것으로 본다.
② 접수번호는 대법원예규에서 정하는 바에 따라 전국 모든 등기소를 통합하여 부여하되, 매년 새로 부여하여야 한다.

4 등기신청의 각하

1. 등기관은 다음 각 호의 어느 하나에 해당하는 경우에만 이유를 적은 결정으로 신청을 각하(却下)하여야 한다. 다만, 신청의 잘못된 부분이 보정(補正)될 수 있는 경우로서 신청인이 등기관이 보정을 명한 날의 다음 날까지 그 잘못된 부분을 보정하였을 때에는 그러하지 아니하다(법 제29조).

2. 각하 사유

(1) 사건이 그 등기소의 관할이 아닌 경우

(2) 사건이 등기할 것이 아닌 경우

① 등기능력 없는 물건 또는 권리에 대한 등기를 신청한 경우
② 법령에 근거가 없는 특약사항의 등기를 신청한 경우
③ 구분건물의 전유부분과 대지사용권의 분리처분 금지에 위반한 등기를 신청한 경우
④ 농지를 전세권설정의 목적으로 하는 등기를 신청한 경우

⑤ 저당권을 피담보채권과 분리하여 양도하거나, 피담보채권과 분리하여 다른 채권의 담보로 하는 등기를 신청한 경우
⑥ 일부지분에 대한 소유권보존등기를 신청한 경우
⑦ 공동상속인 중 일부가 자신의 상속지분만에 대한 상속등기를 신청한 경우
⑧ 관공서 또는 법원의 촉탁으로 실행되어야 할 등기를 신청한 경우
⑨ 이미 보존등기된 부동산에 대하여 다시 보존등기를 신청한 경우
⑩ 그 밖에 신청취지 자체에 의하여 법률상 허용될 수 없음이 명백한 등기를 신청한 경우

(3) 신청할 권한이 없는 자가 신청한 경우
(4) 「부동산등기법」(이하 PART 08에서 법이라 함) 제24조 제1항 제1호에 따라 등기를 신청할 때에 당사자나 그 대리인이 출석하지 아니한 경우
(5) 신청정보의 제공이 대법원규칙으로 정한 방식에 맞지 아니한 경우
(6) 신청정보의 부동산 또는 등기의 목적인 권리의 표시가 등기기록과 일치하지 아니한 경우
(7) 신청정보의 등기의무자의 표시가 등기기록과 일치하지 아니한 경우. 다만, 다음 어느 하나에 해당하는 경우는 제외한다.
① 법 제27조에 따라 포괄승계인이 등기신청을 하는 경우
② 신청정보와 등기기록의 등기의무자가 동일인임을 대법원규칙으로 정하는 바에 따라 확인할 수 있는 경우
(8) 신청정보와 등기원인을 증명하는 정보가 일치하지 아니한 경우
(9) 등기에 필요한 첨부정보를 제공하지 아니한 경우(위조 서류 등)
(10) 취득세, 등록면허세 또는 수수료를 내지 아니하거나 등기신청과 관련하여 다른 법률에 따라 부과된 의무를 이행하지 아니한 경우
(11) 신청정보 또는 등기기록의 부동산의 표시가 토지대장·임야대장 또는 건축물대장과 일치하지 아니한 경우

3. 법 제29조 각하사유를 간과하고 실행한 등기의 효력

구분	등기의 효력	직권말소	이의신청
제29조 제1호, 제2호 위반	절대(당연)무효	가능	이의신청 가능
제29조 제3호 이하의 위반	실체관계 부합 여부에 따라 결정	불가	이의신청 불가

5 등기완료 후의 절차 등

1. 등기필정보의 작성 및 통지(등기필증 갈음)

등기관이 새로운 권리에 관한 등기를 마쳤을 때에는 등기필정보를 작성하여 등기권리자에게 통지하여야 한다.

등기필정보 작성	등기필정보를 작성하지 않는 경우	등기필정보를 작성 통지하지 않는 경우
① 권리보존, 설정, 이전 ② 가등기 ③ 권리자 추가하는 경정, 변경 (말소등기 × 표시변경등기 ×)	① 등기명의인이 신청하지 않은 등기 ㉠ 채권자대위 등기 ㉡ 직권에 의한 보존등기 ㉢ 승소한 등기의무자의 신청등기 ② 관공서 촉탁의 경우 단, 관공서가 등기권리자를 위해 등기를 촉탁하는 경우에는 작성	①②③④ 좌측의 등기필정보를 작성하지 않는 경우 ⑤ 등기권리자가 등기필정보의 통지를 원하지 않은 경우 ⑥ 3개월 이내에 전산정보 처리조직을 이용하여 수신하지 않은 경우 ⑦ 3개월 이내에 그 서면을 수령하지 않은 경우

2. 등기완료의 통지(사실의 통지)

등기관이 등기를 마쳤을 때에는 신청인 등 다음의 자에게 그 사실을 알려야 한다.

(1) 등기신청인

공동신청에 있어서는 등기신청서에 등기완료사실의 통지를 원한다는 등기의무자의 의사표시가 기록되어 있는 경우에만 등기의무자에게 등기완료사실의 통지

(2) 기타의 자(등기명의인 등)

① 승소한 등기의무자의 등기신청에 있어서 등기권리자
② 대위채권자의 등기신청에 있어서 피대위자
③ 직권보존등기에 있어서 등기명의인
④ 등기필정보(등기필증 포함)를 제공해야 하는 등기신청에서 등기필정보를 제공하지 않고 확인정보 등을 제공한 등기신청에 있어서 등기의무자
⑤ 관공서의 등기촉탁에 있어서 그 관공서

3. 소유권변경사실의 통지

등기관은 다음의 등기를 완료한 때에는 지체 없이 그 사실을 대장 소관청에 알려야 한다(단, 가등기, 처분제한 등기는 제외).

① 소유권의 보존 또는 이전
② 소유권의 등기명의인표시의 변경 또는 경정
③ 소유권의 변경 또는 경정
④ 소유권의 말소 또는 말소회복

4. 과세자료 제공

등기관이 소유권 보존 또는 이전등기(가등기 포함)를 한 때에는 지체 없이 그 부동산 소재지를 관할하는 세무서장에게 통지하여야 한다.

5. 행정구역의 변경

행정구역 또는 그 명칭이 변경되었을 때에는 등기기록에 기록된 행정구역 또는 그 명칭에 대하여 변경등기가 있는 것으로 본다.

6. 등기의 경정

① 등기관이 등기를 마친 후 그 등기에 착오(錯誤)나 빠진 부분이 있음을 발견하였을 때에는 지체 없이 그 사실을 등기권리자와 등기의무자에게 알려야 하고, 등기권리자와 등기의무자가 없는 경우에는 등기명의인에게 알려야 한다. 다만, 등기권리자, 등기의무자 또는 등기명의인이 각 2인 이상인 경우에는 그 중 1인에게 통지하면 된다.
② 등기관이 등기의 착오나 빠진 부분이 등기관의 잘못으로 인한 것임을 발견한 경우에는 지체 없이 그 등기를 직권으로 경정하여야 한다. 다만, 등기상 이해관계 있는 제3자가 있는 경우에는 제3자의 승낙이 있어야 한다.
③ 등기관이 경정등기를 하였을 때에는 그 사실을 등기권리자, 등기의무자 또는 등기명의인에게 알려야 한다.
④ 채권자대위권에 의하여 등기가 마쳐진 때에는 통지를 그 채권자에게도 하여야 한다.

[등기예규 제1397호 별지 제1호]

등 기 완 료 통 지 서

접수번호: 3456   대리인: 법무사 홍길동

아래의 등기신청에 대해서 등기가 완료되었습니다.

신　　청　　인: 김갑동
(주민)등록번호: 730305-1******
주　　　　　소: 서울특별시 서초구 서초동 200

부동산고유번호: 1102-2006-002634
부동산소재: [토지] 서울특별시 서초구 서초동 111

접　수　일　자: 2011년 9월 15일
접　수　번　호: 3456
등　기　목　적: 근저당권설정등기말소
등기원인및일자: 2011년 9월 15일 해지

2011년 9월 28일

서울중앙지방법원 등기국
등기관

(별지 3호)

등기필정보 및 등기완료통지

대리인 법무사 홍길동

```
권  리  자 : 김갑동
(주민)등록번호 : 451111-1234567
주       소 : 서울 서초구 서초동 123-4

부동산고유번호 : 1102-2006-002634
부 동 산 소 재 : [토지] 서울특별시 서초구 서초동 362-24

접 수 일 자 : 2006년6월11일    접 수 번 호 : 9578
등 기 목 적 : 소유권이전
등기원인및일자 : 2006년6월10일  매매
```

▶ 부착기준점

일련번호 : WTDI-UPRV-P6H1

비밀번호 (기재순서 : 순번-비밀번호)

01-7952	11-7072	21-2009	31-8842	41-3168
02-5790	12-7320	22-5102	32-1924	42-7064
03-1568	13-9724	23-1903	33-1690	43-4443
04-8861	14-8752	24-5554	34-3155	44-6994
05-1205	15-8608	25-7023	35-9695	45-2263
06-8893	16-5164	26-3856	36-6031	46-2140
07-5311	17-1538	27-2339	37-8569	47-3151
08-3481	18-3188	28-8119	38-9800	48-5318
09-7450	19-7312	29-1505	39-6977	49-1314
10-1176	20-1396	30-3488	40-6557	50-6459

2006년 6월 11일

서울중앙지방법원 등기과

* 이 서면은 부동산등기법 제177조의9에 따라 등기필증을 대신하여 발행한 것입니다.
* 앞으로 등기신청할 경우에는 일련번호와 50개의 비밀번호 중 1개를 선택하여 기재해야 합니다

04 표시에 관한 등기

1 토지의 표시에 관한 등기

1. 등기사항

표시번호, 접수연월일, 소재와 지번, 지목, 면적, 등기원인

2. 변경등기의 신청

분할, 합병, 등기사항의 변경이 있는 경우 그 사실이 있는 때부터 1개월 이내에 등기를 신청하여야 한다.

3. 직권에 의한 표시변경등기

지적소관청으로부터 토지 표시와 지적공부의 불일치 사실을 통지를 받은 경우에는 1개월 이내에 등기 신청이 없을 때, 등기관이 변경 등기를 직권으로 하여야 한다.

4. 합필 제한

소유권·지상권·전세권·임차권 등의 등기 외의 권리에 관한 등기가 있는 경우에는 합필의 등기를 할 수 없다.

5. 멸실등기의 신청

토지가 멸실된 경우에는 그 토지 소유권의 등기명의인은 그 사실이 있는 때부터 1개월 이내에 그 등기를 신청하여야 한다.

2 건물의 표시에 관한 등기

1. 등기사항

표시번호, 접수연월일, 소재·지번·건물명칭(건축물대장에 건물명칭이 기재되어 있는 경우) 및 번호(같은 지번 위에 1개의 건물만 있는 경우에는 제외), 건물의 종류·구조·면적, 등기원인, 도면의 번호(여러개의 건물이 있는 경우와 구분건물인 경우로 한정)
① 구분건물인 경우
　　㉠ 1동 건물의 등기기록의 표제부: 소재와 지번, 건물명칭 및 번호
　　㉡ 전유부분의 등기기록의 표제부: 건물번호

② 대지권이 있는 경우
    ㉠ 1동 건물의 등기기록의 표제부: 대지권의 목적인 토지의 표시
    ㉡ 전유부분의 등기기록의 표제부: 대지권의 표시
    ㉢ 토지의 등기기록: 소유권, 지상권, 전세권 또는 임차권이 대지권이라는 뜻을 기록 - 등기관이 직권으로

2. 변경등기의 신청

① 분할, 구분, 합병, 등기사항의 변경: 1개월 이내에 등기신청
② 대지권의 변경: 구분건물의 소유권의 등기명의인은 다른 구분건물의 소유권의 등기명의인을 대위하여 그 등기를 신청할 수 있다.

3. 합병 제한

소유권·전세권·임차권 등의 등기 외의 권리에 관한 등기가 있는 경우에는 합병의 등기를 할 수 없다.

4. 멸실등기의 신청

① 건물이 멸실된 경우에는 그 건물 소유권의 등기명의인은 그 사실이 있는 때부터 1개월 이내에 그 등기를 신청하여야 한다.
② 건물 소유권의 등기명의인이 1개월 이내에 멸실등기를 신청하지 아니하면 그 건물대지의 소유자가 건물 소유권의 등기명의인을 대위하여 그 등기를 신청할 수 있다.
③ 구분건물로서 그 건물이 속하는 1동 전부가 멸실된 경우에는 그 구분건물의 소유권의 등기명의인은 1동의 건물에 속하는 다른 구분건물의 소유권의 등기명의인을 대위하여 1동 전부에 대한 멸실등기를 신청할 수 있다.

5. 건물의 부존재

소유권의 등기명의인은 지체 없이 그 건물의 멸실등기를 신청하여야 한다.

6. 구분건물의 표시에 관한 등기

① 1동의 건물에 속하는 구분건물 중 일부만에 관하여 소유권보존등기를 신청하는 경우에는 나머지 구분건물의 표시에 관한 등기를 동시에 신청하여야 한다.
② 위의 경우에 구분건물의 소유자는 1동에 속하는 다른 구분건물의 소유자를 대위하여 그 건물의 표시에 관한 등기를 신청할 수 있다.
③ 구분건물이 아닌 건물로 등기된 건물에 접속하여 구분건물을 신축한 경우에 그 신축건물의 소유권보존등기를 신청할 때에는 구분건물이 아닌 건물을 구분건물로 변경하는 건물의 표시변경등기를 동시에 신청하여야 한다.

05 권리에 관한 등기

1 통칙

1. 등기사항

(1) 등기관이 갑구 또는 을구에 권리에 관한 등기를 할 때에는 다음의 사항을 기록하여야 한다.
① 순위번호
② 등기목적
③ 접수연월일 및 접수번호
④ 등기원인 및 그 연월일
⑤ 권리자

(2) 권리자에 관한 사항을 기록할 때에는 권리자의 성명 또는 명칭 외에 주민등록번호 또는 부동산등기용등록번호와 주소 또는 사무소 소재지를 함께 기록하여야 한다.

(3) 법인 아닌 사단이나 재단 명의의 등기를 할 때에는 그 대표자나 관리인의 성명, 주소 및 주민등록번호를 함께 기록하여야 한다.

(4) 권리자가 2인 이상인 경우에는 권리자별 지분을 기록하여야 하고 등기할 권리가 합유(合有)인 때에는 그 뜻을 기록하여야 한다.

2. 부동산등기용등록번호

부동산등기용등록번호(이하 "등록번호"라 한다)는 다음의 방법에 따라 부여한다.

① 국가·지방자치단체·국제기관 및 외국정부의 등록번호는 국토교통부장관이 지정·고시한다.
② 주민등록번호가 없는 재외국민의 등록번호는 대법원 소재지 관할 등기소의 등기관이 부여하고, 법인의 등록번호는 주된 사무소(회사의 경우에는 본점, 외국법인의 경우에는 국내에 최초로 설치 등기를 한 영업소나 사무소를 말한다) 소재지 관할 등기소의 등기관이 부여한다.
③ 법인 아닌 사단이나 재단 및 국내에 영업소나 사무소의 설치 등기를 하지 아니한 외국법인의 등록번호는 시장(「제주특별자치도 설치 및 국제자유도시 조성을 위한 특별법」 제10조 제2항에 따른 행정시의 시장을 포함하며, 「지방자치법」 제3조 제3항에 따라 자치구가 아닌 구를 두는 시의 시장은 제외한다), 군수 또는 구청장(자치구가 아닌 구의 구청장을 포함한다)이 부여한다.
④ 외국인의 등록번호는 체류지(국내에 체류지가 없는 경우에는 대법원 소재지에 체류지가 있는 것으로 본다)를 관할하는 지방출입국·외국인관서의 장이 부여한다.

2 소유권에 관한 등기

1. 소유권보존등기의 등기사항

등기원인과 그 연월일을 기록하지 아니한다.

2. 소유권보존등기의 신청인

① 토지대장, 임야대장, 건축물대장의 최초의 소유자, 상속인, 포괄승계인
② 확정판결에 의하여 자기의 소유권을 증명하는 자
③ 수용으로 인하여 소유권을 취득하였음을 증명하는 자
④ 시장, 군수 또는 구청장의 확인에 의하여 자기의 소유권을 증명하는 자(건물의 경우로 한정)

3. 직권소유권보존등기

미등기부동산에 대한 법원의 소유권 처분제한 등기촉탁이 있는 경우

4. 소유권의 일부이전 등기

① 등기관이 소유권의 일부에 관한 이전등기를 할 때에는 이전되는 지분을 기록하여야 한다. 이 경우 등기원인에 공유물분할금지약정이 있을 때에는 그 약정에 관한 사항도 기록하여야 한다.
② 공유물분할금지약정의 변경등기는 공유자 전원이 공동으로 신청하여야 한다.

5. 환매특약등기

① 동시신청
  ㉠ 환매특약의 등기신청은 매매로 인한 소유권이전등기신청과 동시신청
  ㉡ 신청서는 소유권이전등기신청서와 별개로 하여야 한다.
② 신청인
  매도인이 등기권리자가 되고 매수인이 등기의무자가 된다.
③ 신청정보의 내용
  ㉠ 필요적 정보사항: 매매대금, 매매비용
  ㉡ 임의적 정보사항: 환매기간(환매기간은 5년을 초과할 수 없으며, 5년을 넘는 신청이 있는 경우 「부동산등기법」 제29조 제2호에 해당하는 것으로 보아 각하한다)

6. 신탁등기

(1) 의의

신탁등기는 신탁을 원인으로 하는 소유권이전의 등기와 별개의 등기로서, 수탁자에게 일정한 목적을 위하여 재산을 관리 처분하여야 할 구속적 의미를 갖는 등기이다. 신탁등기를 하지 아니하면 신탁관계를 제3자에게 대항하지 못한다(「신탁법」 제3조 제1항).

(2) 등기신청절차

① 신청방법: 신탁등기의 신청은 해당 신탁으로 인한 권리의 이전 또는 보존이나 설정등기의 신청과 함께 1건의 신청정보로 일괄하여 하여야 한다. 다만, 수익자나 위탁자가 수탁자를 대위하여 신탁등기를 신청하는 경우에는 그러하지 아니하다.

② 단독신청

㉠ 신탁재산에 속하는 부동산의 신탁등기는 수탁자가 단독으로 신청한다.

㉡ 신탁종료로 신탁재산에 속한 권리가 이전된 경우, 수탁자는 단독으로 신탁등기의 말소등기를 신청할 수 있다.

㉢ 해임 등으로 수탁자의 임무가 종료된 경우 신수탁자는 단독으로 신탁재산에 속하는 부동산에 관한 권리이전등기를 신청할 수 있다.

(3) 등기의 실행

① 등기관이 권리의 이전 또는 보존이나 설정등기와 함께 신탁등기를 할 때에는 하나의 순위번호를 사용하여야 한다.

② 등기관이 신탁등기를 할 때에는 신탁원부를 작성하고, 등기기록에는 그 신탁원부의 번호 및 신탁재산에 속하는 부동산의 거래에 관한 주의사항을 기록하여야 한다.

③ 수탁자가 수인인 경우에 합유로 한다.

(4) 신탁변경등기

① 수탁자는 신탁원부의 기록사항이 변경되었을 때에는 지체 없이 신탁원부 기록의 변경등기를 신청하여야 한다.

② 법원은 신탁변경의 재판을 한 경우 지체 없이 신탁원부 기록의 변경등기를 등기소에 촉탁하여야 한다.

③ 등기관이 신탁재산에 속하는 부동산에 관한 권리에 대하여 수탁자의 변경으로 인한 이전등기, 여러 명의 수탁자 중 1인의 임무 종료로 인한 변경등기 등을 할 경우에는 직권으로 그 부동산에 관한 신탁원부 기록의 변경등기를 하여야 한다.

(5) 신탁등기의 말소

① 수탁자가 신탁재산을 제3자에게 처분하거나 신탁이 종료되어 신탁재산이 위탁자 또는 수익자에게 귀속되는 경우에는 그에 따른 권리이전등기와 신탁등기의 말소등기는 1건의 신청정보로 일괄하여 신청하여야 한다.

② 신탁등기의 말소등기는 수탁자가 단독으로 신청할 수 있다. 수익자나 위탁자는 수탁자를 대위하여 신탁등기의 말소를 신청할 수 있다.

③ 등기관이 권리의 이전등기와 함께 신탁등기의 말소등기를 할 때에는 하나의 순위번호를 사용하고, 종전의 신탁등기를 말소하는 표시를 하여야 한다.

3 용익권등기

1. 권리별 등기사항

구분	(특수)필요적 등기사항	임의적 등기사항
지상권	① 지상권설정의 목적 ② 범위	③ 존속기간 ④ 지료와 지급시기 ⑤ 구분지상권의 행사를 위하여 토지의 사용을 제한하는 약정
지역권 (승역지)	① 지역권설정의 목적 ② 범위 ③ 요역지	④ 부종성배제 특약 ⑤ 용수지역권 특약 지료 ×, 기간 ×
전세권	① 전세금(전전세금) ② 범위	③ 존속기간 ④ 위약금 또는 배상금 ⑤ 처분제한(양도금지) 특약
임차권	① 차임 ② 범위	③ 차임지급시기 ④ 존속기간. 다만, 처분능력 또는 처분권한 없는 임대인에 의한 「민법」 제619조의 단기임대차인 경우에는 그 뜻도 기록한다. ⑤ 임차보증금 ⑥ 임차권의 양도 또는 임차물의 전대에 대한 임대인의 동의

2. 전세금반환채권의 일부양도에 따른 전세권 일부이전등기

① 등기관이 전세금반환채권의 일부 양도를 원인으로 한 전세권 일부이전등기를 할 때에는 양도액을 기록한다.
② 위 전세권 일부이전등기의 신청은 전세권의 존속기간의 만료 전에는 할 수 없다. 다만, 존속기간 만료 전이라도 해당 전세권이 소멸하였음을 증명하여 신청하는 경우에는 그러하지 아니하다.

4 담보권에 관한 등기

1. 권리별 등기사항

구분	(특수)필요적 등기사항	임의적 등기사항
저당권	① 채권액(채권의 평가액) ② 채무자의 성명과 주소	③ 변제기 ④ 이자 및 그 발생기 · 지급시기 ⑤ 원본 또는 이자의 지급장소 ⑥ 채무불이행으로 인한 손해배상에 관한 약정 ⑦ 저당권의 효력범위에 관한 약정 ⑧ 채권의 조건
근저당권	① 채권의 최고액 ② 채무자의 성명과 주소	③ 근저당권의 효력범위에 관한 약정 ④ 존속기간

2. 공동저당의 등기

① 등기관이 동일한 채권에 관하여 여러 개의 부동산에 관한 권리를 목적으로 하는 저당권설정의 등기를 할 때에는 각 부동산의 등기기록에 그 부동산에 관한 권리가 다른 부동산에 관한 권리와 함께 저당권의 목적으로 제공된 뜻을 기록하여야 한다.
② 부동산이 5개 이상일 때에는 등기관은 공동담보목록을 작성하여야 한다.
③ 공동담보목록은 등기기록의 일부로 본다.
④ 등기관이 1개 또는 여러 개의 부동산에 관한 권리를 목적으로 하는 저당권설정의 등기를 한 후 동일한 채권에 대하여 다른 1개 또는 여러 개의 부동산에 관한 권리를 목적으로 하는 저당권설정의 등기를 할 때에는 그 등기와 종전의 등기에 각 부동산에 관한 권리가 함께 저당권의 목적으로 제공된 뜻을 기록하여야 한다. 이 경우 ② 및 ③을 준용한다.

3. 저당권 일부이전등기

등기관이 채권의 일부에 대한 양도 또는 대위변제(代位辨濟)로 인한 저당권 일부이전등기를 할 때에는 양도액 또는 변제액을 기록하여야 한다.

[권리별 등기사항]

구분	(특수)필요적 등기사항	임의적 등기사항
환매특약의 등기	① 매수인이 지급한 대금 ② 매매비용	③ 환매기간
지상권의 등기	① 지상권설정의 목적 ② 범위	③ 존속기간 ④ 지료와 지급시기 ⑤ 구분지상권의 행사를 위하여 토지의 사용을 제한하는 약정
지역권의 등기 (승역지)	① 지역권설정의 목적 ② 범위 ③ 요역지	④ 부종성배제특약 ⑤ 용수지역권 특약
전세권의 등기	① 전세금 또는 전전세금 ② 범위	③ 존속기간 ④ 위약금 또는 배상금 ⑤ 처분제한(양도금지) 특약
임차권의 등기	① 차임 ② 범위	③ 차임지급시기 ④ 존속기간. 다만, 처분능력 또는 처분권한 없는 임대인에 의한 「민법」 제619조의 단기임대차인 경우에는 그 뜻도 기록한다. ⑤ 임차보증금 ⑥ 임차권의 양도 또는 임차물의 전대에 대한 임대인의 동의
저당권의 등기	① 채권액 ② 채무자의 성명과 주소	③ 변제기 ④ 이자 및 그 발생기·지급시기 ⑤ 원본 또는 이자의 지급장소 ⑥ 채무불이행으로 인한 손해배상에 관한 약정 ⑦ 저당권의 효력범위에 관한 약정 ⑧ 채권의 조건
근저당권의 등기	① 채권의 최고액 ② 채무자의 성명과 주소	③ 근저당권의 효력범위에 관한 약정 ④ 존속기간
공동저당의 대위등기	① 매각 부동산 ② 매각대금 ③ 선순위 저당권자가 변제받은 금액 ④ 대위자의 저당권의 내용	

06 각종 등기

1 부기등기

1. 의의

① 독립된 순위번호를 갖지 않고 주등기의 번호를 사용하여 이루어지는 등기로서 주등기의 순위나 효력을 보유한다.
② 등기관이 부기등기를 할 때에는 그 부기등기가 어느 등기에 기초한 것인지 알 수 있도록 주등기 또는 부기등기의 순위번호에 가지번호를 붙여서 하여야 한다.

2. 부기등기와 주등기의 구분

구분	주등기	부기등기
~ 이전등기	소유권이전등기	소유권 외의 권리 이전등기
~ 설정등기	소유권 목적의 ~ 설정등기	소유권 외의 권리 목적의 ~ 설정등기
~ 처분제한등기 (가압류, 가처분, 경매개시결정등기)	소유권의 처분제한등기	소유권 외의 권리의 처분제한등기
권리의 변경등기	이해관계인의 승낙이 없으면	이해관계인의 승낙이 있으면
말소회복등기	전부말소회복등기	일부말소회복등기
가등기	본등기를 주등기로 할 경우	본등기를 부기등기로 할 경우
기타	표제부의 등기, 부동산표시변경등기, 멸실등기, 말소등기, 대지권(뜻)의 등기	환매특약등기, 공유물분할금지약정등기, 권리소멸약정등기, 권리질권등기(채권담보권), 등기명의인 표시변경(경정)등기, 공동저당의 대위등기

3. 부기등기의 효력

① 부기등기의 순위는 주등기의 순위에 의한다. 따라서 주등기가 말소되면 부기등기도 말소된다.
② 같은 주등기에 관한 부기등기 상호간의 순위는 그 등기한 순서에 의한다.
③ 환매권 이전등기의 경우에는 부기등기의 부기등기가 허용된다.

2 가등기

1. 의의
등기할 수 있는 권리의 설정, 이전, 변경, 소멸의 청구권을 보전하기 위하여 가등기 할 수 있다.

가등기 가능	가등기 불가능
① 물권적 변동을 목적으로 하는 채권적 청구권	① 소유권보존등기의 가등기
② 시기부 또는 정지조건부의 청구권(사인증여)	② 처분제한등기의 가등기
③ 장래에 있어서 확정될 청구권	③ 물권적 청구권 보전의 가등기
④ 이중의 가등기	④ 말소등기의 가등기
⑤ 가등기의 가등기(부기등기 형식)	⑤ 종기부, 해제조건부 청구권 가등기
㉠ 가등기상 권리의 처분금지 가처분 등기 ○	⑥ 환매권설정의 가등기
㉡ 가등기에 기한 본등기금지 가처분 등기 ×	⑦ 유증자 생존 중 유증원인의 가등기

2. 가등기의 신청

(1) 원칙
가등기권리자와 가등기의무자가 공동신청하는 것이 원칙이다.

(2) 가등기권리자 단독신청의 특칙
① 가등기의무자의 승낙이 있는 경우
② 가등기를 명하는 법원(부동산소재지 관할)의 가처분명령이 있을 때(촉탁등기 ×)

3. 가등기의 실행
(1) 해당구 사항란에 기록하며, 본등기의 형식에 따라 가등기형식을 결정한다.
(2) 소유권이전가등기 ⇨ 갑구에 주등기, 저당권이전가등기 ⇨ 을구에 부기등기

4. 가등기의 효력

(1) 실체법상 효력
가등기만으로는 실체법상 효력을 갖지 아니한다(단, 담보가등기는 저당권효력 있음). 그 본등기를 명하는 판결이 확정된 경우라도 본등기를 경료하기까지는 마찬가지이므로, 중복된 소유권보존등기가 무효이더라도 가등기권리자는 그 말소를 청구할 권리가 없다(대판 2001.3.23, 2000다51285).

(2) 순위보전적 효력
가등기에 의한 본등기를 한 경우 본등기의 순위는 가등기의 순위에 따른다.

> **참고** 주의

실체법상 물권변동의 효력이 소급하는 것이 아님

(3) 가등기의 추정력 ×

소유권이전청구권 보전을 위한 가등기가 있다 하여, 소유권이전등기를 청구할 어떤 법률관계가 있다고 추정되지 아니한다(대판 1979.5.22, 79다239). 소유권이전청구권의 보전을 위한 가등기가 있었다 하여 반드시 금전채무에 관한 담보계약이나 대물변제의 예약이 있었던 것이라고 단정할 수 없다(대판 1963.4.18, 63다114).

5. 가등기에 기한 본등기(본등기 실행시 가등기를 말소하지 아니함)

① 본등기권리자: ㉠ 가등기권리자, ㉡ 가등기권리자의 상속인, ㉢ 가등기상 권리의 양수인
② 본등기의무자: ㉠ 가등기의무자, ㉡ 가등기의무자의 상속인

> **참고** 주의

가등기 후에 소유권이 제3자에게 이전되었다 하더라도 본등기의무자는 가등기 당시의 소유명의인이며, 현재의 소유명의인 ×

6. 본등기 후의 조치

(1) 등기관은 가등기에 의한 본등기를 하였을 때에는 대법원규칙으로 정하는 바에 따라 가등기 이후에 된 등기로서 가등기에 의하여 보전되는 권리를 침해하는 등기를 직권으로 말소하여야 한다.

(2) 등기관이 가등기 이후의 등기를 말소하였을 때에는 지체 없이 그 사실을 말소된 권리의 등기명의인에게 통지하여야 한다.

7. 가등기의 말소

① 공동신청 원칙
② 단독신청의 특칙
   ㉠ 가등기명의인의 단독으로 가등기의 말소를 신청할 수 있다.
   ㉡ 가등기의무자 또는 가등기에 관하여 등기상 이해관계 있는 자는 가등기명의인의 승낙을 받아 단독으로 가등기의 말소를 신청할 수 있다.

3 관공서가 촉탁하는 등기 등

1. 관공서가 등기명의인 등을 갈음하여 촉탁할 수 있는 등기

관공서가 체납처분(滯納處分)으로 인한 압류등기(押留登記)를 촉탁하는 경우에는 등기명의인 또는 상속인, 그 밖의 포괄승계인을 갈음하여 부동산의 표시, 등기명의인의 표시의 변경, 경정 또는 상속, 그 밖의 포괄승계로 인한 권리이전(權利移轉)의 등기를 함께 촉탁할 수 있다.

2. 관공서의 촉탁에 따른 등기

① 국가 또는 지방자치단체가 등기권리자인 경우에는 국가 또는 지방자치단체는 등기의무자의 승낙을 받아 해당 등기를 지체 없이 등기소에 촉탁하여야 한다.
② 국가 또는 지방자치단체가 등기의무자인 경우에는 국가 또는 지방자치단체는 등기권리자의 청구에 따라 지체 없이 해당 등기를 등기소에 촉탁하여야 한다.

3. 수용으로 인한 등기

① 수용으로 인한 소유권이전등기는 등기권리자가 단독으로 신청할 수 있다.
② 등기권리자는 수용등기를 신청하는 경우에 등기명의인이나 상속인, 그 밖의 포괄승계인을 갈음하여 부동산의 표시 또는 등기명의인의 표시의 변경, 경정 또는 상속, 그 밖의 포괄승계로 인한 소유권이전의 등기를 신청할 수 있다.
③ 국가 또는 지방자치단체가 등기권리자인 경우에는 국가 또는 지방자치단체는 지체 없이 수용으로 인한 소유권이전 등기를 등기소에 촉탁하여야 한다.
④ 등기관이 수용으로 인한 소유권이전등기를 하는 경우 그 부동산의 등기기록 중 소유권, 소유권 외의 권리, 그 밖의 처분제한에 관한 등기가 있으면 그 등기를 직권으로 말소하여야 한다. 다만, 그 부동산을 위하여 존재하는 지역권의 등기 또는 토지수용위원회의 재결(裁決)로써 존속(存續)이 인정된 권리의 등기는 말소하지 아니한다.

07 이의 신청

1. 이의신청과 그 관할

등기관의 결정 또는 처분에 이의가 있는 자는 그 결정 또는 처분을 한 등기관이 속한 지방법원에 이의신청을 할 수 있다.

2. 이의신청의

이의신청은 대법원규칙으로 정하는 바에 따라 결정 또는 처분을 한 등기관이 속한 등기소에 이의신청서를 제출하거나 전산정보처리조직을 이용하여 이의신청정보를 보내는 방법으로 한다.

3. 새로운 사실에 의한 이의 금지

새로운 사실이나 새로운 증거방법을 근거로 이의신청을 할 수는 없다.

4. 등기관의 조치

① 등기관은 이의가 이유 있다고 인정하면 그에 해당하는 처분을 하여야 한다.
② 등기관은 이의가 이유 없다고 인정하면 이의신청일부터 3일 이내에 의견을 붙여 이의신청서 또는 이의신청정보를 관할 지방법원에 보내야 한다.
③ 등기를 마친 후에 이의신청이 있는 경우에는 3일 이내에 의견을 붙여 이의신청서 또는 이의신청정보를 관할 지방법원에 보내고 등기상 이해관계 있는 자에게 이의신청 사실을 알려야 한다.

5. 관할 지방법원의 조치

① 이의신청에 대한 재판
　㉠ 관할 지방법원은 이의에 대하여 이유를 붙여 결정을 하여야 한다. 이 경우 이의가 이유 있다고 인정하면 등기관에게 그에 해당하는 처분을 명령하고 그 뜻을 이의신청인과 등기상 이해관계 있는 자에게 알려야 한다.
　㉡ 이의신청에 대한 이유가 없으면 기각결정을 하고 그 등본을 등기관과 신청인에게 송달한다.
② 결정 전의 가등기 및 부기등기의 명령
　관할 지방법원은 이의에 대하여 결정하기 전에 등기관에게 가등기 또는 이의가 있다는 뜻의 부기등기를 명할 수 있다.

6. 집행 부정지

이의에는 집행정지(執行停止)의 효력이 없다.

7. 관할 법원의 결정에 대한 불복과 송달

① 관할 법원의 결정에 대하여는 「비송사건절차법」에 따라 항고할 수 있다.
② 송달에 대하여는 「민사소송법」을 준용하고, 이의의 비용에 대하여는 「비송사건절차법」을 준용한다.

ca.Hackers.com

해커스 감정평가사
ca.Hackers.com

PART 09
동산·채권 등의 담보에 관한 법률

01 용어의 정의
02 동산담보권
03 채권담보권
04 담보등기

01 용어의 정의

1. 담보약정

양도담보 등 명목을 묻지 아니하고 이 법에 따라 동산·채권·지식재산권을 담보로 제공하기로 하는 약정을 말한다.

2. 동산담보권

담보약정에 따라 동산(여러 개의 동산 또는 장래에 취득할 동산을 포함한다)을 목적으로 등기한 담보권을 말한다.

3. 채권담보권

담보약정에 따라 금전의 지급을 목적으로 하는 지명채권(여러 개의 채권 또는 장래에 발생할 채권을 포함한다)을 목적으로 등기한 담보권을 말한다.

4. 지식재산권담보권

담보약정에 따라 특허권, 실용신안권, 디자인권, 상표권, 저작권, 반도체집적회로의 배치설계권 등 지식재산권(법률에 따라 질권(質權)을 설정할 수 있는 경우로 한정한다. 이하 같다)을 목적으로 그 지식재산권을 규율하는 개별 법률에 따라 등록한 담보권을 말한다.

5. 담보권설정자

이 법에 따라 동산·채권·지식재산권에 담보권을 설정한 자를 말한다. 다만, 동산·채권을 담보로 제공하는 경우에는 법인(상사법인, 민법법인, 특별법에 따른 법인, 외국법인을 말한다. 이하 같다) 또는 「부가가치세법」에 따라 사업자등록을 한 사람으로 한정한다.

6. 담보권자

이 법에 따라 동산·채권·지식재산권을 목적으로 하는 담보권을 취득한 자를 말한다.

7. 담보등기

이 법에 따라 동산·채권을 담보로 제공하기 위하여 이루어진 등기를 말한다.

8. 담보등기부

전산정보처리조직에 의하여 입력·처리된 등기사항에 관한 전산정보자료를 담보권설정자별로 저장한 보조기억장치(자기디스크, 자기테이프, 그 밖에 이와 유사한 방법으로 일정한 등기사항을 기록·보존할 수 있는 전자적 정보저장매체를 포함한다. 이하 같다)를 말하고, 동산담보등기부와 채권담보등기부로 구분한다.

9. 채무자 등

채무자, 담보목적물의 물상보증인(物上保證人), 담보목적물의 제3취득자를 말한다.

10. 이해관계인

채무자 등과 담보목적물에 대한 권리자로서 담보등기부에 기록되어 있거나 그 권리를 증명한 자, 압류 및 가압류 채권자, 집행력 있는 정본(正本)에 의하여 배당을 요구한 채권자를 말한다.

11. 등기필정보

담보등기부에 새로운 권리자가 기록되는 경우 그 권리자를 확인하기 위하여 지방법원, 그 지원 또는 등기소에 근무하는 법원서기관, 등기사무관, 등기주사 또는 등기주사보 중에서 지방법원장(등기소의 사무를 지원장이 관장하는 경우에는 지원장을 말한다)이 지정하는 사람(이하 "등기관"이라 한다)이 작성한 정보를 말한다.

02 동산담보권

1. 동산담보권의 목적물

① • 법인 또는 사업자등록을 한 사람(법인 등)이 담보약정에 따라 동산을 담보로 제공하는 경우에는 담보등기를 할 수 있다.
　• 담보권설정자의 사업자등록이 말소된 경우에도 이미 설정된 동산담보권의 효력에는 영향을 미치지 아니한다.
② 여러 개의 동산이더라도 목적물의 종류, 보관장소, 수량을 정하는 등 특정할 수 있는 경우에는 이를 목적으로 담보등기를 할 수 있다.
③ 담보등기의 목적으로 할 수 없는 경우
　㉠ 등기된 선박, 등록된 건설기계·자동차·항공기·소형선박, 등기된 기업재산, 그 밖에 다른 법률에 따라 등기되거나 등록된 동산
　㉡ 화물상환증, 선하증권, 창고증권이 작성된 동산
　㉢ 무기명채권증서 등 대통령령으로 정하는 증권
④ 근담보권: 담보할 채무의 최고액만을 정하고 채무의 확정을 장래에 보류하여 설정할 수 있다(채무의 이자는 최고액 중에 포함).

2. 동산담보권의 효력

① 담보등기의 효력
　㉠ 약정에 따른 동산담보권의 득실변경은 담보등기부에 등기를 하여야 그 효력이 생긴다.
　㉡ 동일한 동산에 설정된 동산담보권의 순위는 등기의 순서에 따른다.
　㉢ 동일한 동산에 관하여 담보등기부의 등기와 인도(「민법」에 규정된 간이인도, 점유개정, 목적물반환청구권의 양도를 포함)가 행하여진 경우에 그에 따른 권리 사이의 순위는 법률에 다른 규정이 없으면 그 선후(先後)에 따른다.
② 담보목적물의 방해제거청구권 및 방해예방청구권
　담보권자는 동산담보권을 방해하는 자에게 방해의 제거를 청구할 수 있고, 동산담보권을 방해할 우려가 있는 행위를 하는 자에게 방해의 예방이나 손해배상의 담보를 청구할 수 있다.
③ 동산담보권의 불가분성
　담보권자는 채권 전부를 변제받을 때까지 담보목적물 전부에 대하여 그 권리를 행사할 수 있다.
④ 동산담보권 효력의 범위
　담보목적물에 부합된 물건과 종물에 미친다. 다만, 다른 법규정 또는 다른 약정이 있으면 그러하지 아니하다.

⑤ 과실에 대한 동산담보권의 효력

담보목적물의 압류·인도 청구 후 담보권설정자가 담보목적물로부터 수취한 또는 수취할 수 있는 과실에 미친다.

⑥ 동산담보권의 양도

동산담보권은 피담보채권과 분리하여 타인에게 양도할 수 없다.

⑦ 물상대위

동산담보권은 담보목적물의 매각, 임대, 멸실, 훼손 또는 공용징수 등으로 인하여 담보권설정자가 받을 금전이나 그 밖의 물건에 대하여도 행사할 수 있다. 이 경우 그 지급 또는 인도 전에 압류하여야 한다.

⑧ 담보목적물의 보충

담보권설정자에게 책임이 있는 사유로 담보목적물의 가액이 현저히 감소된 경우에는 담보권자는 담보권설정자에게 그 원상회복 또는 적당한 담보의 제공을 청구할 수 있다.

3. 동산담보권의 실행

① 담보권자는 자기의 채권을 변제받기 위하여 담보목적물의 경매를 청구할 수 있다.
② 경매절차는 「민사집행법」을 준용한다.
③ 담보권설정자가 담보목적물을 점유하는 경우에 경매절차는 압류에 의하여 개시한다.
④ 변제와 실행중단
　㉠ 채무자 등은 피담보채무액을 담보권자에게 지급하고 담보등기의 말소를 청구할 수 있다. 이 경우 담보권자는 동산담보권의 실행을 즉시 중지하여야 한다.
　㉡ 동산담보권의 실행을 중지함으로써 담보권자에게 손해가 발생하는 경우에 채무자 등은 그 손해를 배상하여야 한다.

4. 담보목적물의 점유

담보권자가 담보목적물을 점유한 경우에는 피담보채권을 전부 변제받을 때까지 담보목적물을 유치할 수 있다. 다만, 선순위권리자에게 대항하지 못한다.

5. 매각대금 등의 공탁

① 담보목적물의 매각대금 등이 압류되거나 가압류된 경우 또는 담보목적물의 매각대금 등에 관하여 권리를 주장하는 자가 있는 경우에 담보권자는 그 전부 또는 일부를 담보권설정자의 주소를 관할하는 법원에 공탁할 수 있다. 이 경우 담보권자는 공탁사실을 즉시 담보등기부에 등기되어 있거나 담보권자가 알고 있는 이해관계인과 담보목적물의 매각대금 등을 압류 또는 가압류하거나 그에 관하여 권리를 주장하는 자에게 통지하여야 한다.
② 담보목적물의 매각대금 등에 대한 압류 또는 가압류가 있은 후에 담보목적물의 매각대금 등을 공탁한 경우에는 채무자 등의 공탁금출급청구권이 압류되거나 가압류된 것으로 본다.
③ 담보권자는 공탁금의 회수를 청구할 수 없다.

03 채권담보권

1. 채권담보권의 목적
① 법인 등이 담보약정에 따라 금전의 지급을 목적으로 하는 지명채권을 담보로 제공하는 경우에는 담보등기를 할 수 있다.
② 여러 개의 채권(채무자의 특정 여부와 무관, 장래에 발생할 채권 포함)이더라도 채권의 종류, 발생원인, 발생 연월일을 정하는 등 특정할 수 있는 경우에는 이를 목적으로 하여 담보등기를 할 수 있다.

2. 담보등기의 효력
약정에 따른 채권담보권의 득실변경은 담보등기부에 등기한 때에 지명채권의 채무자(제3채무자) 외의 제3자에게 대항할 수 있다.

3. 채권담보권의 실행
① 담보권자는 채권담보권의 목적이 된 채권을 직접 청구할 수 있다.
② 채권담보권의 목적인 채권이 피담보채권보다 먼저 변제기에 이른 경우에 담보권자는 제3채무자에게 변제금액의 공탁을 청구할 수 있다.
③ 담보권자는 「민사집행법」의 집행방법으로 채권담보권을 실행할 수 있다.

04 담보등기

1. 등기신청인
① 법률에 다른 규정이 없으면 등기권리자와 등기의무자가 공동으로 신청한다.
② 등기명의인표시의 변경·경정등기: 등기명의인 단독으로 신청
③ 판결에 의한 등기: 승소한 등기권리자 또는 등기의무자 단독으로 신청할 수 있다.
④ 상속, 포괄승계로 인한 등기: 등기권리자 단독으로 신청할 수 있다.

2. 등기신청의 접수
① 등기신청은 등기의 목적, 신청인의 성명 또는 명칭, 그 밖에 대법원규칙으로 정하는 등기신청정보가 전산정보처리조직에 전자적으로 기록된 때에 접수된 것으로 본다.
② 등기관이 등기를 마친 경우 그 등기는 접수한 때부터 효력을 발생한다.

3. 담보권의 존속기간 및 연장 등기
① 이 법에 따른 담보권의 존속기간은 5년을 초과할 수 없다. 다만, 5년을 초과하지 않는 기간으로 이를 갱신할 수 있다.
② 담보권설정자와 담보권자는 존속기간을 갱신하려면 그 만료 전에 연장등기를 신청하여야 한다.

4. 등기의 경정: 오기나 누락이 있는 경우
① 담보권설정자 또는 담보권자는 경정등기를 신청할 수 있다.
② 등기관의 잘못으로 인한 경우에는 등기관이 직권으로 경정할 수 있다.

5. 이의신청
① 이의가 있는 자는 관할 지방법원에 이의신청을 할 수 있다.
② 이의신청서는 등기소에 제출한다.
③ 이의신청은 집행정지의 효력이 없다.
④ 새로운 사실이나 새로운 증거방법을 근거로 이의신청을 할 수 없다.

MEMO

MEMO

MEMO

양기백

약력
연세대학교 법학과 졸업

현 | 해커스 감정평가사 감정평가관계법규 교수
현 | 해커스 부동산공시법령 전임강사
현 | 해커스 중개실무강의 대표강사
현 | ㈜리얼스퀘어 대표
전 | EBS 부동산공시법령 전임강사
전 | 노량진·종로·강남 박문각 부동산공시법령 전임강사 역임

저서
해커스 감정평가사 양기백 감정평가관계법규 1차 기본서
해커스 감정평가사 양기백 감정평가관계법규 1차 핵심요약집
해커스 감정평가사 양기백 감정평가관계법규 1차 기출+예상문제집
해커스 공인중개사 핵심요약집 2차 부동산공시법령
공인중개사 부동산공시법령 기본서, 박문각
공인중개사 부동산공시법령 기본서, 북파일
공인중개사 부동산공시법령 기본서, 랜드하나

2026 대비 최신판

해커스 감정평가사
양기백
감정평가관계법규
1차 핵심요약집

초판 1쇄 발행 2025년 7월 11일

지은이	양기백 편저
펴낸곳	해커스패스
펴낸이	해커스 감정평가사 출판팀
주소	서울특별시 강남구 강남대로 428 해커스 감정평가사
고객센터	1588-2332
교재 관련 문의	publishing@hackers.com
	해커스 감정평가사 사이트(ca.Hackers.com) 1:1 고객센터
학원 강의 및 동영상강의	ca.Hackers.com
ISBN	979-11-7404-287-3 (13360)
Serial Number	01-01-01

저작권자 ⓒ 2025, 양기백
이 책의 모든 내용, 이미지, 디자인, 편집 형태는 저작권법에 의해 보호받고 있습니다. 서면에 의한 저자와 출판사의 허락 없이 내용의 일부 혹은 전부를 인용, 발췌하거나 복제, 배포할 수 없습니다.

한 번에 합격!
해커스 감정평가사 ca.Hackers.com

🏛 해커스 감정평가사

- 양기백 교수님의 **본 교재 인강** (교재 내 할인쿠폰 수록)
- 해커스 스타강사의 **감정평가사 무료 특강**